新型城市化和城乡一体化丛书

北京市
城乡发展一体化进程研究

STUDY ON
THE PROCESS OF URBAN - RURAL
DEVELOPMENT INTEGRATION

张英洪 等 著

社会科学文献出版社
SOCIAL SCIENCES ACADEMIC PRESS (CHINA)

目　录

前　言

对城乡关系的认识，是对人类智慧和能力的重大考验。我国自 20 世纪 50 年代起建立城乡二元体制，形成了城乡二元结构。长期以来，我们在城乡二元结构中谋发展。直到 21 世纪初，党和国家才明确把破除城乡二元结构、推进城乡一体化提上公共政策日程。

本研究回顾了国外关于城乡关系具有代表性的观点和思想，主要有马克思恩格斯的城乡融合理论、霍华德的田园城市理论、刘易斯的二元经济理论、麦吉的亚洲城乡融合区理论、芒福德的城乡等值理论。在此基础上，我们考察了我国城乡二元结构的建立及其后果。城乡二元社会结构的实质是国家在城市和农村实行不平等政策制度安排，其后果体现在政治、经济、社会、文化等各个方面，主要是剥夺了亿万农民的自由和尊严，给农民带来了巨大的损失；大大推迟了国家治理的现代化；破坏了社会的公平正义，腐蚀了社会文明和谐的道德基础。

北京是最早开展城乡一体化研究的地区之一，也是最早提出以城乡一体化的思路指导开展郊区农村工作的地区之一。我们从理论研究、政策实践、实际成效等方面对北京的城乡一体化进程进行比较系统全面的回顾与总结。北京市在推进城乡一体化中取得了明显成效，但也面临一些深层次的矛盾和挑战，主要是城乡居民收入差距仍然较大，户籍制度改革没有实质性突破，城乡基本公共服务均等化远未实现，外来常住人口市民化任重道远等。

城乡一体化与城乡二元结构一样，都是富有中国特色的重要概念，它们都是 20 世纪 80 年代由中国当时最优秀的政策研究者在改革开放实践中提出来的。城乡一体化与城乡二元结构的关系，就像"矛"与"盾"的关系一样，城乡一体化就是针对城乡二元结构来说的，城乡一体化的过程实际上就是破除城乡二元结构的过程。以城乡一体化之"矛"破除城乡二元结构之"盾"，最终形成平等、开放、融合、功能互补的新型城乡关系，这不但是解决"三农"

问题的根本途径，也是实现社会文明进步的根本要求。当前，我们既需要重新认识城乡二元结构，也需要重新认识城乡一体化。

我国城乡二元社会结构有静态与动态两种形态。静态的城乡二元结构就是在计划经济体制下基于农民与市民两种不同的户籍身份，建立城市与农村、市民与农民两种权利不平等的制度体系，实行"城乡分治、一国两策"，使农民处于"二等公民"的不平等地位。动态的城乡二元结构是基于本地居民与外来人口（主要是农民工，但不只是农民工）两种不同的身份，建立城市本地居民与外来人口两种权利不平等的制度体系，实行"城市分治、一市两策"，使外来人口处于"二等公民"的不平等地位。静态城乡二元结构与动态城乡二元结构共同构成了当代中国的双重二元结构。

与重新认识城乡二元结构相适应，我们也需要深化对城乡一体化的认识。在本研究中，我们提出将城乡一体化区分为狭义城乡一体化与广义城乡一体化。我们把破除城乡二元结构的城乡一体化叫作狭义城乡一体化；把既破除城乡二元结构，又破除城市内部二元结构的城乡一体化叫作广义城乡一体化。北京作为首都和人口特大城市，既有全国城乡二元结构的共性，又有城市内部二元结构的特性。北京存在城乡二元结构和城市内部二元结构叠加在一起的双重二元结构。北京的城乡一体化必然存在双重使命，既要破除城乡二元结构，又要破除城市内部二元结构。狭义城乡一体化是片面的城乡一体化，广义城乡一体化才是全面的城乡一体化。

城市化与城乡一体化都涉及城市与农村的关系，是一对既有紧密联系又有重大区别的概念，是对城乡关系的不同表述。城市化与城乡一体化之间存在两种不同的关系。一方面，城市化可以强化城乡二元结构，阻滞城乡一体化；另一方面，城市化也可破除城乡二元结构，推进城乡一体化。第一种情况可以称为传统城市化，第二种情况可以称为新型城市化。我们不能简单地认为城市化就一定会推进城乡一体化。没有公平正义的制度变革，城乡一体化不会在城市化发展中自动实现。

我们在借鉴国内已有研究成果的基础上，建立了北京市狭义城乡一体化评价指标体系，对2007～2012年北京市狭义城乡一体化进程做了动态监测与评价，监测结果表明，2007～2012年北京市狭义城乡一体化进程实现程度分别为74.52%、76%、81.14%、81.88%、82.72%、86.05%。由于研究条件尚未成熟等原因，我们对城乡一体化进程监测评价只限于对狭义城乡一体化进程，没有涉及广义城乡一体化进程。

同时，我们从推进国家治理体系和治理能力现代化的战略目标出发，提出了北京市加快城乡一体化发展的对策建议：一是以国家治理现代化为目标健全城乡发展一体化体制机制；二是以实现公民迁徙自由为目标推进户籍制度改革；三是以改善和保障民生为目标深化财政制度改革；四是以保障农民社会权利为目标推进城乡基本公共服务均等化；五是以保障外来人口权益为目标实现城镇基本公共服务常住人口全覆盖；六是以保障农民土地财产权为目标推进土地制度改革；七是以缩小城乡居民收入差距为目标深化收入分配制度改革。

本研究成果具有四个新特点：一是对北京市城乡一体化发展的理论研究、政策实践以及发展成效作了全面系统的回顾和总结；二是从理论上深化了对城乡一体化的认识，首次提出了狭义城乡一体化和广义城乡一体化的概念；三是对 2007～2012 年北京市狭义城乡一体化发展进程作了量化监测与评价；四是从推进国家治理体系和治理能力现代化的高度，提出了北京市加快城乡一体化发展的对策建议。

本研究成果还存在需要深入研究的地方：一是虽然提出了与城市化率相对应的城乡一体化率概念，但没有找到像城市化率那样的简单衡量城乡一体化率的单一统计指标；二是虽然提出了狭义城乡一体化和广义城乡一体化概念，但是没有构建广义城乡一体化的监测指标体系；三是虽然对北京市城乡一体化发展进程作了全面系统的总结研究，但还有一些重要内容没有涉及；四是对北京市以及全国各地城乡发展一体化案例缺乏专题研究和比较分析。

陈云说过"不唯上、不唯书、只唯实"，这对于我们从事政策理论研究的人来说，尤其具有警示意义。我们不敢说自己掌握了真理，但我们愿意朝着真理的方向去努力。我们的研究只是一种探索，可能还有许多不足甚至错误之处，恳请读者批评指正。

张英洪

2015 年 2 月 22 日

·总报告·

第一篇

北京市城乡发展一体化进程研究

对城乡关系的认识,是对人类智慧和能力的重大考验。我国自 20 世纪 50 年代起建立城乡二元体制,形成了城乡二元结构。长期以来,我们在城乡二元结构中谋发展。直到 21 世纪初,党和国家才明确把破除城乡二元结构、推进城乡一体化提上公共政策日程。

本课题研究回顾了国外关于城乡关系的认识理论,分析了我国城乡二元结构的建立及其后果。在此基础上,我们考察了北京市城乡一体化的政策研究和实践进程,对城乡一体化进行了再认识,提出了狭义城乡一体化和广义城乡一体化的概念。北京作为国家首都和人口特大城市,既有全国城乡二元结构的共性,又有城市内部二元结构的特性。北京存在城乡二元结构和城市内部二元结构叠加在一起的双重二元结构。北京的城乡一体化必然存在双重使命,既要破除城乡二元结构,又要破除城市内部二元结构。我们把破除城乡二元结构的城乡一体化叫作狭义城乡一体化;把既破除城乡二元结构,又破除城市内部二元结构的城乡一体化叫作广义城乡一体化。狭义城乡一体化是片面的城乡一体化,广义城乡一体化才是全面的城乡一体化。我们在借鉴国内已有研究成果的基础上,建立了北京市狭义城乡一体化评价指标体系,对北京市狭义城乡一体化进程进行了定量分析,重点对 2007~2012 年北京市狭义城乡一体化进程做了动态监测与评价。最后,课题组通过对北京城乡一体化进程中面临的主要问题的分析,从推进国家治理体系和治理能力现代化的战略目标出发,提出了全面推进北京城乡发展一体化的对策建议。

一 国外关于城乡关系的认识理论

国外许多思想家对城乡关系提出了一系列影响深远的观点和见解,具有代表性的观点和思想主要有以下五个方面:①

(一)马克思、恩格斯的城乡融合理论

恩格斯是最早提出"城乡融合"概念的人,他于 1847 年在《共产主义原理》中说:"通过消除旧的分工,通过产业教育、变换工种、所有人共同享受

① 张国富、张颖举、赵意焕、杜小峥:《城乡一体化新趋势与协调机制构建》,中国农业出版社,2011,第 12~13 页。

大家创造出来的福利,通过城乡的融合,使社会全体成员的才能得到全面发展"。① 他提出,城乡融合的两个标志是工人和农民之间阶级差别的消失和人口不均衡现象的消失。恩格斯指出,消灭工农差别、实现城乡融合的重要途径就是通过消除旧的分工,通过生产教育、变换工种,实现城乡融合,才能使全体社会成员共享创造出来的福利。在《反杜林论》中,恩格斯说:"城市和乡村的对立的消灭不仅是可能的,而且已经成为工业生产本身的直接需要,同样也已经成为农业生产和公共卫生事业的需要。只有通过城市和乡村的融合,现在的空气、水和土地的污染才能排除。"② 马克思在1858年出版的《政治经济学批判》一书中首次提出了"乡村城市化"的理论。他认为"现代的〔历史〕是乡村城市化,而不像在古代那样,是城市乡村化。"③

在城乡关系的发展趋势上,马克思、恩格斯将社会发展历程归纳为三个发展阶段:第一阶段,城市诞生于乡村,乡村是城市的摇篮,是城乡依存的时代;第二阶段,工业革命作为催化剂加速了城市化进程,造成一段历史时期中的城乡分离对立,这是城市统治乡村的时期。城乡分离对立造成社会不协调,成为社会进一步发展的障碍。他们认为资本主义的产生和发展是导致城乡对立的根本原因;第三阶段,达到城乡融合是一个漫长的社会历史发展过程,取决于许多物质条件,要通过大力发展社会生产力以及伴随着工业化、城市化和现代化的发展,最终实现城乡融合,达到城乡一体化的最高境界。

在马克思、恩格斯看来,城乡融合,即结合城市和乡村生活方式的优点,避免两者的偏颇和缺点,消灭城乡之间的对立是社会统一的首要条件。马克思主义经典作品同时指出,城乡关系往往经历无城乡差别→城乡分离→更高水平的新的均衡与融合过程。主要实现措施有:一是要废除私有制,扫除城乡对立的根源;二是积极发挥城市的中心作用,带动农村共同发展;"不仅大城市不会毁灭,并且还要出现新的大城市,它们是文化最发达的中心,它们不仅是大工业的中心,而且是农产品加工和一切食品工业部门强大发展的中心。这种情况将促进全国文化的繁荣,将使城市和乡村有同等的生活条件。"④ 三是在全国尽可能均衡分布大工业,将农业和工业结合起来。马克思同时指出,共产主

---

① 《马克思恩格斯选集》第一卷,人民出版社,2012,第308页。
② 《马克思恩格斯选集》第三卷,人民出版社,2012,第684页。
③ 《马克思恩格斯选集》第二卷,人民出版社,2012,第733页。
④ 《斯大林文选》,人民出版社,1985,第617页。

义要消灭城乡差别、工农差别、体力劳动和脑力劳动之间的差别。马克思主义的城乡融合观就是工人和农民之间阶级差别的消失、城市和乡村的对立消失、人口分布不均衡现象的消失、城市和乡村有同等的生活条件，以及大家共同享受福利。

（二）霍华德的田园城市理论

1898 年，英国城市学家和城市规划学家埃比尼泽·霍华德在其代表著作《明日的田园城市》（*Garden Cities of Tomorrow*）中提出了田园城市理论。针对工业大城市恶性膨胀所造成的种种生态环境问题，霍华德在全面分析城市与乡村这两种人类住所的基础上提出"城乡磁体"概念。他认为城市与乡村可以像磁体那样相互吸引，互相融合，目的是形成一个既有高效能城市生活又兼具环境清净的乡村景色的城乡结合体，建设健康、舒适的生活场所。他倡导用城乡一体化的新社会结构形态来取代城乡对立的旧社会结构形态，"城市和乡村都各有其优点和相应缺点，城市和乡村必须成婚，这种愉快的结合将迸发出新的希望，新的生活，新的文明"①。霍华德认为应该建设一种兼有城市和乡村优点的理想城市，他称之为"田园城市"。田园城市实质上是城和乡的结合体，它包括城市和乡村两个部分，城市四周为农业用地所围绕。城市的规模必须加以限制，农业用地是保留的绿带，永远不得改作他用。霍华德的"田园城市"思想始终坚持城市外围要有相当面积的永久性绿地（城乡土地面积比例为 1:6），他用图解的形式描述了田园城市结构，对城市规模、布局结构、人口密度、城市绿化以及城市群的建立等问题做了详细的规划。在城市的发展上，他强调把城市与外围乡村当作一个整体来分析，对资金来源、土地分配、城市财政收支和田园城市的经营进行科学管理，使城乡协调发展。

（三）刘易斯的二元经济理论

荷兰社会学家伯克（J. H. Boeck）在 1953 年出版的专著《二元社会的经济学和经济政策》中，最早提出了二元结构的概念和理论。伯克认为，摆脱荷兰殖民统治的印度尼西亚社会，是一个典型的二元结构社会——殖民主义输入的现代"飞地经济"与资本主义社会以前的传统社会并存。美国经济学

---

① 〔英〕埃比尼泽·霍华德：《明日的田园城市》，金经元译，商务印书馆，2010，第 9 页。

家阿瑟·刘易斯最早分析了二元结构对经济发展的影响，1954 年他在一篇具有里程碑意义的论文《劳动无限供给下的经济发展》中，首次提出了完整的二元经济发展理论及模型。他在阐述城市工业部门扩张过程中如何实现资本积累等问题时，提及农村剩余劳动力如何向城市现代工业部门转移这一城乡二元经济问题。

在刘易斯看来，发展中国家二元经济结构具有以下特征：一是发展中国家存在"二元经济结构"。一种经济部门用现代方法进行生产，生产率高，工资率高；另一种经济部门即维持生计的传统部门，用传统方法进行生产，生产率低，劳动报酬低。前一部门主要指工业部门，后一部门主要指农业部门。二是传统农业部门的最大特点是剩余劳动生产力的存在；三是工业、农业部门的明显收入差距促进了农业剩余劳动力必然有一种向工业部门流动的趋势；四是城市现代工业部门吸收农业剩余劳动力的结果是扩大生产，取得更多的生产剩余，积累更多的利润。在这样的循环往复过程中，城市工业部门不断扩大生产，农业剩余劳动力持续向工业部门转移，农业人口不断进入城市，从而实现了工业化和城市化。刘易斯针对城乡二元经济存在的突出问题，提出"区域是一个整体，城市只是其中的一部分"。

在刘易斯看来，二元经济发展的核心问题是传统部门的剩余劳动力向现代工业部门和其他部门转移。现代部门扩张，通过提供就业机会、分享物质设施、传播现代思想和制度、相互贸易等途径，既使传统部门剩余劳动力转移，又使传统部门获益并得以改造更新而转化为现代部门，也使现代部门促成再生产性资本的进一步增长、生产规模的进一步扩大、生产率和收入水平的进一步提高。以现代部门扩张为主，现代部门和传统部门互联互动并且循环往复，不仅推动和促进了二元经济转变为一元经济，而且推动和促进了不发达经济转变为发达经济。虽然刘易斯的资本积累理论关注的中心问题是经济增长，但他看到了发展中国家普遍的人口过剩并概括为"无限劳动力供给"是经济发展史上的一次飞跃。同时他强调了城市现代工业部门与农村传统部门之间的结构差异，突出了现代工业部门在扩张过程中对经济的重要作用，为发展经济学的研究领域开辟了新的视野。① 1964 年，美国发展经济学家拉尼斯和费景汉对刘易斯二元经济模型进行了发展，形成了刘易斯—拉尼斯—费景汉模型，更加深化了对二元经济模型的分析。

---

① 〔美〕阿瑟·刘易斯：《二元经济论》，施炜等译，北京经济学院出版社，1989。

（四）麦吉的亚洲城乡融合区理论

西方发达国家的城市化是在工业化推动下进行的，是一种内生的、自我发展的路径模式，其城市化带有明显自下而上的特征；而亚洲发展中国家特别是东南亚国家的工业化则是在发达国家向发展中国家实施产业转移的大背景下启动的，是一种外力推动的结果，其城市化具有明显自下而上的特征，城市与乡村之间的联系日益密切，城乡之间的传统差别和城乡地域的界限日渐模糊，城乡之间在地域组织结构上出现了一种以农业活动和非农业活动并存、趋向城乡融合的地域组织类型。20世纪50年代以来，许多国家特别是发展中国家工业化和城市化进程明显加快，出现了以大城市和周围地区高速增长为基本特征的经济、技术和社会共同发展模式。针对这种模式，加拿大经济地理学家麦吉于1985年提出，在亚洲某些发展中国家的核心经济区域（中国上海、泰国曼谷）出现了与西方发达国家的大都市带相似但发展背景截然不同的新型城市。1991年麦吉在《亚洲城乡一体化区域的出现：扩展一个假设》一文中，用"desakota"（在印尼语中，desa是村庄，kota是城市）来概括这类特殊区域产生过程的空间模式，意为"城乡一体化区域""城乡一体区域"等，描述在同一地域上同时发生的具有城市性和农村性的双重性产物，使得城市与乡村的概念在这种区域变得模糊，并阐述了Desakota region的形成条件和动力机制。

麦吉认为，城乡一体化区域是指在同一区域内发生的城市性和农村性行为，并认为城乡一体化的推动力主要有两方面：一是交通通信手段革命性的推动。20世纪80年代以来，劳动力、商品、资本和信息的流动方式都发生了巨大变化，这一变革促使原有的关系网络逐步瓦解，呈现城市区域集中的趋势。经济关系、社会关系等网络结构的变化直接导致其经济结构的重组。由发达的交通通信网络而形成的城乡一体化区域是由农业与非农业混合交错的巨型城市区域集合。二是国际分工浪潮的大力推动。20世纪60年代的国际产业大转移为东南亚地区的发展提供了良好机遇。20世纪80年代以来，新一轮国际分工浪潮进一步促进了东南亚地区城乡一体化区域的形成和发展。这一时期东南亚地区充分利用其区位优势、劳动力成本优势等，吸引了发达国家大量的投资者。

麦吉总结了亚洲城乡一体化区域的五大特点：一是城乡联系密切。由于传统农业生产活动具有季节性特点，大量的剩余劳动力需要寻找非农就业岗位，这是城乡内在联系的动力。二是中心城市扩散效应显著。城乡一体化区域是基于中心城市的工业向外扩散并逐步带动农村地区非农业化而形成的，在这个过程中，政府产业转移政策引导起到了不可忽视的作用。三是各种产业用地交错布局。随着中心城市的空间范围迅速扩张，在城乡一体化区域内，农业用地、农副业用地、工业用地、商业用地、住宅用地等交错布局，既为农产品提供了便利的深加工场所，又为工业品提供了广阔的消费市场。四是人流、物流频繁流动。城市之间的交通通道形成了新的发展走廊，密集的交通网络增强了城乡一体化区域内人员和货物的流动性和迁移性，各种运输的普遍使用使得各种交易费用相对低廉，并促使区域运输网络不断扩展。五是突破了区域行政区划界限。城乡一体化区域与行政区域的边界范围不再一致，城乡交接带和发展走廊的形成是城乡之间经济要素流动和重新配置的结果，这种区域既非城市，也非农村，兼具城市与乡村二者的特征，形成特殊的空间形态，因此被学者称为"灰色区域"。①

麦吉提出以区域为基础的城市化模式，为发展中国家和地区制定城市化战略提供了一条新思路，即建立在区域综合发展基础上的城市化，其实质是城乡之间统筹协调和一体化发展。

（五）芒福德的城乡等值理论

城乡作为两种不同特质的经济社会空间形态，具有不同的自然属性和经济属性，不同的人口分布和不同的社会功能区划。美国著名城市学家刘易斯·芒福德说："城与乡，不能截然分开；城与乡，同等重要；城与乡，应当有机结合在一起。如果问城市与乡村哪个更重要的话，应当说自然环境比人工环境更重要。"② 这是芒福德对城乡关系和城乡一体化的深刻见解。城乡等值发展理论是对城乡均衡发展和一体化发展的理论探索，也是研究的一个新视角。

1950 年，德国赛德尔基金会开始倡导"城乡等值化"试验，该试验的核心理念是，农村与城市生活虽不同，但是等值。即通过土地整理、村庄革新等方式方法，实现"在农村生活并不代表生活质量降低"的目标。1965 年，德国巴伐利亚州制定了《城乡空间发展规划》，将"城乡等值化"确定为区域空

---

① 张国富、张颖举、赵意焕、杜小峥：《城乡一体化新趋势与协调机制构建》，中国农业出版社，2011，第 12～13 页。

② 转引自陈光庭《城乡一体化——中国特色的城镇化道路》，载《当代北京研究》2008 年第 1 期；〔美〕刘易斯·芒福德：《城市发展史——起源、演变和前景》，宋俊岭、倪文彦译，中国建筑工业出版社，2005。

间发展和国土规划的战略目标，从法律上明确了这一理念。该目标要求城乡居民具有同等的生活、工作及交通条件，保证土地资源的合理利用，保护水、空气、土壤等自然资源。①

需指出的是，城乡发展一体化不仅是经济发展的一体化。城乡一体化的实现首先要突破在发展理念和观念上的二元局限，解决城乡发展中乡村依附城市的问题，纠正政策偏向城市的取向，给予乡村在城乡发展中平等和自主的地位。与此同时也应看到，基于工业化阶段的城市化发展理论和实践在后工业化阶段都受到了极大的挑战。发达国家的城市化已经与历史上的传统城市化概念有了很大的差异，城市化主要不是与工业化相联系，不是体现在其经济含义上，而是体现在文化和社会含义上。后工业化和信息化时代，为城市发展提供新动力、发展绿色经济、提高预期寿命，以及增加休闲时间等，都为乡村经济发展与城乡新的经济联系提供了发展契机。

二　我国城乡二元结构的建立及其后果

不管理论界对城乡一体化的定义有什么区别，我国提出城乡一体化就是针对城乡分离的二元结构来说的，推进城乡一体化，最直接的任务就是要破除城乡二元结构。在开展城乡一体化研究之前，我们需要首先弄清我国城乡二元结构的建立及其后果。

发展经济学揭示，发展中国家普遍存在传统农业与现代工业二元并存的结构特征。中国既有发展中国家普遍存在的二元经济结构，也有中国特有的城乡二元社会结构。在以苏联模式为理想蓝本的重工业优先发展战略和高度集中的计划经济体制条件下，我国城乡二元社会结构形成于20世纪50年代，之后不断得到强化。城乡二元社会结构的实质是国家在城市和农村实行差别性的不平等政策制度安排。

改革开放后的1988年，农业部从事农村政策研究的刘纯彬等人率先提出了二元社会结构理论，对我国二元社会结构作了系统的研究和论述。在相关研

---

① 李世峰：《大城市边缘区的形成演变机理及发展策略研究》，中国农业大学博士论文，2005年5月；李永进、张士运主编《北京城乡一体化进程评价研究——北京现代化报告2009》，北京科学技术出版社，2009；《探秘一个乡村的15年"巴伐利亚试验"》，载南京报业网，http：//news. sina. com. cn/c/2005 – 10 – 13/09257158637s. shtml，最后访问日期：2005年10月13日。

究中，他们认为城乡二元社会结构由 14 种具体制度构成，主要包括户籍制度、住宅制度、粮食供应制度、副食品和燃料供应制度、生产资料供应制度、教育制度、医疗制度、养老保险制度、劳动保护制度、婚姻制度等。[①] 其实，城乡二元结构涉及城市和农村一系列差别性、不平等的政策制度安排，涵盖政治、经济、社会、文化等各个方面，形成了系统完整的"城乡分治、一国两策"的政策制度体系。[②] 城乡二元结构的主要制度及其演变如下。

（一）户籍制度

户籍制度是城乡二元结构的基础，其他一切城乡不平等的政策制度都是以户籍制度作为依据进行安排的，[③] 户籍制度发挥着城乡之间的"闸门"作用。[④] 从 1952 年起，政务院多次发布文件提出劝阻农民盲目流入城市。1953 年 4 月，政务院发布《关于劝止农民盲目流入城市的指示》，农民进入城市被视为"盲流"。1955 年 11 月 7 日，国务院发布《关于城乡划分标准的规定》，将"农业人口"与"非农业人口"作为人口统计指标。从此，全国人口就划分为"农业人口"和"非农业人口"。1956 ~ 1958 年，国务院连续发布文件"制止农民进入城市"。[⑤]

1958 年 1 月 9 日，第一届全国人大常委会第九十一次会议通过的《中华人民共和国户口登记条例》规定：公民由农村迁往城市，必须持有城市劳动部门的录用证明，学校的录取证明，或者城市户口登记机关的准予迁入证明，向常住地户口登记机关申请办理迁出手续。该条例的实行，标志着中国城乡分离的二元户籍制度正式形成。农业户籍开始与农业这种职业没有直接关系，而

---

① 参见农业部政策研究中心农村工业化城市化课题组《二元社会结构：城乡关系、工业化城市化》（刘纯彬执笔），载《经济研究参考资料》1988 年 6 月 12 日第 90 期；农村工业化城市化与农业现代化课题组《二元社会结构：分析中国农村工业化城市化的一条思路》（刘纯彬执笔），载《经济研究参考资料》1989 年 11 月 6 日第 171/172 期；刘纯彬著《二元社会结构的实证分析》（上、中、下），载《社会》1989 年第 9 期、第 10 期、第 11 期；郭书田、刘纯彬等著《失衡的中国——城市化的过去、现在与未来》，河北人民出版社，1990；刘纯彬著《变迁的中国》，西藏人民出版社，1999。

② 陆学艺：《走出"城乡分治、一国两策"的困境》，《读书》2000 年第 5 期。另参见陆学艺著《"三农论"——当代中国农业、农村、农民研究》，社会科学文献出版社，2002，第 224 ~ 242 页。

③ 殷志静、郁奇虹：《中国户籍制度改革》，中国政法大学出版社，1996。

④ 郭书田、刘纯彬等：《失衡的中国——城市化的过去、现在与未来》，河北人民出版社，1990，第 31 页。

⑤ 肖冬连：《中国二元社会结构形成的历史考察》，《中共党史研究》2005 年第 1 期。

变成了一种身份制度。农业人口的后代就是农业人口,非农业人口的后代就是非农业人口。除了考上大专院校以及其他招工招干等极少数情况得以转变户籍身份外,农业户籍的子孙后代自然继承农业户籍身份。

在此后的岁月里,二元户籍制度不断得到强化。二元户籍制度的实质是控制农民进入城市。比如,1962 年 12 月,公安部发布《关于加强户口管理工作的意见》规定:"对农村迁往城市的,必须严格控制;城市迁往农村的,应一律准予落户,不要控制;城市之间必要的正常迁移,应当准许。但中、小城市迁入大城市的,特别是迁入北京、上海、天津、武汉、广州等五大城市的,要适当控制。"1977 年 11 月,国务院批转《公安部关于处理户口迁移的规定》,提出:"从农村迁往市、镇(含矿区、区等,下同),由农业人口转为非农业人口,从其他市迁入北京、上海、天津三市的,要严格控制。从镇迁入市,从小市迁入大市,从一般农村迁往市郊、镇郊农村或国营农场、蔬菜队、经济作物区的,应当控制。"农民进入城市的大门基本上被堵死了,跳出"农门"从此成为亿万农民的梦想。

改革开放以来,严格的户籍管理制度开始松动。1984 年 10 月 13 日,国务院发布《关于农民进入集镇落户问题的通知》,允许符合条件的农民自理口粮到集镇落户。此后,户籍制度改革出现了许多新的动向和进展,比如蓝印户口,比如放开小城镇户口,比如积分入户,等等。但时至今日,户籍制度并没有得到根本的改革。

最近的国家层面的户籍改革文件是 2011 年 2 月 26 日国务院办公厅印发的《关于积极稳妥推进户籍管理制度改革的通知》,① 该通知明确了分类改革的政策:一是在县级市市区、县人民政府驻地镇和其他建制镇有合法稳定职业并有合法稳定住所(含租赁)的人员,本人及其共同居住生活的配偶、未婚子女、父母,可以在当地申请登记常住户口。二是在设区的市(不含直辖市、副省级市和其他大城市)有合法稳定职业满三年并有合法稳定住所(含租赁)同时按照国家规定参加社会保险达到一定年限的人员,本人及其共同居住生活的配偶、未婚子女、父母,可以在当地申请登记常住户口。三是继续合理控制直辖市、副省级市和其他大城市的人口规模,进一步完善并落实好现行城市落户政策。

2013 年 11 月 12 日,党的十八届三中全会通过的《中共中央关于全面深

---

① 该通知直到一年以后的 2012 年 2 月 23 日才对外公布。

化改革若干重大问题的决定》提出："加快户籍制度改革，全面放开建制镇和小城市落户限制，有序放开中等城市落户限制，合理确定大城市落户条件，严格控制特大城市人口规模。"城乡二元户籍制度何时能得到根本改革，人们只能拭目以待。

（二）统购统销制度

统购统销制度是城乡二元体制的重要内容。1953年10月10日，陈云在全国粮食会议上发表《实行粮食统购统销》的讲话，提出统购统销政策的思想。1953年10月16日，中共中央做出《关于实行粮食的计划收购与计划供应的决议》，这一决议结合了陈云的意见，由邓小平起草。所谓计划收购和计划供应，按照陈云的说法就是"要在农村采取征购粮食的办法，在城镇采取配售粮食的办法，名称可以叫'计划收购'、'计划供应'，简称'统购统销'。"①

从1953年12月开始，除西藏和台湾外，全国城乡实行统购统销。根据中央的决议和政务院的命令，粮食统购统销政策包括计划收购、计划供应、由国家严格控制粮食市场、中央对粮食实行统一管理四个部分。②

计划收购的基本含义是：生产粮食的农民按国家规定的收购粮种、收购价格计划收购的分配数字将余粮售给国家。

计划供应的范围包括县以上城市、农村集镇、缺粮的经济作物产区、一般缺粮户、灾区的灾民。当时保障粮食供应的人口近2亿，占总人口的1/3。

在市场控制上，国家取消了粮食自由市场，规定一切从事粮食经营、加工的国营、地方国营、公私合营、合作社营的商店和工厂，统一归当地粮食部门领导；所有私营粮商一律不许私自经营粮食。农民运粮进城出售，由国营粮店或合作社收购。

中央对全国粮食进行统一管理，所有方针政策的确定、所有收购量和供应量、收购和供应标准、收购和供应价格等，都必须由中央统一规定或经中央批准执行。

在实行粮食统购统销后，国家又接着实行食用油、棉花、棉布的统购统销。中共中央和政务院分别在1953年11月15日、1954年9月9日发布《关

---

① 《陈云文选》第2卷，人民出版社，1995，第217页。
② 薄一波：《若干重大决策与事件的回顾》（上卷），中央党校出版社，1991，第268～283页。

于在全国实行计划收购油料的决定》《关于实行棉布计划收购和计划供应的命令》《关于棉花计划收购的命令》，对油料、棉布实行统购统销，对棉花实行统购。粮、棉、油等比较重要的农产品退出了自由市场，由国家垄断经营。1954年我国开始实行凭布票供应棉布，1955年开始发行粮票。

统购统销政策取消了历史上的农产品自由市场，在城乡实行不同的粮食供应政策。一方面，国家以低价征购农民的粮食，将工业产品以高价卖给农民，形成了工农产品价格剪刀差；另一方面，国家负责对城市居民的粮食和其他副食品进行配给，并给予财政补贴，对农民则是让其自谋出路，国家强制农民低价缴售"爱国粮"，却不负责农民的基本生存口粮。几十年来，"国家只负责市民吃饱饭的问题，不负责农民吃饱饭问题。市民就要保证粮食供应，农民就不必保证粮食供应。市民不能够挨饿，农民却可以挨饿"。[①]

1978年改革开放以后，严格的统购统销制度逐渐有所放松。到1983年，由国家统一限量供应的只有粮食和食用油两种。自1983年12月1日起，国家取消了布票。1984年，深圳市在全国率先取消一切票证。1985年1月1日，中共中央、国务院发布《关于进一步活跃农村经济的十项政策》，宣布用合同定购制度代替统购统销制度。1991年5月，广东、海南率先实行粮食购销同价改革。1992年4月1日，国家决定在全国范围内推行粮食购销同价改革。1993年2月15日，国务院发布《关于加快粮食流通体制改革的通知》，提出"争取在二、三年内全部放开粮食价格"。到当年底，全国除西藏自治区和云南、甘肃两省的25个县以外，全部放开了粮食价格和经营，取消了国家低价定量供应的统销制度，实行了30多年的粮本、粮票制度随之消亡，作为城乡二元体制重要组成部分的统购统销制度，在实行了近40年后走向终结。

（三）基本公共服务制度

基本公共服务制度的城乡分割是城乡二元结构的核心内容。根据2012年7月印发的我国首部基本公共服务规划——《国家基本公共服务体系"十二五"规划》界定的基本公共服务，就是指建立在一定社会共识基础上，由政府主导提供的，与经济社会发展水平和阶段相适应，旨在保障全体公民生存和发展基本需求的公共服务。享有基本公共服务属于公民的权利，提供基本公

---

① 郭书田、刘纯彬等：《失衡的中国——城市化的过去、现在与未来》，河北人民出版社，1990，第34页。

服务是政府的职责。基本公共服务范围，一般包括保障基本民生需求的教育、就业、社会保障、医疗卫生、计划生育、住房保障、文化体育等领域的公共服务，广义上还包括与人民生活环境紧密关联的交通、通信、公用设施、环境保护等领域的公共服务，以及保障安全需要的公共安全、消费安全和国防安全等领域的公共服务。国家对城乡居民实行不同的基本公共服务政策，体现在各个方面。限于篇幅，我们仅对劳动就业制度、教育制度、社会保障制度等方面的城乡分割政策制度及其演变做些简要回顾与分析。

1. 劳动就业制度

城乡二元劳动就业制度主要体现在以下几个方面：

一是在相当长的时期里，政府的劳动行政管理部门只负责城镇居民的就业问题，不负责农民的就业问题。各级政府只负责解决城镇居民就业，不负责解决农民的就业；只负责城镇居民的劳动保障，不负责农民的劳动保障；只负责城镇居民的失业问题，不管农民的失业问题；只负责对城镇居民进行劳动就业培训，不负责对农民进行劳动就业培训。一句话，各级政府的劳动行政管理部门只属于城镇居民，而不属于农村居民。

二是国家长期限制农民进城就业。将农民限制在农村，不准农民进城选择非农职业，是政府长期实行的公共政策。从20世纪50年代开始，农民进入城市是"盲流"，要劝阻、制止和遣返。例如，1952年8月6日中央人民政府政务院发布实施《关于劳动就业问题的决定》提出："必须大力说服农民，以克服农民盲目地向城市流动的情绪。"此后，国家连连发文制止农民进入城市就业。1956年12月30日，国务院发布《关于防止农村人口盲目外流的指示》；1957年1月12日，国务院发布《关于制止企事业单位盲目招收工人和职员的通知》；1957年3月2日，国务院发布《关于防止农村人口盲目外流的补充指示》；1957年12月18日，中共中央、国务院发布《关于制止农村人口盲目外流的指示》；1958年2月25日，国务院发布《关于制止农村人口盲目外流的指示的补充通知》；1959年2月，中共中央发布《关于制止农村劳动力流动的指示》；1959年3月，中共中央和国务院发布《关于制止劳动力盲目外流的紧急通知》。上述一系列政策文件的目的就是一个：制止农民进城就业。随着1958年1月《中华人民共和国户口登记条例》的出台，我国城乡二元劳动就业制度开始逐步建立。直到改革开放后的20世纪80年代和90年代初，国家还在控制农民进城务工。1981年10月17日，中共中央、国务院发布《关于广开门路，搞活经济，解决城镇就业问题的若干决定》提出，要严格制定农村劳动力流入城镇。1981 年 12 月，国务院颁布《关于严格控制农村劳动力进城做工和农业人口转为非农业人口的通知》强调，"要严格控制从农村招工"。① 1989～1991 年，政府又继续强化对农村劳动力进城务工的控制。例如，1989 年 3 月，国务院办公厅发布《关于严格控制民工外出的紧急通知》，要求各地人民政府采取有效措施，严格控制当地民工外出。1989 年 4 月，民政部、公安部发出《关于进一步做好控制民工盲目外流的通知》，要求各地人民政府严格控制当地民工盲目外流。1990 年 4 月，国务院下发《关于做好劳动就业工作的通知》，对农村劳动力进城务工，要运用法律、行政、经济的手段和搞好宣传教育，实行有效控制，严格管理。1991 年 2 月，国务院办公厅发布《关于劝阻民工盲目去广东的通知》，要求各地人民政府从严或暂停办理民工外出务工手续，控制民工流向广东就业。②

三是改革开放后，允许农民进城就业，但对进城农民工实行多方限制和歧视性政策。自从 20 世纪 50 年代建立城乡分割的二元劳动就业制度后，国家一直将农民控制在农村劳动就业，不准农民进城就业。改革开放后，国家开始逐步允许农民进城劳动就业，但长期对农民进城就业实行多方限制和歧视性的政策。一方面，国家允许农民进入乡镇企业就业。20 世纪 80 年代初，全国大部分地区实行了家庭联产承包责任制，农民从土地上获得了初步的解放，出现了大量的农村剩余劳动力。在不准农民进城就业的政策下，国家允许农民进入乡镇企业劳动就业，实行"离土不离乡""进厂不进城"的就地转移政策。另一方面，随着市场化改革的推进，国家允许农民进入城镇劳动就业。③ 1984 年10 月，国务院发布《关于农民进入集镇落户问题的通知》，首次允许符合条件的农民在集镇落户。1992 年邓小平南方谈话后，我国市场化改革的进程加快，大量农民进入东部沿海地区打工，一波又一波的民工潮成为中国改革开放史上的一大奇观。在大量农民事实上已进入城镇就业的情况下，国家对进城务工的农民工实行多方面的不公平、歧视性的劳动就业政策，这主要体现在对农民工从事的行业、工种实行限制，要求农民工办理暂住证等各种证件并收取各种费用，对农民工实行收容遣送制度，农民工不能享受同工同酬，农民工没有城镇户籍身份，不能享受基本公共服务，等等。例如，在限制农民工劳动就业范围

① 宋玉军：《中国劳动就业制度改革与发展》，合肥工业大学出版社，2012，第 76～117 页。
② 邓大松、孟颖颖：《中国农村剩余劳动力转移的历史变迁：政策回顾和阶段评价》，《贵州社会科学》2008 年第 7 期。
③ 胡鞍钢、程永宏：《中国就业制度演变》，《经济研究参考》2003 年第 51 期。

上，1995 年 4 月 14 日，北京市第十届人民代表大会常务委员会第十六次会议通过《北京市外地来京务工经商人员管理条例》，同年 6 月 13 日，北京市人民政府发布第 14 号令《北京市外地来京人员务工管理规定》，提出由市劳动行政机关确定对外地来京务工人员的行业、工种、用工要求等限制。北京市劳动局据此发布了 1996 年允许使用外地务工人员中的行业、工种，共计行业 12 个、工种 204 个，这些都是城镇职工不愿意干的苦差事，而明文限制使用外地人员的行业、工种有金融与保险业的各类管理员、业务员、会计、出纳员、调度员、星级宾馆前厅服务员、收银员、话务员、核价员、出租车司机、各类售票员、检票员、计算机录入员、办公室文秘。直到 2005 年 3 月 25 日，北京市第十二届人民代表大会常务委员会第十九次会议才决定废止《北京市外地来京务工经商人员管理条例》。

2002 年，党的十六大首次提出"统筹城乡经济社会发展"以后，中国的劳动就业政策开始向"统筹城乡劳动就业""形成城乡劳动者平等就业制度"等有利于改变城乡二元劳动力市场的方向发展。

2. 教育制度

城乡二元教育制度体现在很多方面，主要表现在城乡教育投入和城乡教育机会的重大差别上。

在教育投入上，国家对城乡教育实行不同的财政投入政策，城市中小学教育基本是国家投资，农村中小学教育基本是以摊派的方式由农民自己投资。[①] 一方面，国家对整个教育的投入严重不足。国际上衡量教育投入水平的重要指标是财政性教育经费占国内生产总值的比重高于 4%。据统计，国家财政性教育投入占国内生产总值的比重，目前世界平均水平为 7% 左右，其中发达国家达到 9% 左右，经济欠发达的国家也达到 4.1%，我国则长期未达到 4%。另一方面，国家对城乡教育的投入又严重不均衡，特别是对农村教育的投入严重不足。据国务院发展研究中心的调查，自 1985 年实施义务教育以来，在农村义务教育资金的投入比例上，中央政府负担的部分仅为 2%，省和地区（包括地级市）的负担合计占 11%，县和县级市的负担为 9%，乡镇负担占 78%。[②] 乡镇负担主要是向农民集资解决。20 世纪 80 年代开始，国家既对农

---

① 郭书田、刘纯彬等：《失衡的中国——城市化的过去、现在与未来》，河北人民出版社，1990，第 34 页。

② 张玉林：《中国城乡教育差距》，《战略与管理》2002 年第 6 期。

民征收教育费附加,又对农民进行教育集资。据统计,从 1985 年到 1999 年,国家对农民征收的教育费附加为 1142.2 亿元。从 1993 年到 1999 年,从农民身上征收的教育集资费高达 516.5 亿元。①

我们还可以从城乡中小学在校学生人均教育经费的差距上看出城乡教育投入上的巨大差别。1993 年,城市小学生的人均教育经费为 476.1 元,农村小学生的人均教育经费为 250.4 元,城市是农村的 1.9 倍;城市初中生人均教育经费为 941.7 元,农村为 472.8 元,城市是农村的 1.99 倍。到 1999 年,城市小学生的人均教育经费为 1492.2 元,农村为 476.1 元,城市是农村的 3.13 倍;城市初中生人均教育经费为 2671.2 元,农村为 861.6 元,城市是农村的 3.1 倍。②

在教育机会上,城乡之间受教育机会的差距也非常明显。张玉林对城乡受教育机会的差距作了比较详细的研究。由于经济困难等原因,农村辍学率远比城市要高。1985 年,与城市的小学生几乎全部升入初中相比,农村小学毕业生的升学率只有 64%。1986~2000 年,小学毕业未能进入初中的农村小学毕业生高达 5000 万人以上。1987~2000 年,在小学和初中阶段辍学的 6859.1 万人中,绝大多数是农村的少年儿童。从初中毕业生升入高中的比例来看,城市的升学率从 1985 年的 40% 提高到 1999 年的 55.4%,而同期农村从 22.3% 下降到 18.6%。农村学生升入大学的机会也明显少于城市。据对 1989 年全国录取的 61.9 万名高校新生的统计,来自农村的新生为 27 万人,占总数的 44%。另据对北京大学和清华大学 1999 年招收的 5080 名本科生的统计分析,来自农村的学生只有 902 人,只占 17.76%。③

城乡二元教育制度的差距是非常明显的。但长期以来国家对城乡二元教育制度缺乏真正的改革。在胡锦涛任总书记、温家宝任总理期间,我国教育体制改革发展上实现了两个重大突破:一是全面免除了城乡义务教育阶段的学杂费。2005 年,中央决定把农村义务教育全面纳入公共财政保障范围,建立新的农村义务教育经费保障机制。2006 年春季,国家开始免除西部地区农村义务教育阶段 4800 多万名学生的学杂费,对 3530 万名家庭经济困难的学生免费提供教科书,对其中 680 万名寄宿学生提供生活费补助。2006 年 6 月 29 日,第十届全国人大第二十二次会议通过了对《中华人民共和国义务教育法》的

---

① 张玉林:《中国城乡教育差距》,《战略与管理》2002 年第 6 期。
② 张玉林:《中国城乡教育差距》,《战略与管理》2002 年第 6 期。
③ 张玉林:《中国城乡教育差距》,《战略与管理》2002 年第 6 期。

修改，规定实施义务教育"不收学费、杂费"。从 2007 年开始，在全国农村全部免除义务教育学杂费，使农村 1.5 亿名中小学生家庭普遍减轻经济负担，同时对农村贫困家庭学生免费提供教科书并补助寄宿生活费。自 2008 年秋季学期起，国家又全面免除城市义务教育学杂费。至此，我国实现了城乡义务教育全部免除学杂费，惠及 1.6 亿名学生。二是实现了财政教育经费支出占国民生产总值的 4% 的目标。1993 年 2 月 13 日，中共中央、国务院印发《中国教育改革和发展纲要》提出，2000 年实现国家财政性教育经费占 GDP 4% 的目标，但这个目标一直未能实现。2010 年发布的《国家中长期教育改革和发展规划纲要（2010~2020）》再一次提出，到 2012 年实现教育经费支出占国民生产总值 4% 的目标。从 2003 年到 2011 年，我国财政用于教育的经费分别为 2937 亿元、3366 亿元、3975 亿元、4780 亿元、7122 亿元、9010 亿元、10438 亿元、12550 亿元、16497 亿元，占 GDP 的比例分别为 2.16%、2.11%、2.15%、2.21%、2.68%、2.87%、3.06%、3.13%、3.49%。2012 年，全国公共财政教育经费支出为 21165 亿元，占国内生产总值（GDP）的比例首次突破 4%，达到 4.08%。上述两件大事是我国教育史上的里程碑。但要彻底改变城乡二元教育体制，实现城乡教育均衡发展的目标仍然任重道远。

3. 社会保障制度

社会保障主要包括社会保险、社会救助、社会福利、社会优抚等内容，社会保险是社会保障的核心部分。社会保险又包括养老保险、医疗保险、失业保险、工伤保险、生育保险等。[①] 在现代社会，人人享有社会保障是国际社会公认的基本人权。新中国成立后，建立了城乡二元社会保障制度，广大农民基本上被排除在社会保障制度体系之外，农民与市民享有完全不平等的社会保障待遇。在城市，国家为市民建立了离退休制度、公费医疗制度、劳保医疗制度、免费住房制度、各种福利制度等社会保障制度；在农村，国家只为农民建立合作医疗制度、农村社会救济制度、五保户供养制度等，没有将农民纳入国家统一的社会保障制度体系。[②]

在养老保障上，国家为城镇职工、国家机关和事业单位工作人员建立了退休制度，保障了城镇各类工作人员的养老生活待遇。1951 年 2 月 26 日，政务院发布《中华人民共和国劳动保险条例》，对城镇企业职工养老待遇做了规

---

① 龚维斌等：《中外社会保障体制比较》，国家行政学院出版社，2008，第 6~7 页。
② 王国军：《中国城乡社会保障制度的比较与绩效评价》，《浙江社会科学》2000 年第 4 期。

定："男工人与男职员年满六十岁，一般工龄满二十五年，本企业工龄满五年者，可退职养老。退职后，由劳动保险基金项下，按其本企业工龄的长短，按月付给退职养老补助费，其数额为本人工资的百分之五十至七十，付至死亡时止。合乎养老条件，但因该企业工作的需要，留其继续工作者，除发给原有工资外，应由劳动保险基金项下，按其本企业工龄的长短，每月付给在职养老补助费，其数额为本人工资百分之十至二十。详细办法在实施细则中规定之。乙、女工人与女职员年满五十岁，一般工龄满二十年，本企业工龄满五年者，得享受本条甲款规定的养老补助费待遇。"1955 年 12 月，国务院发布《国家机关工作人员退休处理暂行办法》，规定国家机关工作人员退休后，逐月发给退休金。各民主党派、各人民团体和国家机关所属的事业费开支的单位，参照《国家机关工作人员退休处理暂行办法》等相关规定执行。对于农民，国家没有建立农民养老保障制度。在 1956 年开始的农业合作化时期，对农村中的鳏、寡、孤、独、残疾等特别人群在吃、穿、住、医、葬方面给予一定的生活照顾和物质帮助。

在医疗保障上，国家为城镇职工、国家机关和事业单位工作人员建立了劳保医疗制度和公费医疗制度。根据《中华人民共和国劳动保险条例》的规定："工人与职员疾病或非因工负伤，在该企业医疗所、医院、特约医院或特约中西医师处医治时，其所需诊疗费、手术费、住院费及普通药费均由企业行政方面或资方负担；贵重药费、住院的膳费及就医路费由本人负担，如本人经济状况确有困难，得由劳动保险基金项下酌予补助。患病及非因工负伤的工人职员，应否住院或转院医治及出院时间，应完全由医院决定之。"1952 年 6 月，政务院发布《关于全国各级人民政府、党派、团体及其所属事业单位的国家工作人员实行公费医疗预防措施的指示》，建立了公费医疗制度，国家机关、事业单位工作人员基本享受免费的公费医疗保障。该指示规定："公费医疗预防的措施，在老革命根据地，早有先例，但新中国成立之后，由于各种条件的限制，仅在部分的地区、人员中及某些疾病范围内重点实行；工矿部门，则于1951 年 2 月间开始了重点试行劳动保险条例，以解决工人的医疗问题；同年在陕北老根据地及某些少数民族地区试行了公费医疗预防制；当年（1951）年初更将免费医疗预防办法扩大到第二次国内革命战争的各根据地。现在根据国家卫生人员力量与经济条件，决定将公费医疗预防的范围，自 1952 年 7 月起，分期推广，使全国各级人民政府、党派、工青妇等团体、各种工作队以及文化、教育、卫生、经济建设等事业单位的国家工作人员和革命残废军人，得享受公费医疗预防的待遇。"在农村,国家没有为农民建立医疗保险制度。1955年,在农业合作化高潮中,农村出现了一批由农业合作社举办的保健站和医疗站。1956年,河南省正阳县王店乡团结农庄提出社办合作医疗制度。1956年6月30日,全国人大三次会议通过的《高级农业生产合作社示范章程》规定,合作社对因公负伤或因公致病的社员要负责医疗。此后,农村合作医疗制度得到了很大的发展。到1976年,全国农村约有90%的生产大队(行政村)实行了合作医疗制度。①

改革开放以来,我国城乡社会保障制度发生了很大变化,城乡二元社会保障制度有了一定程度的改变。特别是2003年以来,国家逐步建立了包括"新农合""新农保""农村低保"等在内的农村社会保障制度。2010年10月28日,第十一届全国人民代表大会常务委员会第十七次会议通过《中华人民共和国社会保险法》,自2011年7月1日起施行。该法明确规定:"国家建立基本养老保险、基本医疗保险、工伤保险、失业保险、生育保险等社会保险制度,保障公民在年老、疾病、工伤、失业、生育等情况下依法从国家和社会获得物质帮助的权利。"《中华人民共和国社会保险法》是新中国成立以来第一部关于社会保险制度的综合性法律,是建立覆盖城乡居民的社会保障体系的重大举措,是向"让人人享有社会保障权利"迈出的重要一步。该法对城乡居民享有社会保险的权利都做了规定。例如,在建立农村社会养老保险上,该法规定"国家建立和完善新型农村社会养老保险制度"。新型农村社会养老保险实行个人缴费、集体补助和政府补贴相结合。2009年9月,国务院出台《关于开展新型农村社会养老保险试点的指导意见》,引导农村居民普遍参保。新型农村社会养老保险与原来的农村社会养老保险最主要的区别就是在筹资方式上增加了政府补贴。新型农村社会养老保险待遇由基础养老金和个人账户养老金组成。参加新型农村社会养老保险的农村居民,按月领取新型农村社会养老保险待遇。目前中央确定的基础养老金标准为每人每月55元,地方政府可以根据实际情况提高基础养老金标准,如北京市基础养老金标准为每人每月280元。

目前,我国已初步建立覆盖城乡居民的社会保障制度体系,但城乡居民社会保障的待遇差距还比较大,特别是国家对社会保障的财政投入还比较低。从世界范围看,多数国家的社会保障支出占GDP的比重在10%以上,欧盟国家在2003年、2004年、2005年用于社会保障的支出占GDP的比重分别为

---

① 李立清:《新型农村合作医疗制度》,人民出版社,2009,第112~117页。

27.4%、27.3%、27.2%，福利国家的这一指标超过30%。我国全口径社会保障支出2006年约为1.1万亿元，占GDP的比重仅为5.2%。在国际上，福利国家社会保障支出占财政支出的比重高达40%~50%，新兴工业化国家及部分发展中国家社会保障支出占财政支出的比重为20%~30%，2007年我国社会保障支出占财政支出的比重只有11%，明显偏低。[①]

（四）土地制度

1982年12月4日，第五届全国人民代表大会第五次会议通过的《宪法》第10条规定："城市的土地属于国家所有。农村和城市郊区的土地，除由法律规定属于国家所有的以外，属于集体所有；宅基地和自留地、自留山，也属于集体所有。国家为了公共利益的需要，可以依照法律规定对土地实行征收或者征用并给予补偿。"这就从立法上形成了城市土地国有、农村土地集体所有的二元土地制度。[②] 城乡二元土地制度在计划经济时期似乎相安无事，但在市场化、工业化和城市化进程中，城乡二元土地制度所引发的矛盾和冲突就全部凸显出来了。虽然两种土地所有制都属于公有制，但集体土地与国有土地权利不平等，同地不能同权同价。二元土地制度将农民排除在城市化进程之外，使农民丧失了巨大的土地增值收益。在城乡二元土地制度中，集体土地存在的主要问题有以下几个方面。

一是农民集体土地所有权的模糊性。1982年宪法第10条规定："农村和城市郊区的土地，除由法律规定属于国家所有的以外，属于集体所有；宅基地和自留地、自留山，也属于集体所有。"对于集体所有的土地，在法律上由谁代表集体行使所有权？这个问题并不明确。1986年通过的《民法通则》第74条规定："集体所有的土地依照法律属于村农民集体所有，由村农业生产合作社等农业集体经济组织或者村民委员会经营、管理。已经属于乡（镇）农民集体经济组织所有的，可以属于乡（镇）农民集体所有。"这里明确的集体所有土地，是"村农民集体所有""乡（镇）农民集体所有"，村农业生产合作社等农业集体经济组织或者村民委员会只能对集体土地进行"经营、管理"，没有规定"村农业生产合作社等农业集体经济组织或者村民委员会"是集体

---

① 郑功成：《中国社会保障30年》，人民出版社，2008，第365~366页。

② 王维洛：《1982年的一场无声无息的土地"革命"——中国的私有土地是如何国有化的》，《当代中国研究》2007年第4期；周其仁：《城乡中国》（上），中信出版社，2013，第120~130页。

土地所有者的代表。1998 年修订的《土地管理法》第 10 条规定："农民集体所有的土地依法属于村农民集体所有的，由村集体经济组织或者村民委员会经营、管理；已经分别属于村内两个以上农村集体经济组织的农民集体所有的，由村内各该农村集体经济组织或者村民小组经营、管理；已经属于乡（镇）农民集体所有的，由乡（镇）农村集体经济组织经营、管理。"这里规定了三种情况，但都只明确谁对村集体所有土地进行经营、管理，没有明确谁作为所有者的代表行使所有权。2007 年通过的《物权法》第 59 条规定："农民集体所有的不动产和动产，属于本集体成员集体所有。"第 60 条规定："对于集体所有的土地和森林、山岭、草原、荒地、滩涂等，依照下列规定行使所有权：（一）属于村农民集体所有的，由村集体经济组织或者村民委员会代表集体行使所有权；（二）分别属于村内两个以上农民集体所有的，由村内各该集体经济组织或者村民小组代表集体行使所有权；（三）属于乡镇农民集体所有的，由乡镇集体经济组织代表集体行使所有权。"《物权法》首次明确了集体土地所有权的代表，这是立法上的进步。《物权法》规定的代表集体行使所有权的有村集体经济组织、村民委员会、村内集体经济组织、村民小组、乡镇集体经济组织。但这并没有完全解决集体土地所有权问题，首先，到底由村集体经济组织行使所有权，还是由村民委员会行使所有权？其次，有不少村的集体经济组织要么有名无实，要么陷入瘫痪，甚至并不存在了。再次，上述规定的所有权代表至今还未能作为法人主体参与法律关系，同时它们自身也难以很好地履行所有者职权。最后，国家对农民集体行使土地所有权实行超法律限制，严禁集体土地所有权买卖、出租、抵押或者以其他形式转让，国家实质上掌握和控制了农村集体土地的最终处分权，是农村集体土地的终极所有者。①

二是农民集体土地使用权的残缺性。自从实行家庭承包责任制以来，农民对集体所有的承包地拥有了使用权。农民对承包地的使用权，有一个不断延长承包期的过程。1984 年 1 月 1 日，《中共中央关于一九八四年农村工作的通知》（中共中央一号文件）提出，"土地承包期一般应在十五年以上"。② 这项

---

① 于建嵘：《农民是如何失去土地所有权？》，爱思想网，http：//www.aisixiang.com/data/617.html，2002 - 09 - 02。另参见于建嵘《农村集体土地所有权虚置的制度分析》，载蔡继明、邝梅主编《论中国土地制度改革——中国土地制度改革国际研讨会论文集》，中国财政经济出版社，2009，第 23 ~ 30 页。

② 《中共中央国务院关于"三农"工作的十个一号文件（1982 ~ 2008）》，人民出版社，2008，第 40 页。

15 年不变的政策被称为"第一轮承包"。① 1993 年 11 月 5 日，中共中央、国务院发布《关于当前农业和农村经济发展的若干政策措施》，规定："在原定的耕地承包期到期后，再延长三十年不变。"② 1997 年 8 月 27 日，中共中央办公厅、国务院办公厅印发《关于进一步稳定和完善农村土地承包关系的通知》，明确规定："在第一轮土地承包到期后，土地承包期再延长三十年，指的是家庭土地承包经营的期限。集体土地实行家庭联产承包制度，是一项长期不变的政策。"③ 1998 年 8 月 29 日，第九届全国人大常委会第四次会议修订的《土地管理法》第 14 条规定："土地承包经营期限为三十年"。这是首次将农民的土地承包期限从政策规定上升到法律规定。2003 年 3 月 1 日施行的《中华人民共和国农村土地承包法》第 20 条规定："耕地的承包期为三十年。草地的承包期为三十年至五十年。林地承包期为三十年至七十年；特殊林木的承包期，经国务院林业行政主管部门批准可以延长。"2007 年 3 月 16 日，第十届全国人大第五次会议通过的《物权法》第 126 条做了与《土地承包法》相同的规定："耕地的承包期为三十年。草地的承包期为三十年至五十年。林地承包期为三十年至七十年；特殊林木的承包期，经国务院林业行政主管部门批准可以延长。"2008 年 10 月 12 日，党的十七届三中全会通过的《中共中央关于推进农村改革发展若干重大问题的决定》首次提出："赋予农民更加充分而有保障的土地承包经营权，现有土地承包关系要保持稳定并长久不变。"④ 农民的土地承包经营权从 15 年不变，到 30 年不变，再到长久不变，这是土地承包经营权期限的演变过程。目前，国家没有制定从 30 年不变转变为长久不变的具体实施政策。除了时间期限的延长外，《土地承包法》《物权法》确认了承包权的物权性质，还实现了承包权从债权到物权的转变。作为物权的土地承包经营权以及宅基地使用权，应当具有占有、使用、收益和处分的权能。但《物权法》没有赋予土地承包经营权、宅基地使用权完整的权能。该法第 125 条规定："土地承包经营权人依法对其承包经营的耕地、林地、草地等享有占有、使用和收益的权利。"由此可知，农民的土地承包经营权缺乏处分权以及延伸的抵押、担保等权能。该法第 152 条规定："宅基地使用权人依法对集体

---

① 廖洪乐：《中国农村土地制度六十年——回顾与展望》，中国财政经济出版社，2008，第 74 页。
② 《十四大以来重要文献选编》（上），中央文献出版社，2011，第 418 页。
③ 《十四大以来重要文献选编》（下），中央文献出版社，2011，第 608 页。
④ 《中共中央关于推进农村改革发展若干重大问题的决定》，人民出版社，2008，第 12 页。

所有的土地享有占有和使用的权利。"与土地承包经营权相比，农民对宅基地的权利还少了一项收益权。在现行政策法律框架中，农民的土地承包经营权、宅基地使用权的权能都是不完整的。2013 年 11 月 12 日，党的十八届三中全会通过的《中共中央关于全面深化改革若干重大问题的决定》提出赋予农民更多财产权利，赋予农民对承包地占有、使用、收益、流转及承包经营权抵押、担保权能，保障农户宅基地用益物权，改革完善宅基地制度，选择若干试点，慎重稳妥推进农民住房财产权抵押、担保、转让，探索农民增加财产性收入渠道。[①] 这是扩大农民土地承包经营权和宅基地使用权权能的重大政策突破。

三是农地转为建设用地的政府垄断性。改革以来，政府对农地转为建设用地采取逐步收缩控制的政策，直到关闭集体建设用地市场，实行征地，政府垄断土地一级市场。1986 年 6 月 25 日，第六届全国人大常委会第十六次会议通过、1987 年 1 月 1 日起施行的《土地管理法》对农村集体土地进入集体建设用地市场留有三个制度通道：（1）全民所有制企业、城市集体所有制企业同农业集体经济组织共同投资举办的联营企业，需要使用集体所有的土地的，经批准，可以按照国家建设征用土地的规定实行征用，也可以由农业集体经济组织按照协议将土地的使用权作为联营条件。（2）农村居民住宅建设，乡（镇）村企业建设，乡（镇）村公共设施、公益事业建设等乡（镇）村建设，应当按照乡（镇）村建设规划进行，县级人民政府批准执行。（3）城镇非农业户口居民建住宅，需要使用集体所有的土地的，必须经县级人民政府批准，其用地面积不得超过省、自治区、直辖市规定的标准，并参照国家建设征用土地的标准支付补偿费和安置补助费。1998 年 8 月 29 日，第九届全国人大常委会第四次会议对《土地管理法》做了重大修订，大大收紧了农村土地进入非农集体建设用地的口子。该法第 43 条规定："任何单位和个人进行建设，需要使用土地的，必须依法申请使用国有土地；但是，兴办乡镇企业和村民建设住宅经依法批准使用本集体经济组织农民集体所有的土地的，或者乡（镇）村公共设施和公益事业建设经依法批准使用农民集体所有的土地的除外。"第 63 条规定："农民集体所有的土地的使用权不得出让、转让或者出租用于非农业建设；但是，符合土地利用总体规划并依法取得建设用地的企业，因破产、兼并等情形致使土地使用权依法发生转移的除外。"此后，国家出台了一系列政策文件，严格控制农地转为建设用地，严格禁止城镇居民到农村购置宅基地。自

---

① 《中共中央关于全面深化改革若干重大问题的决定》，人民出版社，2013，第 22～23 页。

1998 年修订后的《土地管理法》规定"任何单位和个人进行建设必须申请使用国有土地"后，国家征地就成为农地转为建设用地的唯一方式，其结果是政府成为农地转为非农建设用地的唯一"地主"，农民和集体则被排除在农地非农化进程之外。① 政府征地的补偿标准实行按农业原用途补偿的政策，而不是按照市场价进行公正合理补偿，这就造成了政府凭借其强制征地权，一手从农民手中低价征收集体土地，一手高价出让给用地单位，政府从中谋取巨额的土地增值收益，农民则蒙受巨大的利益损失。在城市化进程中，不管是不是因为公共利益的需要，政府都一律实行强制征地，这是引发一系列严重社会问题的制度根源。②

　　城乡二元土地制度严重制约了城市化的健康发展，推进土地制度改革已成为政学两界的共识。2008 年 10 月，党的十七届三中全会提出："改革征地制度，界定公益性和经营性建设用地，逐步缩小征地范围，完善征地补偿机制。依法征收农村集体土地，按照同地同价原则及时足额给农村集体组织和农民合理补偿，解决好被征地农民就业、住房、社会保障。""逐步建立城乡统一的建设用地市场，对依法取得的农村集体经营性建设用地，必须通过统一有形的土地市场、以公开规范的方式转让土地使用权，在符合规划的前提下与国有土地享有平等权益。"③ 2012 年 11 月，党的十八大报告提出："改革征地制度，提高农民在土地增值收益中的分配比例。"④ 2013 年 11 月，党的十八届三中全会通过的《中共中央关于全面深化改革若干重大问题的决定》提出："建立城乡统一的建设用地市场。在符合规划和用途管制前提下，允许农村集体经营性建设用地出让、租赁、入股，实行与国有土地同等入市、同权同价。""建立兼顾国家、集体、个人的土地增值收益分配机制，合理提高个人收益。"⑤

———————————

① 刘守英：《中国的二元土地权利制度与土地市场残缺——对现行政策、法律与地方创新的回顾与评论》，《经济研究参考》2008 年第 31 期（总第 2159 期）；刘守英：《中国的土地产权与土地市场发展》，载中国社会科学院农村发展研究所宏观经济研究室编《农村土地制度改革：国际比较研究》，社会科学文献出版社，2009，第 114～150 页；蒋省三、刘守英、李青：《中国土地政策改革：政策演进与地方实施》，上海三联书店，2010，第 18～26 页；刘守英、周飞舟、邵挺：《土地制度改革与转变发展方式》，中国发展出版社，2012，第 36～49 页；张千帆：《城市化不需要征地——清除城乡土地二元结构的宪法误区》，《法学》2012 年第 6 期。

② 《中共中央关于推进农村改革发展若干重大问题的决定》，人民出版社，2008，第 14 页。

③ 《中国共产党第十八次全国代表大会文件汇编》，人民出版社，2012，第 22 页。

④ 《中共中央关于全面深化改革若干重大问题的决定》，人民出版社，2013，第 13 页。

⑤ 《中共中央关于全面深化改革若干重大问题的决定》，人民出版社，2013，第 13 页。

除了上述城乡二元制度外，我国城乡二元制度还体现在选举权与被选举权、社会管理等经济、政治、社会和文化生活领域。

城乡二元结构的本质是城乡制度的不平等。城乡二元结构的后果体现在政治、经济、社会、文化等各个方面，其最严重的主要后果至少有以下三点：

一是剥夺了亿万农民的自由和尊严，给农民带来了巨大的损失。在相当长的时期里，农民被户籍制度限制在农村，禁止进入城市就业和生活，农民失去了获取平等身份的权利、追求自由幸福的权利。两把"剪刀差"剪去了农民巨额的财富。1952~1986年，国家通过工农产品价格剪刀差，农民为国家的工业化多付出了5823.74亿元；1978~1991年，工农产品价格剪刀差达12246.6亿元。改革以来的30多年，国家又用城乡土地价格剪刀差，在城市化中剥夺农民土地级差收入30多万亿元。

二是违背了现代宪法原则和法治精神，大大推迟了国家治理的现代化。宪法的基本原则是平等，平等地保护全体国民的基本权利和自由。城乡二元制度就是在一国之内实行城乡不平等的制度安排，背离了基本的平等原则。在1954年宪法明文规定公民享有迁徙自由权利的情况下，各级政府的政策文件却限制农民进入城市，剥夺了农民享有的宪法规定的权利。时至今日，我们在迈向现代法治的大道上仍然步履维艰、任重道远。

三是破坏了社会的公平正义，腐蚀了社会文明和谐的道德基础。罗尔斯提出正义的两个原则：第一个原则是平等自由的原则；第二个原则是机会的公正平等原则（在机会公平平等的条件下职务和地位向所有人开放）与差别原则（社会的、经济的不平等安排适于最少受惠者的最大利益）的结合。第一个原则要求平等地分配基本权利和义务；第二个原则认为社会和经济的不平等只要其结果能给每一个人，尤其是那些最少受惠者的社会成员带来补偿利益，它们就是正义的。这些原则拒绝为那些通过较大的利益总额来补偿一些人的困苦的制度辩护。① 城乡二元制度安排限制、剥夺了农民的平等自由和公正机会，同时，社会和经济的不平等安排却对农民这个最少受惠者群体造成了最大的损害。长期的城乡二元制度，既对社会的公平正义构成了直接的损害，又对社会文明进步的道德基础造成了制度性的伤害。

---

① 〔美〕约翰·罗尔斯：《正义论》，何怀宏、何包钢、廖申白译，中国社会科学出版社，1988，第14~15页。

　　早在 1949 年 3 月 12 日，刘少奇在党的七届二中全会上就提出"要有城乡一体的观点"，他说："过去我们只有乡村，现在加上城市。"① 但是，这种"城乡一体"的观点没有得到应有的重视，相反，20 世纪 50 年代建立城乡二元体制后，我国离城乡一体化反而越来越远了。

　　真正对城乡一体化的认识与研究，是 20 世纪 80 年代初在改革实践中提出来的。对于什么是城乡一体化，并没有统一的定义。有的人认为，城乡一体化就是以消除城乡二元结构为主要特征，通过农村工业化、城市化、现代化，实现城乡经济、社会、生态等方面的融合，从而达到城乡共同繁荣、富裕、文明的过程。②

　　有的学者将我国城乡一体化的提出与发展划分为三个时期：一是改革开放初到 20 世纪 80 年代中后期，是城乡一体化的提出与探索阶段；二是 20 世纪 80 年代末期到 90 年代初期开始对城乡边缘区的研究；三是 20 世纪 90 年代中期以后，是城乡一体化理论框架与理论体系开始建立，研究内容日趋完善的时期。③ 这是在 21 世纪初划分的，当时城乡一体化还没有进入国家决策之中。2002 年以后，随着中央文件中正式提出"统筹城乡经济社会发展"和"形成城乡经济社会发展一体化新格局"的明确概念，城乡一体化的研究进入了一个全新的时期。

　　2002 年，党的十六大首次提出"统筹城乡经济社会发展"。2003 年，党的十六届三中全会通过的《中共中央关于完善社会主义市场经济体制若干问题的决定》进一步提出"五个统筹"的要求，其中第一个就是要"统筹城乡发展"。2007 年党的十七大报告首次提出："形成城乡经济社会发展一体化新格局"。2008 年中央一号文件提出："探索建立促进城乡一体化发展的体制机制。着眼于改变农村落后面貌，加快破除城乡二元体制，努力形成城乡发展规划、产业布局、基础设施、公共服务、劳动就业和社会一体化新格局。"2008 年，党的十七届三中全会通过的《中共中央关于推进农村改革发展若干问题的决定》提出："着力破除城乡二元结构，形成城乡经济社会发展一体化新格局。""建立促进城乡经济社会发展一体化制度。尽快在城乡规划、产业布局、基础设施建设、公共服务一体化等方面取得突破，促进公共资源在城乡之间均衡配置，生产要素在城乡之间自由流动，推动城乡经济社会发展融合。"2012 年党

---

① 《刘少奇选集》（上卷），人民出版社，1981，第 419 页。
② 中共上海市郊区工作委员会、中共上海市委党史研究室编《上海城乡一体化建设》，上海人民出版社，2002，第 2 页。
③ 景普秋、张复明：《城乡一体化研究的进展与动态》，《城市规划》2003 年第 6 期。

的十八大提出，"推动城乡发展一体化"，"城乡发展一体化是解决'三农'问题的根本途径"，"加快完善城乡发展一体化体制机制，着力在城乡规划、基础设施、公共服务等方面推进一体化"。2013 年，党的十八届三中全会提出，"健全城乡发展一体化体制机制"。

从 2002 年党的十六大，特别是从 2007 年党的十七大以来，破除城乡二元结构、加快推进城乡一体化，已成为党和国家解决"三农"问题的基本政策取向。从城乡二元结构走向城乡一体化，是我国经济社会发展的必然趋势和正确选择。

三　北京市城乡一体化发展进程

北京是最早开展城乡一体化研究的地区之一，也是最早提出以城乡一体化的思路指导开展郊区农村工作的地区之一。我们从理论研究、政策实践、实际成效等方面对北京的城乡一体化进程进行简要回顾与总结。

（一）北京市城乡一体化的理论研究进程

城乡一体化的概念是在中国农村改革实践中形成的。1983 年国务院农村发展研究中心城郊发展战略课题组首次提出城乡一体化问题。[1] 苏南地区 1983 年最先使用城乡一体化概念，这源于农业部在江苏无锡开展的农村现代化建设试点。[2] 城乡一体化概念的产生与我国改革开放后乡镇企业兴起、小城镇发展、乡村城市化、实行市管县体制有着密切的关系。[3] 1986 年，京、津、沪、烟、苏、锡、常等城市政府正式把城乡一体化作为全市经济、社会发展的战略思想和指导方针，反映了城乡一体化是城乡改革不断深化的必然归宿和城郊经济形成、发展到一定阶段的必然结果。[4] 城乡二元结构和城乡一体化都是 20 世纪 80 年代由我国最优秀的政策理论研究者在农村改革伟大实践中提出的具有中国本土特色的重要社会科学概念，这也是我国农村研究中最具有理论独创性的重要概念。时至今日，破除城乡二元结构、推进城乡一体化已成为我国改革发展的基本政策取向。这从一个方面反映了 20 世纪 80 年代我国农村研究者的理论水平。

---

[1]　包永江编著《中国城郊发展研究》，中国经济出版社，1991，第 39 页。

[2]　王景新：《村域经济转型与乡村现代化——上海农村改革 30 年调研报告》，《现代经济探索》2008 年第 2 期。

[3]　张雨林：《论城乡一体化》，《社会学研究》1988 年第 5 期。

[4]　包永江编著《中国城郊发展研究》，中国经济出版社，1991，第 39 页。

北京作为经济发达地区，与上海、天津等发达地区一起较早地提出了城乡一体化的思想观点，[①] 开展了城乡一体化的理论研究。对城乡一体化研究具有较大影响的研究机构主要有北京市农村经济研究中心、北京市社会科学院、北京联合大学北京学研究基地、北京现代化研究中心等。

1. 北京市农村经济研究中心的研究

北京市农村经济研究中心不仅在北京，而且在全国率先开展了城乡一体化的研究，产生了较大的社会影响。到目前为止，北京市农村经济研究中心对城乡一体化的研究可分为三个阶段。

第一个阶段：从20世纪80年代中期到21世纪初。从1986年起，北京几乎与上海、天津同时，提出以城乡一体化的战略思想指导郊区经济工作。[②] 从此，一些专家学者开始城乡一体化方面的研究。特别值得一提的是，1996年，北京市主管农业的副市长段强要求北京市农村经济研究中心研究北京郊区的城市化与城乡一体化问题，北京市政府给北京市农村经济研究中心下达了"北京郊区乡村城市化和城乡一体化"的研究课题，这被认为是我国最早的城乡一体化课题组。[③] 北京市农村经济研究中心与北京市社会科学院城市问题研

[①] 中共上海市郊区工作委员会、中共上海市委党史研究室编《上海城乡一体化建设》，上海人民出版社，2002；包永江编著《天津市、郊经济发展一体化研究》，天津人民出版社，1996。

[②] 在1986年召开的上海市农村工作会议上，上海市正式确定以城乡一体化作为郊区工作的指导方针。参见石忆邵《城乡一体化理论与实践：回眸与评析》，《城市规划汇刊》2003年第1期。

[③] 王景新认为北京市农村经济研究中心1996年成立的"北京市郊区乡村城市化和城乡一体化"是我国最早的城乡一体化研究课题组；参见王景新《村域经济转型与乡村现代化——上海农村改革30年调研报告》，《现代经济探索》2008年第2期；另参见王景新、李长江、曹荣庆等《明日中国：走向城乡一体化》，中国经济出版社，2005，第20~21页。据笔者看到的文献，在北京之前，其他地方也有城乡一体化研究的课题组，例如，1985年9月，上海社会科学院部门经济研究所在上海市科委会同农委、规划委委托华东化工学院研究的基础上承担的《上海县1984~2000年经济、科技发展总体规划研究》课题，就明确提出以城乡一体化为原则。参见谢自奋、夏顺康主编《城乡一体化的前景——上海市上海县经济、科技发展总体研究》，上海社会科学院出版社，1987；城乡一体化课题组《上海城乡一体化研究综合报告》，《上海农村经济》1991年第2期；上海《宝山城乡一体化研究》课题组《宝山城乡一体化研究综合报告》，载《宝山年鉴1992》，上海科学普及出版社，1992，第32~36页；《城乡一体化发展》课题组《关于城乡一体化发展问题的研究》，载《陕西农村改革与发展》，陕西人民教育出版社，1992，第69~96页；《城乡一体化》课题组《城乡经济整合中的几个问题》，《农业经济》1992年第1期。笔者揣测，上述城乡一体化课题组可能只是学者根据研究兴趣组织的，不一定是政府下达的研究课题。参见石忆邵《城乡一体化理论与实践：回眸与评析》，《城市规划汇刊》2003年第1期。

究所、中国人民大学区域经济研究所、北京市农科院综合所、北京市统计局组成的课题组，对郊区城市化和城乡一体化进行了持续数年的研究，取得了一大批研究成果，其代表性成果主要有赵树枫主编、陈光庭、张强等编著《世界乡村城市化和城乡一体化》（《城市问题》杂志社，1998 年 3 月版），赵树枫、陈光庭、张强主编《北京郊区城市化探索》（首都师范大学出版社，2001）。

上述研究成果形成的主要观点有：（1）城乡一体化是城市化发展的高级阶段。（2）把握城乡一体化的内涵要注意五个方面：一是城乡一体化发生在生产力水平或城市化水平相当高的时期；二是城乡一体化是一个渐进的过程，而不是结果；三是城乡一体化是双向的，不是单向的；四是城乡一体化要包括物质文明和精神文明两方面；五是不能把城乡一体化看成缩小甚至消灭城乡差距的过程，城乡差别是永恒的。（3）要达到城乡一体化的目标，至少要在五个方面下功夫：一是加速农业现代化建设，农业现代化是城乡一体化实现的可靠保证；二是促进城乡经济一体化进程快速发展；三是加强基础设施现代化建设；四是提高城乡生活质量；五是实现城乡生态环境的融合。（4）城乡融合是城乡一体化的目标，21 世纪是城乡一体化的世纪。

第二阶段：从 2002 年到 2007 年。2002 年党的十六大正式提出统筹城乡经济社会发展以后，北京市农村经济研究中心围绕统筹城乡发展开展相关调查和研究。[1] 这期间具有代表性的研究主要有张强主持的北京市哲学社会科学规划重点项目"北京市城乡一体化发展研究"，其最终成果有张强主编《乡村与城市融合发展的选择——北京市城乡一体化发展研究》（中国农业出版社，2006）。该书对北京市城乡一体化发展做了比较系统的研究，认为就大城市而言，城乡经济社会发展带有较高起点的特征，特别是东部沿海长三角、珠三角、京津等较发达地区，应当率先打破城乡二元结构，走向城乡一体化。该书的主要观点有：（1）城乡一体化是发达地区统筹城乡经济社会发展的具体内容或实现形式，统筹城乡发展是城乡一体化的根本途径。（2）城乡一体化是侧重制度创新意义上的城市化概念，城市化是城乡一体化的前提，城乡一体化是城市化的发展目标，是城乡关系的前进方向和最终目标。城乡一体化既是作为过程，也是作为目标和结果，贯穿在城市化进程之中。（3）城乡一体化的

---

[1] 有关统筹城乡发展以及城乡一体化方面的零散研究，参见张文茂、苏慧编著《北京郊区现代化问题研究》，中央文献出版社，2008。

内涵：城乡一体化是一种经济社会或目标；城乡一体化是城乡关系的发展道路或指导思想，工业化和城市化是实现城乡一体化的主要途径；城乡一体化是一个综合性的社会演进过程；城乡一体化不是城乡一样化，不是消灭城乡之间的一切差别。（4）城乡一体化的内容包括空间规划布局一体化、产业发展一体化、基础设施建设一体化、社会事业和社会保障一体化、生态环境保护和建设一体化、资源配置一体化、社会管理一体化。（5）北京市推进城乡一体化要解决的根本问题是缩小城乡生活条件差距问题，要解决的核心问题是农民问题，加快发展进程的关键问题是城市功能向郊区延伸或扩散的问题，要关注的薄弱环节是制度创新问题。（6）以首都圈的视野考虑北京市城乡一体化发展。（7）确定了北京市城乡一体化发展的指标体系，包括经济现代化、社会现代化、城市现代化三个方面共15项具体指标。

第三阶段：从2007年以来至今。2007年党的十七大正式提出"形成城乡经济社会发展一体化新格局"，城乡一体化成为解决"三农"问题的重要指导思想。2008年中共北京市委第十届五次全会通过《中共北京市委关于率先形成城乡经济社会发展一体化新格局的意见》，明确提出了北京市要率先形成城乡一体化新格局的目标要求。从此，城乡一体化的研究不断得到拓展和深化。这一时期北京市农村经济研究中心有关城乡一体化的研究成果主要体现在两个大的方面。

一是围绕新型城镇化和城乡一体化进行战略研究。自2010年以来，北京市农村经济研究中心主任郭光磊明确提出对城镇化问题开展持续研究，每年突出一个主题进行集中研究，至今已经取得一大批有影响的研究成果，具有代表性的研究成果主要有以下几种：（1）2010年的《北京市城乡结合部经济社会问题研究》。该研究明确提出了"走以人为本的新型城市化道路"的重要结论，对新型城市化的内涵做了新的探索，认为新型城市化是空间布局合理的城市化；是维护农民权益的城市化；是善待外来人口的城市化；是产业结构优化的城市化；是生态环境友好的城市化；是发展民主法治的城市化。（2）2011年的《新型城市化发展路径比较研究》。该研究通过对比北京、天津、上海、重庆、成都、广州六大城市在推进城市化和城乡一体化中的基本做法和经验，总结提炼出推进新型城市化的主要任务，即要把加强制度供给作为新型城市化的基础工程，把依法改革创新作为新型城市化的基本方式，把深化土地制度改革作为新型城市化的关键环节，把推进农村产权改革作为新型城市化的重大任务，把实现农民市民化作为新型城市化的战略目标。（3）2012年的《北京市新型城市化中农民土地权益发展研究》《北京市城乡一体化进程中乡镇统筹发展方式研究》《促进首都农村集体建设用地有序流转及高效集约利用研究》。这些研究主要聚焦在城市化和城乡一体化中的土地制度改革创新上，以图维护和发展农民的财产权利。（4）2013 年的《北京市二道绿隔地区发展问题研究》。这是根据林克庆副市长的指示和要求，由北京市农村经济研究中心与北京市城市规划设计研究院组成联合调研组，对北京市二道绿化隔离带地区的经济、社会、生态等问题进行了深入研究，重点围绕破解城乡二元土地制度与生产社会化之间的矛盾，提出二道绿隔地区发展的总体思路、实现路径与近期政策。2010～2013 年，已公开出版的研究成果主要有：郭光磊主编《北京城乡一体化发展的研究与思考 2009》（中国农业出版社，2010）、郭光磊主编《城与乡：在博弈中共享繁荣——北京市农村经济研究中心 2010 年研究报告》（上、下）（中国农业科学技术出版社，2011）、郭光磊主编《城乡统筹发展的改革思维——北京市农村经济研究中心 2011 年研究报告》（上、下）（中国农业出版社，2012）、郭光磊主编《城乡发展一体：探索与创新——北京市农村经济研究中心 2012 年研究报告》（上、下）（中国农业出版社，2013）、郭光磊等著《北京市新型城镇化问题研究》（上、下）（中国社会科学出版社，2013）。

二是围绕城乡一体化的总目标开展相关专题研究。城乡一体化涉及的内容非常多，需要开展相关专题研究。例如，2009～2011 年，笔者主持完成北京市哲学社会科学"十一五"规划项目《城乡一体化新格局中农民土地权益和身份平等权利实现方式研究》，该研究以保障和实现农民权利为主线，提出破除城乡二元制度，维护农民的土地财产权和农民的身份平等权利。该研究还提出"从违法式改革走向立法式改革"的重大命题。2010 年，笔者发表《城乡一体化的根本：破除双重二元结构》，提出我国各大中城市中存在动态二元结构和静态二元结构叠加在一起的双重二元结构。2010 年，笔者等人开展了北京城镇居民基本医疗保险与"新农合"制度整合研究，将基本公共服务一体化问题纳入城乡一体化研究之中，改变了北京市农村经济研究中心长期侧重经济研究的局面。2011 年，笔者完成了《北京市城乡基本公共服务均等化研究》，首次对北京市城乡基本公共服务均等化问题进行了系统研究。2012 年笔者完成的《北京市新型城市化中农民土地权益发展研究》《城乡一体化背景中北京户籍制度改革研究》《北京市增加农民财产性收入研究》《北京市城乡基本公共服务达到中等发达国家水平研究》，分别对城乡一体化中的土地制度、

户籍制度、农民财产性收入、基本公共服务等专题进行了研究。2013 年笔者
开展了"北京市城乡发展一体化进程研究""北京市实现农民工市民化研究"
等课题的研究。特别是《北京市城乡发展一体化进程研究》对北京市城乡发
展一体化进程做了系统总结，拓展了对城乡一体化的新认识，划分了狭义城乡
一体化与广义城乡一体化，对 2007~2012 年北京城乡发展一体化发展水平进
行了量化监测，以更加开阔的视野提出了推进城乡发展一体化的政策建议。上
述研究成果除了北京市农村经济研究中心每年出版的年度调研报告外，还有张
英洪著《建设人人共享的现代公共服务之都——北京市城乡基本公共服务均
等化研究》（知识产权出版社，2011）、《认真对待农民权利》（中国社会出版
社，2011）、《北京市城乡基本公共服务发展研究》（中国政法大学出版社，
2013）等。

北京市农村经济研究中心的其他研究人员，也就城乡一体化中的产业布
局、都市农业发展、集体建设用地乡镇统筹、集体经济产权制度改革、农民收
入、新型农村社区建设、生态文明建设、农村金融、农村经管体系建设等方面
开展了专题研究。此外，2010 年，北京市农村经济研究中心《北京农村经济》
编辑部举办了北京郊区城乡一体化建设征文活动，出版了陈水乡主编的《北
京郊区城乡一体化建设征文集》（中国农业出版社，2010）。近年来，北京市
农村经济研究中心对城乡一体化的研究不断向纵深推进。

2. 北京市社会科学院的研究

北京市社会科学院是开展北京城乡一体化研究的重要基地。北京市社会科
学院城市问题研究所挑起了城乡一体化研究的重任。截至目前，该所开展的城
乡一体化方面的研究主要有以下几个方面：

一是，20 世纪 90 年代，与北京市农村经济研究中心联合开展北京郊区乡
村城市化和城乡一体化的研究。以陈光庭研究员为代表的北京市社会科学院城
市问题研究所积极参与北京郊区乡村城市化和城乡一体化的研究，取得了丰硕
成果。陈光庭研究员还发表了相关研究论文。[①]

二是，2002 年党的十六大后，开展北京城乡统筹协调发展研究。黄序主
编的《北京城乡统筹协调发展研究》（中国建材工业出版社，2004）一书代表

---

① 陈光庭：《北京城市化发展趋势及郊区应采取的对策》，《城市问题》1996 年第 6 期；陈光
庭：《世界城市化发展趋向及中国城市化道路》，《开放导报》1999 年第 11 期；陈光庭：
《城乡一体化与乡村城市化双轨制探讨》，《规划师》2002 年第 10 期；陈光庭：《城乡一体
化——中国特色的城镇化道路》，《当代北京研究》2008 年第 1 期。

了北京城乡统筹发展研究的新成果。该书第一编主要讨论了人口、经济与城市的协调发展问题；第二编主要研究乡村城镇化和城乡一体化；第三编研究以户籍制度改革为核心的政府管理体制创新和社区管理问题。该书的一个重要观点，就是主张在我国大城市郊区实行乡村城镇化和城乡一体化双轨制，一是要冲破城乡户籍壁垒，二是要全面推行城乡一体化社会保障制度，三是要让乡镇企业在城乡一体化中再造辉煌，四是政府要加大对城乡一体化的支持，五是要在乡村城镇化中珍惜土地。①

三是，从 2006 年至 2010 年，北京蓝皮书连续出版。从 2006 年开始，以黄序为代表的北京市社会科学院城市所持续研究和定期出版北京蓝皮书。2007年 1 月，由社会科学文献出版社出版了北京蓝皮书《2007 年：中国首都城乡发展报告》（黄序主编），此后更名为《北京城乡发展报告》，2011 年 4 月出版了北京蓝皮书《北京城乡发展报告（2010～2011）》，该蓝皮书持续 5 年后因主编黄序的退休而中止。《北京城乡发展报告》虽然没有集中研究城乡一体化问题，但在不同层面上涉及城乡一体化的研究。

北京市社会科学院除了城市问题研究所研究和出版北京蓝皮书外，社会学研究所每年推出的北京蓝皮书·社会《北京社会发展报告》、管理研究所每年推出的北京蓝皮书·公共服务《北京公共服务发展报告》，都从不同方面涉及北京城乡一体化的研究。

3. 北京联合大学北京学研究基地的研究

在北京市社会科学院中止北京城乡发展蓝皮书的研究和出版工作后，北京联合大学北京学研究基地自 2012 年起开始连续研究和出版城乡一体化蓝皮书，由张宝秀、黄序任主编，社会科学文献出版社定期出版的《中国城乡一体化发展报告·北京卷》已出版 2012 年版、2013 年版、2014 年版。② 该蓝皮书是北京第一部按年度研究分析北京城乡一体化发展进展情况的著作，书中的总报告主要介绍上一年度北京城乡一体化建设的新进展，此外的一些专题研究报告涉及北京城乡一体化发展的诸多方面。该蓝皮书对于了解和掌握每年北京城乡一体化发展的新情况具有很好的参考价值。

---

① 黄序主编《北京城乡统筹协调发展研究》，中国建材工业出版社，2004，第 137～150 页。
② 张宝秀、黄序主编《中国城乡一体化发展报告·北京卷（2011～2012）》，社会科学文献出版社，2012；张宝秀、黄序主编《中国城乡一体化发展报告·北京卷（2012～2013）》，社会科学文献出版社，2013。

4. 北京现代化研究中心的研究

北京现代化研究中心主要开展北京现代化的研究，定期出版《北京现代化报告》。北京城乡一体化也成为该中心研究的重要内容。李永进、张士运主编的《北京现代化报告 2009：北京城乡一体化进程评价研究》（北京科学技术出版社，2009）一书，是目前为止有关北京城乡一体化最系统的研究成果。该书考察了城乡一体化的理论、国内外城乡一体化实践经验，对北京城乡一体化现状及形成机理进行了分析，确定了城乡一体化水平评价指标体系，对2005～2007 年北京城乡一体化进行了量化评价，最后提出了北京城乡一体化建设目标、模式选择和对策建议。该研究确定的北京城乡一体化评价指标体系中的一级指标 5 个，即城乡功能一体化、基础设施一体化、政府服务一体化、城乡产业一体化、城乡居民生活一体化，二级指标 15 个，三级指标 22 个。经过测算，2005～2007 年，北京市城乡一体化综合实现程度分别为 73.16%、73.29%、74.43%。①

李永进、张士运编著的《北京现代化报告 2010～2011：北京城乡一体化建设体制机制研究》（北京科学技术出版社，2011）一书，对北京城乡一体化中的城乡接合部发展、土地制度建设、人口迁移制度、农村工业化和产业发展、社会保障、农村组织建设与管理、户籍制度改革及新农村建设、金融体系建设、基本公共服务均等化、投资体制等方面做了比较系统的研究和分析。

除了上述单位对北京城乡一体化进行持续研究外，北京农学院作为北京新农村建设研究基地，自 2007 年开始研究和出版《北京新农村建设研究报告》，该院华玉武、史亚军等人编著的《北京城乡一体化发展研究》（中国农业出版社，2010），对北京城乡一体化问题作了相关研究，构建了北京城乡一体化评价指标体系，从经济一体化、社会一体化、生活一体化、环境生态一体化、人口一体化、空间一体化六个方面设置了 28 项具体评价指标。② 北京市统计局从经济发展、社会发展、生活质量、公共服务、环境与设施、社会管理六个方面设置了 30 项具体指标，并对 2011 年北京市城乡一体化水平进行了监测，认为 2011 年北京市城乡一体化综合实现程度为 85%。③

---

① 李永进、张士运主编《北京现代化报告 2009：北京城乡一体化进程评价研究》，北京科学技术出版社，2009，第 180～192 页。

② 华玉武、史亚军等著《北京城乡一体化发展研究》，中国农业出版社，2010，第 159 页。

③ 《北京市城乡经济社会发展一体化评价指标体系及 2011 年监测报告》，载北京市统计局、国家统计局北京调查总队《统计报告》2013 年 1 号，2013 年 1 月 5 日。

（二）北京市城乡一体化的政策实践进程

改革以来，北京市城乡一体化的政策实践进程可以分为以下三个时期。

1. 城乡一体化的提出与探索时期（20世纪80年代中期到2002年）

20世纪80年代中期，一些大中城市相继宣布实行城乡一体化的方针。北京城乡一体化的最初进程是以城市工业支援农村为起点、以乡镇企业发展为脉络逐步发展起来的，[①] 其目的在于解决郊区"一个不足"（经济总量不足）、"三个滞后"（基础设施滞后、发展水平滞后、体制改革滞后）的矛盾。1986年1月，上海市在农村工作会议上正式提出城乡一体化的指导思想。同年，天津市农村工作会议也正式宣布实施城乡一体化的方针。1986年，北京市农口领导就以城乡一体化的思路指导郊区农口工作。北京市提出郊区农村经济已经具备城乡协调的客观条件，应把城乡一体化作为发展郊区农村经济的基本指导思想，从城乡一体化的高度把农村建设同城市发展联结起来，变城乡分割为城乡融合，走城乡结合、协调发展的道路，构建城乡一体化产业结构体系、城镇结构体系和生态环境体系。[②]

1988年，北京市政府农林办主任白有光在全市农口横向工作会议上做了《工农携手、团结协作，促进城乡一体化》的工作报告，他在报告中指出："过去我国搞工业化是在城乡严格分割下进行的，建国初期以至60年代基本上依靠工农产品不等价交换，从农业积累工业化的原始资本，而农村则处于工业化之外，只是搞农业生产，如搞工业就是资本主义，这就是所谓的二元结构。乡镇企业的发展就是对二元结构的突破，其必然引起城乡关系、工农关系的重新调整。""现在看来，很需要从全局出发，即从城乡一体化的高度出发来重新确定乡镇企业的定位。"[③] 1991年，中共北京市委六届十二次全会通过的《关于贯彻〈中共中央关于进一步加强农业和农村工作的决定〉的意见》，提出"加快城乡一体化步伐"，实行城乡统一规划，逐步建立城乡互补的经济体系，建立城乡统一的生态体系，发展以城带乡的科教文卫体系和城乡协调的城镇建设体系，逐步缩小城乡差别。

应该说，北京与上海、天津等大城市和一些经济发达地区率先提出以城乡

---

① 邵继华：《北京郊区经济城乡一体化的发展历程》，《北京党史研究》1997年第5期。
② 张强主编《乡村与城市融合的选择——北京市城乡一体化发展研究》，中国农业出版社，2006，第56页。
③ 邵继华：《北京郊区经济城乡一体化的发展历程》，《北京党史研究》1997年第5期。

一体化思想指导郊区农村工作，这具有很大的前瞻性，体现了城郊经济发展对传统城乡二元体制的挑战，发展方向是正确的。特别是20世纪80年代北京市城乡一体化的思想认识和相关政策，对于促进乡镇企业的发展产生了积极作用。但由于受制于国家层面的城乡二元结构，20世纪80年代开始提出的城乡一体化并没有从根本上改变和动摇城乡二元结构，城乡一体化发展的成效也不明显。总体上，北京与全国一样，仍然在城乡二元结构的大框架之中谋求发展。

2. 统筹城乡发展的提出与推进时期（2002～2008年）

虽然早在20世纪80年代，城乡二元结构、城乡一体化就提出来了，上海、北京、天津以及江苏等经济发达地区也提出了城乡一体化的工作要求，但是在中央政策层面长期没有正式提出破除城乡二元结构问题，因而在总体上，我国的城乡二元结构没有实质性的突破，城乡一体化的发展也没有实质性的进展。直到2002年11月党的十六大首次承认我国"城乡二元经济结构还没有改变"，首次提出要"统筹城乡经济社会发展"的重大战略思想之后，统筹城乡发展才开始成为全国上上下下解决"三农"问题的基本指导思想。2003年10月，党的十六届三中全会通过的《中共中央关于完善社会主义市场经济体制若干重大问题的决定》提出坚持以人为本，树立全面、协调、可持续的发展观，将统筹发展理念拓展为统筹城乡发展、统筹区域发展、统筹经济社会发展、统筹人与自然和谐发展、统筹国内发展和对外开放，建立有利于改变城乡二元经济结构的体制。[①] 从此以后，全国解决"三农"问题的基本思路转向统筹城乡发展、推进城乡一体化的道路上来。

2002年，中共北京市第九次党代会提出，加快城乡接合部和绿化隔离地区的建设，进一步优化首都城乡经济结构和布局，促进城乡一体化。2003年2月，北京市郊区工作会议的基调就是贯彻党的十六大精神，统筹城乡发展，推进城乡一体化，加速郊区发展。统筹城乡发展最根本的就是打破城乡分割的二元体制，推动城乡资源的合理流动，实现城乡两个积极性的充分发挥。会议提出解放思想，大胆创新，按照城乡一体化的思路推进郊区快速发展。会议认为，当前郊区工作中解放思想的重点，就是牢固树立统筹城乡经济社会发展、全面推进城乡一体化的思想观念，创新发展方式和发展模式，建立新型的领导体制和工作格局。第一，树立城乡一体化的思想观念和思维方式。全市各级干部都要克服工农分

---

① 《十四大以来重要文献选编》（上），中央文献出版社，2011，第465页。

离、城乡脱节的发展观念，树立城乡一体化的思想观念和思维模式。市委、市政府各职能部门要按照城乡一体化的要求去实现自己的职能，既要抓城区，也要抓郊区。第二，创新城乡一体化的发展道路。第三，建立城乡一体化的领导体制和推进机制。① 可以说，2003 年召开的北京市郊区工作会议，是在党的十六大精神指引下，真正开始统筹城乡发展、推进城乡一体化的崭新起点。以此为开端，北京市统筹城乡发展、推进城乡一体化进入真正具有实质意义的新时期。这一时期，北京市在统筹城乡发展、推进城乡一体化上主要有以下几方面的政策和做法。

一是北京市委、市政府带头确立城乡统筹发展的新观念。加快郊区农村基础设施建设，仅靠农村自身是不行的，靠农口一个部门也势单力薄。长期以来形成的城乡分割的二元管理体制形成的思维定式，使政府众多职能部门的工作重点集中在城区，把郊区农村的工作看成农口的事。为了形成城乡统筹、部门联动的良好工作机制，北京市委、市政府以城乡统筹发展的新观念推动政府职能部门观念的大转变。在各种会议上和不同场合，北京市委、市政府领导反复强调：市政府绝对不是一个只管城市的政府，市政府各部门也不是只管市区的工作部门，我们面对的是全体市民，不是只管城市里的人，不能只见城市不见农村。"三农"工作是各部门工作职责的重要部分，各个部门对解决"三农"问题均负有不可推卸的责任。市政府主要领导甚至要求，哪个部门认为自己的工作与"三农"问题有关，提出要办的几件实事，有一页纸的汇报材料就够了；哪个部门认为自己的职能与"三农"问题无关，要写出详细的汇报理由，少于 5000 字不行。

二是北京市政府各部门统一开展农村春季调研活动，推动政府职能部门向郊区农村延伸。在北京市委、市政府领导的大力推动下，从 2005 年开始，北京市政府各委办局集中开展大规模的农村春季调研活动，各职能部门根据自身职能，查找与农村工作需求的实际差距，有针对性地拿出具体的措施，将各自的公共服务职能向农村延伸，以体现城乡一体化对政府各职能部门转变职能的新要求。通过这次调研活动，各部门加深了对"政府各职能部门不只是城市的职能部门"的认识，从而进一步增强了统筹城乡发展的意识，并从统筹城乡发展的要求来转变职能，将各自的公共服务工作重点向农村延伸。仅 2005年，各职能部门就起草或出台了近 40 项关于支持"三农"工作的政策意见或实施方案。2005 年春季调研活动的结果最后形成了 53 项可操作项目，其中涉

---

① 《北京农村年鉴 2004》，中国农业出版社，2004，第 14~39 页。

及解决农民问题的有 14 项，涉及解决农业问题的有 10 项，涉及解决农村问题的有 29 项。这些项目很多涉及农村的基础设施和公共服务建设。从 2006 年开始，北京市政府将各职能部门通过春季调研活动所确定的项目纳入社会主义新农村建设"折子工程"，项目手册发到各乡镇，并在《北京日报》上向社会公示，欢迎广大群众与媒体监督。2006 年列入社会主义新农村建设"折子工程"的项目有 108 项，2007 年有 103 项，2008 年有 130 项。通过几年的努力，北京市政府各职能部门已基本形成城乡统筹发展的共识与工作机制。

三是加大对郊区农村基础设施和公共服务的投入。长期以来，政府投资的重点在城市，而地域广大、人口众多的农村地区的投入比例却明显偏低。在统筹城乡发展中，北京市委、市政府明确要求政府投入要向郊区倾斜，政府向农村的投入比例逐年增大。北京市政府固定资产投资用于城区与郊区的比例，2003 年为 80∶20；2004 年调整为 60∶40；2005 年为 50∶50，城乡投资比例首次实现对等；2006 年为 48∶52，北京市政府对郊区的投资首次超过城区。在《关于加快村庄基础设施和公共服务设施建设的意见》中，北京市委、市政府进一步明确规定市、区县、乡镇三级政府应建立公共财政共同投资新农村建设的机制，重点在"多予"上下功夫；北京市财政继续实行政府投入向郊区倾斜，"十一五"期间，政府固定资产投资用于郊区的比例不低于 50%；全市新增教育、卫生、文化、体育、计划生育等公共服务事业经费用于郊区县以下的比例不低于 70%。北京市各职能部门在上一年度投入向农村倾斜的基础上，增量资金应主要用于新农村建设。几年来，北京市财政用于农村基础设施和公共服务建设的资金投入力度不断加大。2005 年来，累计投入 10.07 亿元，连续三年每年实施 30 万农民安全饮水工程，到 2008 年，全市农民安全饮水目标全面实现，比《北京市农民安全饮水"十一五"规划》确定的时间表提前两年。在镇、村建立 622 处污水处理设施，全市农村污水处理率已达 27%，郊区垃圾无害化处理率达到 76%。连续三年每年安排 10 万户农户进行卫生户厕改造，在乡镇政府所在地、民俗旅游村、国道沿线，新建、改建卫生公厕 1000 余座。在"十五"期末已实现"村村通油路"的基础上，北京市三年累计新修通往自然村的公路 497 条、总计 1003 公里。北京市财政还连续三年安排 3.3 亿元资金专用于农村综合环境整治。市政府用于郊区的固定资产投资几年来一直保持两位数的增长势头。2006 年以来，北京市财政对"三农"的投入资金分别为 78.8 亿元、96.78 亿元、171.2 亿元；北京市发展改革委投向乡村两级的基础设施建设资金，2006 年为 16 亿元、2007 年为 18.9 亿元、2008 年为 20 亿元。

四是推进社会主义新农村建设。2006 年 3 月，北京市委、市政府出台了《关于统筹城乡经济社会发展，推进社会主义新农村建设的意见》，突出了"统筹城乡发展"这一基本要求。在配套文件中又制定《关于加快村庄基础设施和公共服务设施建设的意见》，对统筹城乡基础设施和公共服务建设做出了具体部署和安排。同时，北京市政府还编制了《北京市"十一五"时期新农村建设发展规划》《北京市"十一五"时期基础设施发展规划》等，进一步强化了全市统筹城乡基础设施和公共服务建设。2006 年，北京市委、市政府成立了有 35 个职能部门参加的新农村建设领导小组，建立了"部门联动、政策集成、资金整合、资源聚集"的城乡统筹工作机制。北京市新农村建设领导小组下设综合办公室，综合办公室设在北京市农委。北京市农委在农村基础设施和公共服务建设上，更好地承担起统筹协调、搭建平台的职责，对市委、市政府确定的"部门联动"工作机制发挥了积极的推动作用。2006 年初，北京市确定了 80 个新农村建设试点村，分布在近郊和远郊的 13 个区县，各区县在市级试点村的基础上，又根据实际情况选择了一些区县级试点村，共 400 个。2006 年 8 月，北京市政府在新农村建设中开始实施"让农村亮起来、让农民暖起来、让农业资源循环起来"三项工程，大力推广太阳能、沼气、秸秆气化、生物质成型燃料等可再生能源的示范应用，以及水资源的示范利用。[①] 北京农村的基础设施从此开始得到了根本的改观。

3. 率先形成城乡一体化新格局的提出与构建时期（2008 年以来）

2008 年 12 月，中共北京市委十届五次全会通过的《中共北京市委关于率先形成城乡经济社会一体化新格局的意见》（以下简称《意见》），对推进北京城乡一体化发展做了明确和全面的部署安排。《意见》认为，以成功举办 2008 年奥运会、残奥会为标志，北京已进入从中等发达城市向发达城市迈进的新阶段，必须进一步加快农村改革发展，着力破除城乡二元结构，率先形成城乡经济社会一体化新格局。这是新形势下贯彻落实科学发展观的重大举措，是建设繁荣、文明、和谐、宜居的首善之区，努力使首都各项工作走在全国前列的必然要求。为实现率先形成城乡经济社会一体化新格局的目标，《意见》还提出具体的"三个率先"，即"在全国率先建立起以工促农、以城带乡长效机制，率先在统筹城乡规划、产业布局、基础设施建设、公共服务一体化等方面取得突破，率先构建起新

---

① 张文茂、张英洪：《北京统筹城乡基础设施和公共服务建设的基本经验与启示》，载郭光磊主编《北京城乡一体化发展的研究与思考 2009》，中国农业出版社，2010，第 12～21 页。

型的工农、城乡关系，促进公共资源在城乡之间均衡配置，促进生产要素在城乡之间自由流动，促进城乡经济社会发展融合互动、优势互补、互利共赢"。

围绕率先形成城乡经济社会一体化新格局这一根本目标，到 2020 年，北京农村改革发展的基本目标任务是：建立完善城乡一体的社会保障体系，城乡社会保障制度实现并轨，农村社会保障水平大幅度提高；实现城乡教育、文化、卫生等基本公共服务均等化，农村基础设施的社会事业取得长足进步；都市型现代农业体系日臻成熟，环境友好型实体经济全面发展，农村经济实力显著增强，农民人均纯收入比 2008 年翻一番；生态质量和人居环境显著改善，生态服务功能显著增强，农村基层组织建设、民主法制建设切实得到加强，农村和谐社会建设取得显著成效。

2009 年北京市人均 GDP 为 10138.8 美元，首次突破 1 万美元大关，达到中等发达国家水平。这说明北京形成城乡一体化新格局的物质条件更加成熟。

2010 年 11 月 30 日，中共北京市委十届八次全会通过了《中共北京市委关于制定北京市国民经济和社会发展第十二个五年规划的建议》（以下简称《建议》），强调了城乡一体化的基本要求，在"十二五"时期推动首都科学发展的主要任务中，《建议》明确提出了"两个率先"的目标，即率先形成创新驱动的发展格局、率先形成城乡经济社会发展一体化的新格局。

此后制定的北京市"十二五"规划纲要以及专项规划，都贯穿了城乡一体化的基本要求。2011 年 1 月 21 日，北京市第十三届人大第四次会议讨论通过的《北京市国民经济和社会发展第十二个五年规划纲要》，按照"两个率先"的要求，进一步明确了城乡一体化发展的具体目标。此外，北京市还制定了一系列有关城乡一体化发展的市级专题，例如，《北京市"十二五"时期社会公共服务发展规划》《北京市"十二五"时期社会保障发展规划》《北京市"十二五"时期社会建设规划》《北京市"十二五"时期教育改革和发展规划》《北京市"十二五"时期卫生发展改革规划》《北京市"十二五"时期体育发展改革规划》等。特别是首次制定了城乡一体化规划——《北京市"十二五"时期城乡经济社会发展一体化发展规划》。

根据北京市政府 2011 年 12 月印发的《北京市"十二五"时期城乡经济社会发展一体化发展规划》，是按照《北京市国民经济和社会发展第十二个五年规划纲要》的要求，从统筹城乡发展的战略高度出发，综合协调各专业规划的关系，从空间、土地、产业、人口、生态各层面落实率先形成城乡经济社会发展一体化新格局的任务。该规划解决的特定问题是，在城乡一体化进程中如何将解决农业、农村、农民问题的各项规划措施统筹起来，形成配套协调的规划集成和政策集成，达到缩小城乡差距、推进社会公平的目标。"十二五"时期，北京城乡一体化发展的重点任务是推进城乡规划布局、产业发展、设施建设、公共服务、就业保障、社会管理等一体化，总体目标是：到2015年，都市型现代农业结构进一步优化，生态服务价值明显增长；农民增收速度总体高于城镇居民，相对低收入农户增收速度高于农村居民收入平均增长水平；城镇化和新农村建设步伐全面加快，力争有1/3左右的农民转为城镇居民，城乡基础设施和公共服务差距明显缩小，城乡就业与社会保障体系全面接轨，城乡社会管理实现基本统一，率先形成城乡经济社会发展一体化新格局。到2020年，都市型现代农业体系基本成熟；农村居民人均纯收入比2010年翻一番；实现城乡就业、社会保障、社会管理一体化，城乡教育、文化、卫生等基本公共服务均等化；农村生态质量和人居环境显著改善，民主法制建设切实加强，和谐村镇建设取得显著成效，城乡经济社会发展一体化格局进一步巩固，并达到较高水平。表1为北京市"十二五"时期城乡一体化发展主要指标。

表1　北京市"十二五"时期城乡一体化发展主要指标

一级指标	代码	二级指标	2009年	2010年	2015年	属性
经济发展	1	都市型现代农业生态服务价值年值增速（%）	3	—	3	预期性
	2	第一产业劳动生产率（元）	51743	54556	65000	预期性
	3	发展新区GDP占全市比重（%）	19.2	20.9	25	预期性
	4	远郊区县万元GDP水耗（立方米）	66.65	56.21	60	约束性
基本公共服务	5	郊区固定资产投资比重（%）	45.6	48.7	50以上	约束性
	6	农民医疗参合率（%）	95.7	96.7	98	约束性
	7	城乡居民人均养老保险待遇水平（元）	400	400	500	约束性
	8	九年义务教育完成率（%）	96	—	98	预期性
城乡居民生活	9	农村居民人均纯收入增速（%）	8.1	9	8	预期性
	10	农村居民家用计算机普及率（%）	54.7	64	70	预期性
	11	农村居民家庭清洁能源普及率（%）	83.5	85.8	90	约束性
城乡环境建设	12	山区县森林碳汇（万吨）	—	10000	10100	约束性
	13	郊区污水处理率（%）	52.4	53	70	约束性
	14	远郊区县垃圾无害化处理率（%）	87.36	89.93	92	约束性
城乡社会管理	15	村务公开满意度（%）	49.05		85	预期性
	16	农村居民对社会管理及服务满意度（%）	—		80	预期性

注：1. 2009年农村居民人均纯收入增速是扣除物价因素的实际增速，2010年农村居民人均纯收入增速是"十一五"时期年均实际增速；2015年为"十二五"时期年均实际增速。

2. 发展新区包含亦庄。

2012 年 11 月，党的十八大提出"城乡发展一体化是解决'三农'问题的根本途径"。2013 年 11 月，党的十八届三中全会通过的《中共中央关于全面深化改革若干重大问题的决定》提出了全面深化改革的战略任务。2014 年 1 月 13 日，中共北京市委十届四次会议通过了《中共北京市委关于认真学习贯彻党的十八届三中全会精神全面深化改革的决定》，再次强调要率先形成城乡一体化发展新格局，并提出更加具体的改革任务。

（三）北京市城乡一体化的实际成效进程

北京推进城乡一体化的成效体现在很多方面，尤其是最近十年来，北京在推进城乡一体化进程中，取得了实实在在的成效，这些成效体现在思想观念和工作方式的转变上、体现在城乡二元体制的改革上、体现在对农村财政投入的增加上、体现在对郊区生态文明价值的重新认识上，等等。限于篇幅，我们仅从增加农民收入、加大农村基础设施投入、推进城乡基本公共服务均等化等方面入手考察城乡一体化发展的新成效。

1. 增加了农民收入

农民收入是衡量城乡一体化发展水平的重要指标。在城乡一体化进程中，由于免除农业税、对种粮农民给予直接补贴、鼓励农民转移就业、免除义务教育阶段的学杂费、在新农村建设中加大农村基础设施投入以及建立覆盖农民的"新农合""新农保"等政策措施的实施，农民的负担有了明显减轻，农民的收入得到了较快增长。

根据北京市统计局数据，2008 年北京农村居民人均纯收入首次突破 1 万元，达到 10747 元，这比 2000 年北京城镇居民收入突破 1 万元晚了 8 年（见表 2）。2013 年，全市城镇居民人均可支配收入为 40321 元，比上年增长 10.6%；扣除价格因素后，实际增长 7.1%。2013 年北京农村居民人均纯收入为 18337 元，比上年增长 11.3%，扣除价格因素后，实际增长 7.7%。从 2009 年起，北京农村居民人均纯收入增速连续 5 年高于城镇居民收入增速。

在城市化和城乡一体化进程中，农民收入结构也发生了很大变化。我们以 2013 年农民收入结构为例，农民工资性收入占总收入的 65.6%（见表 3），这说明农民从事非农生产获得的收入已成为农民收入的大头，这是城市化和城乡一体化的直接结果。农民的家庭经营性收入只占总收入的 4.5%，同时比上年下降了 36.8%，这说明农民从事农业生产获得的收入已经微乎其微，也说明从事农业的比较效益过低。农民的转移性收入占总收入的 18.8%，比上年增长

表2 1978～2013年北京市城乡居民人均收入比较

年份	城镇居民			农村居民			城乡居民收入比（农民＝1）
	人均可支配收入（元）	增速（%）	扣除物价因素实际增速（%）	人均纯收入（元）	增速（%）	扣除物价因素实际增速（%）	
1978	365	—	—	225	—	—	1.62
1979	415	13.6	11.6	250	11.1	10.9	1.66
1980	501	20.8	14	308	23.2	22.1	1.63
1981	514	2.5	1.2	361	17.2	17.1	1.42
1982	561	9.1	7.2	430	17.1	17.3	1.30
1983	590	5.2	4.7	519	20.7	20.9	1.14
1984	694	17.5	15	664	27.9	25.7	1.05
1985	908	30.9	11.3	775	16.7	14.5	1.17
1986	1068	17.6	10.1	823	6.2	3.7	1.30
1987	1182	10.7	1.9	916	11.3	6.5	1.29
1988	1437	21.6	1	1063	16	3.1	1.35
1989	1597	11.1	−5.2	1231	15.8	2.2	1.30
1990	1787	11.9	6.2	1297	5.4	2.1	1.38
1991	2040	14.2	2.1	1422	9.6	1.7	1.43
1992	2364	15.8	5.4	1569	10.3	2	1.51
1993	3296	39.4	17.1	1855	18.2	5.1	1.78
1994	4731	43.5	14.9	2422	30.6	9.1	1.95
1995	5868	24	5.7	3208	32.5	6.3	1.83
1996	6886	17.3	5.1	3563	11.1	4.8	1.93
1997	7813	13.5	7.8	3762	5.6	5.1	2.08
1998	8472	8.4	5.9	4029	7.1	6.7	2.10
1999	9183	8.4	7.8	4316	7.1	7.2	2.13
2000	10350	12.7	8.9	4687	8.6	7.3	2.21
2001	11578	11.7	8.5	5274	12.5	8.7	2.20
2002	12464	13.5	15.6	5880	11.5	12.3	2.12
2003	13883	11.4	11.2	6496	10.5	11.5	2.14
2004	15638	12.6	11.5	7172	10.4	9.2	2.18
2005	17653	12.9	11.2	7860	9.6	8.1	2.25
2006	19978	13.2	12.2	8620	9.7	8.7	2.32
2007	21989	13.9	11.2	9559	10.9	8.2	2.30
2008	24725	12.4	7	10747	12.4	6.5	2.30
2009	26738	8.1	9.7	11986	11.5	13.4	2.23
2010	29073	8.7	6.2	13262	10.6	8.1	2.19
2011	32903	13.2	7.2	14736	13.6	7.6	2.23
2012	36469	10.8	7.3	16476	11.8	8.2	2.21
2013	40321	10.6	7.1	18337	11.3	7.7	2.20

资料来源：北京市统计局。

表3　2012～2013年北京市农民人均现金收入结构

项目 指标	2013年 （元）	2012年 （元）	2013年比2012年 增长（%）	占比 （%）
人均现金收入合计	18337	16476	11.3	100.0
（一）工资性收入	12035	10843	11.0	65.6
（二）家庭经营收入	833	1318	-36.8	4.5
1.一产现金收入	268	731	-63.3	1.5
其中：农业现金收入	230	517	-55.5	1.3
牧业现金收入	-28	98	-128.6	-0.2
2.二产现金收入	39	-40	—	0.2
其中：工业现金收入	9	-80	—	0.0
3.三产现金收入	526	627	-16.1	2.9
其中：交通运输业现金收入	251	236	6.4	1.4
批零贸易业、饮食业收入	259	286	-9.4	1.4
社会服务业收入	30	81	-63.0	0.2
（三）财产性收入	2023	1717	17.8	11.0
其中：集体分配股息和红利	1562	1120	39.5	8.5
租金收入	311	368	-15.5	1.7
转移土地承包经营权收入	92	170	-45.9	0.5
（四）转移性收入	3446	2598	32.6	18.8
其中：农村外部亲友赠送	126	92	37.0	0.7
离退休金、养老金	2314	1740	33.0	12.6

数据来源：北京市统计局、国家统计局北京调查总队。

了32.6%，这说明国家对农业的补贴以及建立"新农保"对农民收入具有重要影响。农民的财产性收入占比达11%，这远比全国的要高，说明增加农民的财产性收入是深化农村改革、推进城市化和城乡一体化的重要内容。

2. 加大了农村基础设施投入

2005年，中央提出新农村建设以来，北京市委、市政府明显加大了对农村基础设施和公共服务设施的投入，较快地改变了农村生产生活环境。在加大对京郊农村的各项投入建设中，推进新农村"五项基础设施"和"三起来"工程建设（简称"5 + 3"工程）具有重要的标志性意义。

2006年以来，北京市委、市政府在新农村建设中，通过建立"部门联动、政策集成、资金聚焦、资源整合"的工作推进机制，连续实施了农村街坊路硬化、安全饮水、污水处理、垃圾处理、厕所改造的"五项基础设施"建设和"亮起来、暖起来、循环起来"的"三起来"工程建设。2006～2008 年，北京市委、市政府选取 399 个村庄开展"5＋3"工程建设试点。2008 年，北京市政府在试点的基础上，分别制定了《北京市新农村"五项基础设施"建设规划（2009～2012 年）》和《北京市新农村"三起来"工程建设规划（2009～2012 年）》，并明确把"5＋3"工程列入北京市政府为民办实事和"折子工程"任务。

为落实中央"保增长、保民生、保稳定"目标和拉动农村投资增长的新要求，北京市委、市政府提出了全面加速新农村"五项基础设施"建设，要求新农村"五项基础设施"建设四年任务两年完成。到 2010 年底，覆盖全市所有村庄的"五项基础设施"建设任务全面完成，"三起来"工程建设全面推进，"5＋3"工程建设主要成果惠及京郊 3399 个村庄（城乡接合部规划拆迁和移民搬迁 556 个村未实施此项工程），300 多万名郊区农民从中受益。"5＋3"工程的实施使北京郊区农村基础设施建设发生了由表及里的根本性变化。"5＋3"工程建设是一项促进城乡经济社会发展一体化新格局的普惠制民生工程，是几十年来加强京郊农村基础设施建设最为显著的重大举措。

2010 年 12 月，北京市新农村建设领导小组综合办公室（简称新农办）会同市发改委、市规划委、市财政局、市城乡建设委、市交通委、市市政市容委、市水务局、市园林绿化局（首绿办）、市爱卫会、市农业局等各相关部门组成检查组，用一个月时间，对全市 13 个郊区县五年来实施新农村"5＋3"工程的村庄进行全面抽查检查，共抽查 359 个村庄（见表 4），占全市实施"5＋3"工程村庄的 10%。检查的主要任务是村庄规划、街坊路硬化与绿化、老化供水管网改造、一户一表、污水处理、垃圾分类、户厕改造、公厕建设、太阳能路灯、太阳能公共浴室、既有住房节能改造、新建抗震民居、秸秆气化站、沼气集中供气站、户用沼气、雨洪利用等工程的建设、完成、运行情况，以及工程资金安排和投入的使用情况。

通过抽查检查的 359 个村庄，五年来新农村"5＋3"工程累计完成投资 29.6 亿元，249 万名农村居民直接或间接参与了工程建设，村庄全部编制完成村庄规划，在规划的指导下，新农村"五项基础设施"工程建设任务全面完成。同时，"三起来"工程全面推开。累计完成街坊路硬化 1009.96 万平方米，街坊路绿化 331.027 万平方米，改造老化供水管网 3192.1 公里，完成一户一表 9.3 万个，实施污水处理工程 84 处，改造户厕 8.7 万座，新建公厕 699 座，为 17.7 万农户配置了垃圾分类容器。在全市农村地区更换节能路灯 10712 盏，安装太阳能路灯 20423 盏，新建节能抗震民居 1118 户，实施既有住房节能改造 8206 户，实施地热采暖 270 户。建设太阳能公共浴室 113 座，建设大中型秸秆气化、沼气集中供气系统 187 处，建设户用沼气池 960 户，建设雨洪利用工程 43 处，建设粪污治理工程 47 处。抽查的 359 个村庄，"十一五"期间新农村"五项基础设施建设"建设全面完成。同时，"三起来"工程全面展开，各项工程完成率为 100%，项目资金到位率为 100%，优秀率为 90%，良好率为 9%（见表 4），一般的占 1%，经过民意测验调查，百姓满意度为 90%，设施使用和管理基本良好。

表 4　北京市抽查各区县"5+3"工程情况表

区县	五项基础设施建设						"三起来"工程					
	村数（个）	项目数（个）	优（%）	良（%）	一般（%）	差	村数	项目数	优（%）	良（%）	一般（%）	差
朝阳	18	61	81	19	0	0	18	30	83	17	0	0
海淀	11	53	82	18	0	0	11	28	90	10	0	0
丰台	11	46	90	10	0	0	11	18	95	5	0	0
门头沟	24	160	91	9	0	0	24	111	91	9	0	0
房山	37	246	91	9	0	0	37	102	93	7	0	0
通州	37	172	98	2	0	0	34	84	96	4	0	0
顺义	32	217	94	5	1	0	25	38	87	13	0	0
大兴	37	116	98	2	0	0	35	74	97	3	0	0
昌平	26	190	72	18	10	0	26	91	76	15	9	0
平谷	26	141	97	3	0	0	25	53	96	4	0	0
怀柔	31	155	95	4	1	0	31	158	97	3	0	0
密云	32	242	82	8	10	0	32	105	95	4	1	0
延庆	37	187	68	26	6	0	37	118	74	24	0	0
合计	359	1986	88	10	2	0	346	1010	90	9	1	0

数据来源：北京市农村工作委员会村镇处。

截至 2010 年底，北京郊区新农村建设"五项基础设施"建设已全部超额完成，"三起来"工程全面推进。"5+3"工程累计投入资金近 213 亿元，其中市级 190 亿元，区县、乡镇两级及农民自筹 23 亿元，全市 3414 个村基础设施全部覆盖。在"五项基础设施"建设情况方面，全市郊区农村硬化街坊路 7521 万平方米，绿化美化道路 3982.6 万平方米，改造老化供水管网 14253 公里，为农户安装计量水表 98 万个，全面解决农村安全饮水问题。建设污水处理设施 818 处，改造户厕 73 余万座，建设农村公厕 6464 座。在"三起来"工程建设方面，全市郊区农村更换村内直管荧光灯 13 万余只，安装节能路灯 13 万余盏，安装太阳能路灯 16.9 万余盏（含市科委 10000 盏），配合市发改委为农村地区更换户用节能灯 1100 余万只；建设太阳能公共浴室 900 余座（含市发改委 570 余座、市科委 10 座），新建抗震节能民居 1.5 万余户（含市科委 267 户，市民政局优抚 2000 余户），实施农宅改造 4 万余户（含市科委 400 户，市民政局 1 万余户），安装卫生节能吊炕 39 万余铺，安装生物质炉具 5 万余套，安装太阳灶 1200 余台，太阳能热水器 12.8 万台，实施地热采暖示范 1400 余户；新建、扩建大中型沼气秸秆气集中供气工程 250 余处（含市发改委 40 处，市科委、市环保局示范项目 10 余处），建设户用沼气池 8710 余户，建设生物质燃料加工厂 22 处（含市园林局 5 处），建设雨洪利用工程 800 处，建设粪污治理工程 727 处。①

截至 2012 年底，《北京市新农村建设"三起来"工程建设规划（2009～2012 年）》全面完成，市、区（县）两级财政共投入 110 多亿元，其中市级 53 亿元（包括抗震节能 34 亿元、"三起来"转移支付资金 17.8 亿元、水务专项转移支付资金 1.6 亿元）、区（县）匹配资金 60 多亿元。通过"三起来"工程建设，北京郊区农村所有村内街道及村内公共活动场所基本实现了绿色照明，农民生产生活条件得到了进一步改善。②

3. 推进了城乡基本公共服务均等化

自 2005 年 10 月 11 日党的十六届五中全会通过的《中共中央关于制定国民经济和社会发展第十一个五年规划的建议》首次提出"公共服务均等化"的重大命题以来，加快实现基本公共服务均等化，为全体社会成员提供基本而有保障的公共产品和公共服务，就成为破除城乡二元结构、促进城乡一体化的重大任务，成为新时期我国实现发展成果由人民共享的重大公共政策。北京是我国的首都，作为"大城市、小农村"和全国首善之区，有条件、有责任、有能力率先实现城乡基本公共服务均等化的目标。2011 年 6 月 3 日，中共北京市委十届九次全会通过《关于加强和创新社会管理全面推进社会建设的意见》，提出"十二五"时期北京的基本公共服务水平居全国前列并达到中等发

---

① 参见北京市农村工作委员会村镇处《北京市推进新农村"五项基础设施"和"三起来"工程建设（"5+3"工程）检查验收及总体工作情况的报告》，2010。
② 北京市农村工作委员会村镇处：《北京市新农村"三起来"工程建设评估报告》，《京郊调研》2013 年第 6 期。

达国家水平，人人享有社会保障、享受基本公共服务，城乡基本公共服务均等化程度明显提高。最近十年来，北京市加快统筹城乡发展，加大对农村基础设施、教育、医疗、社会保障等最薄弱、最迫切领域的投入力度，加快城乡制度接轨步伐，在学有所教、劳有所得、病有所医、老有所养、住有所居等基本公共服务方面，广大农村居民享受到更多福利。限于篇幅，我们仅从劳动就业制度、教育制度、社会保障制度等方面回顾考察城乡一体化发展的成效。

（1）城乡劳动就业一体化成效。从 2003 年开始，北京市进入统筹城乡就业的新时期。① 十多年来，北京市不断完善城镇促进就业政策体系和公共就业服务体系，并逐步向农村延伸，基本形成了城乡一体化就业新格局。北京市城乡一体化劳动就业政策制度的发展可分为四个阶段。

一是自 2003 年起，北京市开始实行统筹城乡就业政策。2003 年，北京市劳动和社会保障局、北京市农委下发《北京市加强农村富余劳动力就业工作的意见》（京劳社就发〔2003〕29 号），对农村富余劳动力就业工作做了新规定，主要是建立农村富余劳动力就业登记制度，加强就业服务体系建设，建立农村富余劳动力就业服务制度，坚持多渠道、多层次、多形式安排农村富余劳动力就业，实行农村劳动力招聘备案制度，建立个人流动就业手册。

二是自 2006 年起，北京市加快统筹城乡就业步伐。2006 年，北京市政府下发《北京市人民政府贯彻落实国务院关于进一步加强就业再就业工作文件的通知》（京政发〔2006〕4 号），进一步加大统筹城乡就业力度，主要是调整完善农村劳动力转移就业登记制度，将农村劳动力转移就业纳入全市公共就业服务的范围；实施四项促进农村劳动力转移就业的政策；② 加快推动

---

① 2003 年之前，北京市就业工作重心主要是配合国企改革实施再就业工程，促进企业下岗职工和失业人员再就业。截至 2002 年底，全市 1067 家再就业服务中心全部撤销，累计接收的 30.03 万名下岗职工全部实现再就业。

② 一是对开办劳务派遣等就业服务实体，组织农村劳动力转移就业的，由区县就业再就业资金给予一定的启动资金支持。二是对招用因绿化隔离地区建设、资源枯竭、矿山关闭或受到保护性限制导致闲置的农村劳动力和享受农村低保待遇劳动力的用人单位，由市、区县两级就业再就业资金给予一次性岗位补贴，区县补贴金额由各区县按照每人不低于 200 元的标准自行确定，在此基础上，市就业再就业资金再按照每人 200 元的标准给予补贴。三是建立培训与就业挂钩的培训补贴制度，市支农资金、市就业再就业资金分别为参加转移培训的农村劳动力提供每人 100 元的一次性培训和技能鉴定补贴，各区县按照不低于 1∶1 的比例提供相应的配套资金。四是要求有条件的区县、乡镇及村级组织制定本地区促进农村劳动力转移就业的扶持政策，引导鼓励农村劳动力通过多种方式实现就业。

乡镇、村级就业服务组织建设。到2007年，全市所有行政村全部建立了就业服务站，形成了"三级管理、四级服务"的公共就业服务体系。

三是自2008年起，北京市提出并推进城乡就业一体化。2008年北京市政府办公厅印发《北京市人民政府办公厅转发市劳动保障局关于促进农村劳动力转移就业工作指导意见的通知》（京政办发〔2008〕57号），提出了促进农村劳动力转移就业的政策扶持、区域合作、就业服务等八项意见，加快推进城乡就业一体化发展。

四是自2013年起，北京市推进城乡统一的促进就业格局。2013年4月1日，北京市人力资源和社会保障局、北京市财政局联合印发《关于印发〈用人单位岗位补贴和社会保险补贴管理办法〉的通知》（京人社就发〔2012〕308号）正式实施。该办法在鼓励用人单位招用劳动力就业方面，彻底实现了城乡统一。

北京市在推进城乡劳动就业一体化政策实际效果上，一是建立健全了城乡就业管理制度，实现了就业促进管理制度的城乡全覆盖。建立了城乡统一的就业失业管理制度，将城市化建设地区的农民纳入城镇促进就业帮扶范围，享受与城镇失业人员完全一致的促进就业政策和服务。二是形成了城乡一体的促进就业政策体系。目前，北京市促进就业政策覆盖城乡，初步建立了城乡平等的就业制度。三是完善了城乡一体的公共就业服务体系。全市326个街道（乡镇）全部建立了社保所，所有社区（村）建立了就业服务站，配备了1万多名工作人员和专兼职协管员。四是健全了城乡就业均衡发展机制。到2011年，全市共有16个区县、170个街乡建立城乡"手拉手"就业协作关系，累计帮助8万多名农村劳动力实现了跨地区转移就业。全市就业结构持续优化，三次产业就业人员比重由2003年的8.9∶32.1∶59转变为2012年的5.5∶20.5∶74，第一产业就业比重下降3.4个百分点，第三产业上升15个百分点。

（2）城乡基础教育一体化成效显著。2012年，北京市10个远郊区县的中小学校占全市中小学总数的52%，在校生人数占全市中小学在校生总人数的41%。近年来，北京市在推进城乡基础教育一体化上取得了很大成效。

2008年，北京市政府颁布《实施〈中华人民共和国义务教育法〉办法》，提出建立义务教育经费保障机制，保证义务教育制度的实施，取消接受义务教育学生的学费、杂费，逐步实行免费提供教科书制度。将义务教育全面纳入财政保障范围，在财政预算中单列义务教育经费，以保证义务教育财政拨款的增长比例高于财政经常性收入的增长比例，保证按照在校生人数平均的义务教育费用逐步增长，保证教职工工资和学生人均公用经费逐步增长，并将新增教育经费主要用于农村学校和城镇地区薄弱学校，教育费附加主要用于实施义务教育。2011 年 3 月，北京市政府与教育部签订了关于推进义务教育均衡发展的备忘录，承诺不断加大市级政府对义务教育的统筹和引导力度，增加对经济不发达区（县）教育投入规模；各级财政优先保障义务教育均衡发展的经费需求，特别保障残疾儿童义务教育经费投入，切实改善特殊教育学校办学条件；在城市规划和建设中将义务教育学校建设列为重要基础性设施，优先规划，合理布局，确保质量；为来京务工人员随迁子女免费接受义务教育提供条件，随迁子女在公办学校就读比例逐年增长；确保残疾儿童少年接受义务教育。

2012 年 7 月，北京市政府与各区县政府签署了"推进义务教育均衡发展责任书"，明确各区县实现义务教育基本均衡的时间，到 2015 年底，全市所有区县实现义务教育达到基本均衡的目标。北京市城乡基础教育一体化的成效主要体现在以下三个方面。

一是城乡基础教育普及水平不断提高，城乡居民受教育机会逐步扩大。"十一五"期间，北京市各级各类教育入学率进一步提高，0~3 岁婴幼儿接受早期教育率达到 90%，学前三年毛入园率达到 90% 以上，义务教育毛入学率和高中阶段教育毛入学率分别保持在 100% 和 98% 以上，教育普及水平已超过中等发达国家同期平均水平。在义务教育方面，北京市从 2006 年 9 月 1 日起，对农村义务教育阶段学生实行"两免一补"，惠及 28.9 万名农村义务教育阶段的学生。从 2007 年秋季开学起，北京市对在城八区公办义务教育学校就读的有本市户籍的学生免收杂费，其中本市农村户籍学生免交教科书费。自 2010 年秋季开学起，北京对城八区公办中小学义务教育阶段本市户籍学生、全市公办中小学义务教育阶段非本市户籍学生、民办学校义务教育阶段学生、已经政府批准办学的打工子弟学校义务教育阶段学生免收教科书费。进入"十二五"后，北京市继续加大对义务教育，特别是农村义务教育的投入，通过农村义务教育工程的实施，使每年新增教育经费的 70% 用于农村教育。在学前教育方面，北京市提出了新的学前教育目标，2011~2015 年，北京市将投入 50 亿元，新建 300 所、扩建 300 所幼儿园，增加学位 7.5 万个。2011 年，北京市把学前教育发展列入国民经济整体发展规划，制订《北京市学前教育三年行动计划（2011~2013 年）》，实施学前教育三年行动计划。三年内规划建设和改造 769 所幼儿园，使全市幼儿园达到 1530 所左右，全市公办性质幼儿园所占比例达到 65% 以上。2013 年，北京市继续加大学前教育投入，计划增加幼儿园学位 3 万个，将户籍儿童学前三年入园率提高到 95%，将常住适龄儿童学前三年入园率提高到 90% 以上，使"入园难"问题得到根本缓解。

二是城乡教育差距逐步缩小，弱势人群受教育权利得到保障。近年来，北京市的义务教育普及率保持在 99% 以上，农村地区的小学入学率、巩固率均达到 100%，毕业合格率达到 99.5%，远郊初中校的入学率、巩固率和中考及格率均达到 97% 以上。北京市按照"小学就近入学，初中相对集中"的原则，"十五"期间共撤并规模小、效益低的村小和乡以下初中 600 余所，进入"十一五"以来，每年调整撤并农村中小学 60 所，在县城和重点乡镇建设了一批高标准、规范化的中小学，优化了教育资源的配置，提高了办学质量。到 2012 年，北京市农村小学从 1999 年的 1121 所减少到 269 所，农村初中从 1999 年的 175 所调整到 69 所。农村中小学信息技术建设水平超出全市平均水平，实现了多种形式的远程教育和网络教育。北京市对农村中小学的设备配置、校园网建设、干部教师培训等给予优先重点支持，"十五"期间对中小学信息化投入的 8 亿元中有 6 亿元投到远郊区县，为 10 个远郊区县的中小学校建设校园网近千个，配备教师用计算机 3 万台，学生机 5 万台。目前，北京市所有远郊区县均开通了远程教育站点和信息技术中心。

三是外来务工人员随迁子女就学环境显著改善。北京对来京务工人员随迁子女接受义务教育做出了明确规划，并将其纳入北京市公共财政体系保障范畴，市级财政每年投入 10 余亿元，保障随迁子女接受义务教育的权利。截至 2012 年底，北京市义务教育阶段来京务工人员子女共有 52.9 万人，其中 83.6% 的随迁子女在公办中小学就读，53.4% 的随迁子女在公办幼儿园就读。随迁子女在接受教育、参加团队组织、评优选先等方面与本市学生同等对待，并全部免除了学费、杂费和课本费。

（3）城乡社会保障一体化成效显著。北京市城乡社会保障一体化进程走在全国前列，取得了明显成效。一是城乡医疗保险制度一体化建设不断取得新成效。首先，北京市在建立城镇职工医疗保险和新型农村医疗保险的基础上，在全国率先建立了城乡居民基本医疗保险制度，构建了覆盖全体城乡居民的基本医疗保险体系。2007 年 6 月 7 日，北京市政府印发《关于建立北京市城镇无医疗保障老年人和学生儿童大病医疗保险制度实施意见的通知》（京政发〔2007〕11 号），在全国率先建立了城镇居民"一老一小"大病医疗保险制度。"一老"指的是北京市城镇无医疗保障的老年人。"一小"指的是北京市城镇没有医疗保障的学生、儿童。2008 年 6 月 6 日，北京市政府发布《关于建立北京市城镇劳动年龄内无业居民大病医疗保险制度的实施意见》（京政发〔2008〕24 号），正式建立无业居民大病医疗保险制度。无业居民大病医疗保险的参保范围是具有北京市非农业户籍、在劳动年龄内未纳入城镇职工基本医疗保险范围、男年满 16 周岁不满 60 周岁、女年满 16 周岁不满 50 周岁的城镇居民。2010 年 12 月 3 日，北京市政府发布《关于印发北京市城镇居民基本医疗保险办法的通知》（京政发〔2010〕38 号），对城镇居民大病医疗保险进行整合，自 2011 年 1 月 1 日起实行。新的城镇居民医保制度实现了门诊报销统一、财政补助统一、基金管理统一、经办管理统一、持卡就医统一。

其次，北京新型农村合作医疗制度实现了全覆盖，筹资标准和待遇不断提高。到 2004 年 8 月，北京市 13 个涉农区县全部实行了"新农合"制度。2009 年实施了"新的四统一"基本医疗卫生制度，即全市统一规范"特殊病种"门诊补偿范围、统一试行乡镇卫生院"零起付"补偿政策、统一住院补偿"封顶线"18 万元、统一推行"出院即报和随诊随报"。2010 年，全市 13 个涉农区县中有 11 个区县的人均筹资标准均为 520 元，海淀区为 670 元，朝阳区最高，达到 720 元。到 2012 年，北京市"新农合"最低筹资标准提高到 640元，相当于 2004 年人均筹资标准 107 元的 6 倍，各级财政补助资金在筹资中所占比例从 47.8% 上升到 86.4%，农民个人出资在筹资中所占比例从 52.2% 下降到 13.6%，贫困人口全部由财政出资参合，农民参合率已达 97.7%。

最后，北京市公费医疗并入城乡职工医疗保险。2009 年，北京市在平谷区开展公费医疗并入城镇职工医疗保险试点。2010 年，北京市全面启动公费医疗改革，全市 16 个区县率先进行了区县级公费医疗的并轨。截至 2010 年底，北京区县级约 45 万名公费医疗人员并入职工医疗保险。从 2012 年 1 月 1日起，北京市级公费医疗人员全部并入职工医保。这一政策涉及市属公务员、事业单位、公立医院、高校教职工 22 万人。并入职工医保后，原享受公费医疗人员与城镇职工一样缴纳医保费，持社保卡就医。目前中央级约 33 万名公费医疗人员尚未正式改革，这是北京市公费医疗改革下一步的目标。

二是城乡养老保障制度实现了统一并轨。2007 年 12 月 29 日，北京市政府印发《北京市城乡无社会保障老年居民养老保障办法》（京政发〔2007〕35号），规定年满 60 周岁以上的城乡无保障老年人，每月可领取 200 元福利性养老金。该办法自 2008 年 1 月 1 日起施行，这是全国第一个统筹城乡、标准一致的福利性养老保障制度。2009 年，又将城乡 55~59 岁的女性无保障老年居民也纳入老年保障制度范围。2008 年，北京市建立实施了新型农村养老保险制度（简称"新农保"制度），确立了个人账户与基础养老金相结合的制度模式，基础养老金由市区两级财政进行补贴，每人每月 280 元。在缴费方式上，实行弹性缴费标准，最低缴费标准为本区县上年农民人均纯收入的 10%，最低缴费标准以上部分由农民根据经济承受能力自愿选择。同时，建立了与城保的衔接机制，农民转为城镇居民参加企业职工基本养老保险时，农保缴费年限可以折算为城保缴费年限。2008 年 12 月 20 日，北京市政府印发《北京市城乡居民养老保险办法》，自 2009 年 1 月 1 日起施行，在全国率先实现了养老保障制度的城乡全覆盖和一体化。新的城乡居民养老保险制度，打破了城乡户籍界限，将符合参保条件的本市城镇居民和农村居民统一纳入城乡居民养老保险制度体系，实现了"五统一"，即统一的保险制度、统一的缴费标准、统一的保险待遇、统一的衔接办法、统一的基金管理。城乡居民养老保险制度的建立，标志着北京市形成了"职工 + 居民"两大养老保障体系，在全国率先实现了"人人享有养老保障"的目标。截至 2012 年底，北京市养老保障制度已覆盖城乡居民 1548.9 万人。其中，职工基本养老保险参保人员达到 1206.4 万人，城乡居民养老保险参保人员达到 177.3 万人，享受福利养老金待遇人员为54.4 万人。2011 年，北京市建立了城乡居民养老保险基础养老金和福利养老金待遇调整机制，截至 2013 年底，基础养老金已由 280 元提高到 390 元，福利养老金由 200 元提高到 310 元。1994~2013 年北京市社会保障相关标准如表5 所示。

三是建立了覆盖城乡的最低生活保障制度。北京市自 1996 年开始建立城市居民最低生活保障制度。2005 年 7 月 13 日，北京市政府批转市民政局《关于建立本市城市居民最低生活保障标准调整机制的意见》（京政发〔2005〕13号），建立城市低保标准动态调整机制。2005~2012 年北京市城镇居民最低生活保障情况如表 6 所示。2002 年 4 月 27 日，北京市政府批转市民政局《关于建立和实施农村居民最低生活保障制度的意见》，决定从 2002 年起建立并实施农村居民最低生活保障制度。2006 年 4 月 25 日，北京市政府批转市民政局《关于建立本市农村居民最低生活保障标准调整机制的意见》，建立农村低保动态调整机制。此后，全市城乡低保标准逐年进行调整。2007~2012 年北京市农村居民最低生活保障情况如表 7 所示。目前，朝阳、海淀、丰台三个区已经实现低保待遇的城乡并轨。

表 5　1994～2013 年北京市社会保障相关标准

年份	小时最低工资标准（元/小时）	职工最低工资（元/月）	最低工资执行起始时间	失业保险金（元/月）	失业保险执行起始时间	农民工一次性生活补助费（元/年）	农民工一次性生活补助费执行起始时间	城市低保标准（元/月）	城市低保标准执行起始时间	最低退休金（元/月）	最低退职金（元/月）	最低退养金（元/月）	最低养老保险执行起始时间
2013	8.05	1400	1月1日	892～1001	1月1日	728	1月1日	580	1月1日	1330	1210	1100	1月1日
2012	7.20	1260	1月1日	842～951	1月1日	678	1月1日	520	1月1日	1210	1100	1000	1月1日
2011	6.70	1160	1月1日	782～891	7月1日	618	7月1日	500	7月1日	1100	1000	900	7月1日
2010	5.50	960	7月1日	752～861	1月1日	588	1月1日	480	1月1日	1000	900	800	1月1日
2009	4.60	800		632～741	1月1日	468	7月1日	430	7月1日	900	800	700	1月1日
2008	4.60	800	7月1日	562～671	7月1日	398	1月1日	410	1月1日	775	682	607	7月1日
2007	4.36	730	7月1日	502～611	7月1日	338	7月1日	390	7月1日	675	592	527	10月1日
2006	3.82	640	7月1日	422～531	7月1日	258	7月1日	330	7月1日	620	537	487	10月1日
2005	3.47	580	7月1日	392～501	7月1日	228	7月1日	310	7月1日	563	488	443	10月1日
2004	3.26	545	1月1日	382～491	7月1日	218	7月1日	300	—	510	443	402	10月1日
	2.96	495	7月1日	347～446	—	198	—	290	—	510	443	402	10月1日
2003	2.78	465	7月1日	326～419	7月1日	186	7月1日	290	7月1日	466	405	367	10月1日
2002	2.78	465	7月1日	326～419	7月1日	186	7月1日	290	7月1日	466	405	367	10月1日
2001	2.60	435	7月1日	305～392	7月1日	186	7月1日	285	7月1日	441	380	337	10月1日
2000	2.46	412	7月1日	300～385	—	174	—	280	—	421	360	308	10月1日
	2.39	400	5月1日	291～374	7月1日	164	7月1日	280	7月1日	421	360	308	10月1日
1999	2.30	400	9月1日	291～374	5月1日	120	6月1日	273	5月1日	396	335	288	10月1日
	1.90	320	5月1日	224～272	5月1日	120	—	210	5月1日	336	265	233	10月1日
1998	1.80	310	7月1日	217～264	7月1日	—	—	200	7月1日	336	265	233	10月1日
1997	1.70	290	6月1日	203～247	6月1日	—	—	190	6月1日	293	232	200	10月1日
1996	1.60	270	7月1日	189～229.5	7月1日	—	—	170	7月1日	263	202	170	10月1日
1995	1.40	240	7月1日	—	—	—	—	—	—	—	—	—	—
1994	1.10	210	12月1日	—	—	—	—	—	—	—	—	—	—

资料来源：北京市人力资源和社会保障局网站，http://www.bjld.gov.cn/gzcx/other/201309/20130923_31349.html。

表6 2005~2012 年北京市城镇居民最低生活保障情况

项目＼年份	2005	2006	2007	2008	2009	2010	2011	2012
最低生活保障标准(元/月)	300	310	330	390	410	430	480/500	520
最低生活保障人数(人)	155012	151770	147576	145075	147143	137024	117289	109743
市 本 级	2003	2168	2151	2255	2001	1879	1832	1836
东 城 区	15374	14876	13789	12777	12572	19080	17508	16698
西 城 区	11881	11781	11644	11582	11797	25156	23003	22557
崇 文 区	12431	9866	8485	7983	7845	—	—	—
宣 武 区	15446	15082	14342	13851	13986	—	—	—
朝 阳 区	13099	13736	14380	14816	15907	16087	15044	14665
丰 台 区	14780	14636	14647	14425	15338	14788	12824	12102
石景山区	14079	14038	13804	14135	14993	13235	10475	10190
海 淀 区	9759	9623	9418	9327	9708	8838	7467	6668
房 山 区	8289	8268	8579	8412	8129	6950	4550	3282
通 州 区	4562	4274	4146	3961	3894	3452	3153	2698
顺 义 区	1443	1428	1500	1448	1358	1220	936	781
昌 平 区	1592	1620	1547	1574	1597	1441	1203	1092
大 兴 区	1427	1379	1335	1293	1322	1224	1049	968
门头沟区	16023	15752	15281	14922	15509	13896	11305	9978
怀 柔 区	3421	3417	3432	3673	2931	2679	1986	1808
平 谷 区	6341	6536	5883	5569	5169	4139	2809	2540
密 云 县	1015	1357	1348	1378	1429	1462	1353	1250
延 庆 县	2047	1933	1865	1694	1658	1498	792	630

资料来源：北京市民政局。

表7 2007~2012 年北京市农村居民最低生活保障情况

区域＼项目＼年份	2007		2008		2009		2010		2011		2012	
	标准(元/月)	人数(人)	标准(元/月)	人数(人)	标准(元/月)	人数(人)	标准(元/月)	人数(人)	标准(元/月)	人数(人)	标准(元/月)	人数(人)
全 市	—	77818	—	78789	—	79821	—	76993	—	—	70127	—	63486
朝 阳 区	330	1627	390	1563	410	1635	430	1470	480	500	1246	520	1152
丰 台 区	330	1406	390	1377	410	1348	430	1299	480	500	1033	520	665
海 淀 区	330	1451	390	1338	410	1371	430	1005	480	500	670	520	416
房 山 区	140	15891	160	16137	170	16782	210	15840	300	340	12132	380	9670
通 州 区	120	7522	160	7127	170	7201	220	6903	300	350	6895	416	6623
顺 义 区	150	7743	180	7695	210.83	7443	280	7359	384	400	6311	520	5661

续表

年份 项目 区域	2007		2008		2009		2010		2011		2012	
	标准（元/月）	人数（人）	标准（元/月）	人数（人）	标准（元/月）	人数（人）	标准（元/月）	人数（人）	标准（元/月）	人数（人）	标准（元/月）	人数（人）
昌平区	140	3874	160	3886	210	3220	230	3068	300	340	2957	380	2801
大兴区	120	4226	160	4376	200	4420	240	4085	300	350	3474	390	3212
门头沟区	130	2306	170	2306	200	2493	240	2686	300	340	2643	400	2552
怀柔区	112.5	7667	148.33	8085	170	8083	210	8145	300	340	7857	390	7582
平谷区	100	9594	150	9242	170	9516	210	8809	300	340	8800	400	7767
密云县	100	6933	150	7305	170	8191	210	8892	300	340	9715	400	9807
延庆县	91.67	7578	150	8352	170	8118	210	7432	300	340	6394	380	5578

资料来源：北京市民政局。

四　2007~2012年北京市狭义城乡一体化进程监测评价

最近十几年来，北京市城乡一体化发展取得了重大成效。正如美国统计学家、管理学家爱德华·戴明所说的那样："除了上帝，任何人都必须用数据说话。"① 2013年初，北京市统计局发布了北京市城乡一体化评价指标及2011年监测报告，该研究报告建立了包含经济发展、社会发展、生活质量、公共服务、环境与设施、社会管理六个方面30项指标的城乡一体化监测评价指标体系，并对2011年北京城乡一体化现状开展了评价分析。结果显示，北京市城乡经济社会发展一体化进程综合实现程度为85.0%（见表8）。从该指标体系中涉及的六个方面30个二级指标来看，6个指标实现程度达到100%，8个指标实现程度为90%~100%，7个指标实现程度为80%~90%，6个指标实现程度为60%~80%，3个指标实现程度在60%以下。

实现程度达到100%的指标有都市型现代农业生态服务价值年值增速、农村居民家庭清洁能源普及率、财政用于医疗卫生人均支出城郊比、基础教育阶段生均占有预算内教育经费城郊比、远郊区县垃圾无害化处理率以及居民对社会安全的满意度等。实现程度60%以下的指标有城乡居民人均养老金、退休金

---

① 转引自涂子沛《大数据》第1版，广西师范大学出版社，2012，第62页。

表8 2011年北京市城乡经济社会发展一体化监测评价情况

一级指标	二级指标	代码	单位	权重	2015目标值	实际值	得分	实现程度（%）
合计				100	—	—	85.0	85.0
经济发展	农民增收指数			14	—	—	12.05	86.0
	城乡居民人均收入比	01	倍	4	—	—	3.85	96.1
	农村居民人均纯收入实际增速		%	1	2	2.23	0.90	89.6
	农村居民人均纯收入名义增速		%	1	8	7.6	0.95	95.0
	20%低收入农民人均纯收入实际增速		%	1	当年城镇水平	13.6	1.00	100.0
	20%低收入农民人均纯收入名义增速		%	1	当年农民平均水平	16.2	1.00	100.0
	第一产业比较劳动生产率	02	—	3	0.25	0.15	1.82	60.7
	农村与全社会人均固定资产投资比	03	%	4	65	54.9	3.38	84.5
	都市型现代农业生态服务价值年增速	04	%	3	3	5.7	3.00	100.0
社会发展	郊区城镇人口占比	05	%	3	80	67.1	2.52	83.9
	社会保障指数	06	%	24	—	—	19.34	80.6
	城乡居民养老保险农民参保率		%	1	95	93.0	0.98	98.9
	新型农村合作医疗参保率		%	1	97	97.7	1.00	100.0
	新型农村医疗报销水平指数	07		2	—	—	1.31	65.3
	政策范围内住院费报销比例城乡比		倍	1	1	0.65	—	—
	政策范围内门诊费报销比例城乡比		倍	1	1	—	—	—
	城乡居民人均养老金、退休金水平比	08	倍	3	3	6.1	1.46	48.8
	农村居民工资性收入占比	09	%	3	70	65.0	2.79	92.9
	农村从业人员人均受教育年限	10	年	3	12	10.5	2.63	87.5
	远郊区县基础教育阶段教师素质指数	11		3	—	—	2.27	75.6
	普通高中专任教师研究生以上学历比		%	1	12	10.5	0.87	87.2
	初中专任教师研究生以上学历比		%	1	5	2.3	0.45	45.3
	小学专任教师本科以上学历比		%	1	80	75.4	0.94	94.2
	有图书室、文化站的村占比	12	%	2	100	95.6	1.91	95.6
	有幼儿园、托儿所的村占比	13	%	3	30	24.8	2.48	82.7

续表

一级指标	二级指标	代码	单位	权重	2015目标值	实际值	得分	实现程度（%）
生活质量				20	—	—	17.57	87.8
	农村居民人均教育、文化、娱乐支出占比	14	%	4	10	9.07	3.63	90.6
	农村居民家庭清洁能源普及率	15	%	4	90	90.5	4.00	100.0
	农村居民家用电脑普及率	16	%	4	70	57.7	3.30	82.4
	农村卫生厕所普及率	17	%	4	85	74.2	3.49	87.3
	农村居民人均药品、医疗费支出占比	18	%	4	7	8.9	3.15	78.8
公共服务				16	—	—	14.50	90.6
	财政用于社会保障和就业人均支出城郊比	19	倍	4	1	1.06	3.78	94.5
	财政用于医疗卫生人均支出城郊比	20	倍	4	1	0.65	4.00	100.0
	城乡低保标准比	21	倍	4	1	1.47	2.72	68.0
	基础教育阶段生均占有预算内教育经费城郊比	22		4	—	—	4.00	100.0
	普通高中生均占有预算内教育经费城郊比		倍	1	1	0.91	1.00	100.0
	初中生均占有预算内教育经费城郊比		倍	1	1	0.97	1.00	100.0
	小学生均占有预算内教育经费城郊比		倍	2	1	0.97	2.00	100.0
环境与设施				16	—	—	13.63	85.2
	远郊区县垃圾无害化处理率	23	%	3	92	94.6	3.00	100.0
	远郊区县污水处理率	24	%	3	75	55.5	2.22	74.1
	远郊区县万人拥有服务性网点	25	个	3	2	1.13	1.70	56.5
	远郊区县道路密度	26	km/km²	3	1.5	1.46	2.93	97.5
	全市林木绿化率	27	%	4	57	54.0	3.79	94.7
社会管理				10	—	—	7.96	79.6
	居民对社会管理的满意度	28	%	4	80	66.7	3.34	83.4
	村务公开满意度	29	%	3	85	46.0	1.62	54.1
	居民对社会安全的满意度	30	%	3	85	92.3	3.00	100.0

说明：此表中的城乡指城六区；郊区均指远郊十个区县。

注：数据来源于《北京统计年鉴 2012》。

水平比，以及远郊区县万人拥有服务性网点和村务公开满意度。从6个子系统综合实现程度来看，实现程度最高的是公共服务，达到90.6%；实现程度最低的是社会管理，为79.6%；生活质量、经济发展、环境与设施、社会发展实现程度分别为87.8%、86.0%、85.2%和80.6%。[①]

我们在北京市统计局建立的北京城乡经济社会发展一体化监测评价指标体系基础上，修订了二级指标，并根据修订后的监测评价指标体系，对2007~2012年北京市狭义城乡一体化进程进行了监测评价和分析，监测结果表明，2007~2012年，北京市狭义城乡一体化进程实现程度分别为74.52%、76%、81.14%、81.88%、82.72%、86.05%。

需要说明的是，由于数据欠缺以及研究条件的限制等原因，我们对城乡一体化进程监测评价只限于对狭义城乡一体化进程的评价，没有涉及广义城乡一体化的监测评价。

（一）2007年北京市狭义城乡一体化进程监测评价

2007年，北京市狭义城乡一体化进程综合实现程度为74.52%（见表9）。狭义城乡一体化监测评价体系分为6个一级指标、30个二级指标（含三级指标6个）。从6个一级指标的实现程度看，没有一项指标的实现程度超过80%，其中有4个一级指标的实现程度为70%~80%，有2个一级指标的实现程度为60%~70%。其中公共服务的实现程度最高，为79.71%，社会发展实现程度最低，仅为68.81%。从30个二级指标实现程度看，4项指标实现程度达到100%。

经济发展实现程度为74.12%。其中，农民增收指数实现程度为91.34%；城乡居民人均收入比为2.3∶1，已接近目标值2∶1的水平，实现程度为86.96%；农村居民人均纯收入实际增速为8.2%，超过目标值8.0%；农村居民人均纯收入名义增速为10.9%，低于同期城镇居民人均纯收入名义增速13.9%的水平，实现程度为78.42%；20%低收入农民人均纯收入增速为15.51%，超过同期城镇值10.9%的水平。第一产业比较劳动生产率为0.158，实现程度为63.20%；农业劳动生产率为45664.9元/人，实现程度为45.66%；都市型现代农业生态服务价值年值增速为5.9%，实现程度为100%。

---

① 《北京市城乡经济社会发展一体化评价指标体系及2011年监测报告》，载北京市统计局、国家统计局北京调查总队《统计报告》2013年1号，2013年1月5日。

表9 2007年北京市狭义城乡一体化进程监测评价

一级指标	二级指标	代码	单位	权重	当年城镇值或2015年目标值	2007实际值	实现程度(%)
合计				100			74.52
经济发展	农民增收指数	1		14			74.12
	城乡居民人均收入比			4	2	2.3	91.34
	农村居民人均纯收入实际增速		%	1	8.0	8.2	100.00
	农村居民人均纯收入名义增速		%	1	13.9	10.9	78.42
	20%低收入农民人均纯收入增速		%	1	10.9	15.51	100.00
	第一产业比较劳动生产率	2	—	3	0.25	0.158	63.20
	农业劳动生产率	3	元/人	4	100000	45664.9	45.66
	都市型现代农业生态服务价值年值增速	4	%	3	3	5.9	100.00
社会发展				24			68.81
	郊区城镇人口占比	5	%	3	80	51.6	64.50
	社会保障指数	6		2			65.09
	城乡居民养老保险农民参保率		%	1	95	36.6	38.53
	新型农村合作医疗参保率		%	1	97	88.9	91.65
	每千人拥有医生数	7	人	2	5	2.06	41.20
	城乡居民人均工资性收入占比	8	%	3	3	13.49	22.24
	农村居民人均养老金、退休金水平比	9	%	3	70	59.38	84.83
	农村从业人员人均受教育年限	10	年	3	12	10.87	90.58
	有图书室、文化站的村占比	11	%	3	100	68.09	68.09
	万人农业科技人员数	12	人	2	4	10.8	100.00
	有幼儿园、托儿所的村占比	13	%	3	30	24.82	82.73

续表

一级指标	二级指标	代码	单位	权重	当年城镇值或2015目标值	2007实际值	实现程度（%）
生活质量				20			79.46
	农村居民人均教育、文化、娱乐支出占比	14	%	4	10	13.21	100.00
	恩格尔系数	15	%	4	30	32.1	93.46
	农村居民家用电脑普及率	16	%	4	70	46	65.71
	农村卫生厕所普及率	17	%	4	85	54.1	63.65
	农村居民人均药品、医疗费支出占比	18	%	4	7	9.4	74.47
公共服务				16			79.71
	农村与全社会人均固定资产投资比	19	%	4	65	50.4	77.54
	城乡人均固定资产投资比	20	%	4	65	46.2	71.08
	城乡低保标准比	21	%	4	3	3.33	90.09
	安全饮用水达标率	22	%	4	100	80.14	80.14
环境与设施				16			69.51
	远郊区县垃圾无害化处理率	23	%	3	92	46.81	50.88
	远郊区县污水处理率	24	%	3	75	29.79	39.72
	农村居民家庭清洁能源普及率	25	%	3	90	78.1	86.78
	远郊区县道路密度	26	km/km^2	3	1.5	1.09	72.67
	全市林木绿化率	27	%	4	57	51.6	90.53
社会管理				10			78.62
	居民对社会管理的满意度	28	%	4	80	65.4	81.75
	村务公开满意度	29	%	3	85	45.1	53.06
	居民对社会安全的满意度	30	%	3	85	91.6	100.00

注：数据来源于北京市统计局主编《北京统计年鉴2008》。

社会发展实现程度为 68.81%。其中，郊区城镇人口占比达到 51.6%，实现程度为 64.50%；社会保障指数实现程度为 65.09%，其中，城乡居民养老保险农民参保率为 36.6%，实现程度为 38.53%，新型农村合作医疗参保率为 88.9%，实现程度为 91.65%；每千人拥有医生数为 2.06 人，实现程度为 41.20%；城乡居民人均养老金、退休金水平比为 13.49，实现程度仅为 22.24%；农村居民工资性收入占比为 59.38%，实现程度仅为 84.83%；农村从业人员人均受教育年限为 10.87 年，实现程度为 90.58%；有图书室、文化站的村占比 68.09%，实现程度为 68.09%；万人农业科技人员数为 10.8 人，实现程度为 100%；有幼儿园、托儿所的村占比 24.82%，实现程度为 82.73%。

生活质量实现程度为 79.46%。其中，农村居民人均教育、文化、娱乐支出占比 13.21%，实现程度为 100%；恩格尔系数为 32.1%，实现程度为 93.46%；农村居民家用电脑普及率为 46%，实现程度为 65.71%；农村卫生厕所普及率为 54.1%，实现程度为 63.65%；农村居民人均药品、医疗费支出占比 9.4%，实现程度为 74.47%。

公共服务实现程度为 79.71%。其中，农村与全社会人均固定资产投资比为 50.4，实现程度为 77.54%；城乡人均固定资产投资比为 46.2，实现程度为 71.08%；城乡低保标准比为 3.33，实现程度为 90.09%；安全饮用水达标率为 80.14%，实现程度为 80.14%。

环境与设施实现程度为 69.51%。其中，远郊区县垃圾无害化处理率为 46.81%，实现程度为 50.88%；远郊区县污水处理率为 29.79%，实现程度为 39.72%；农村居民家庭清洁能源普及率为 78.1%，实现程度为 86.78%；远郊区县道路密度为 1.09km/km^2，实现程度为 72.67%；全市林木绿化率为 51.6%，实现程度为 90.53%。

社会管理实现程度为 78.62%。其中，居民对社会管理的满意度为 65.4%，实现程度为 81.75%；村务公开满意度为 45.1%，实现程度为 53.06%；居民对社会安全的满意度为 91.6%，实现程度为 100%。

（二）2008 年北京市狭义城乡一体化进程监测评价

2008 年，北京市狭义城乡一体化进程综合实现程度为 76.0%（见表 10），比上年提高了 1.48 个百分点。狭义城乡一体化监测评价体系分为 6 个一级指标、30 个二级指标（含三级指标 6 个）。从 6 个一级指标的实现程度看，有

表10　2008年北京市狭义城乡一体化进程监测评价

一级指标	二级指标	代码	单位	权重	当年城镇值或2015目标值	2008实际值	实现程度（%）
合计				100			76.00
经济发展	农民增收指数	1		14			71.03
	城乡居民人均收入比		%	4	2	2.3	92.05
	农村居民人均纯收入实际增速		%	1	8.0	6.5	86.96
	农村居民人均纯收入名义增速		%	1	12.4	12.4	81.25
	20%低收入农民人均纯收入增速		%	1	12.4	17.84	100.00
	第一产业比较劳动生产率	2	—	3	0.25	0.158	100.00
	农业劳动生产率	3	元/人	4	100000	49154	63.20
	都市型现代农业生态服务价值年值增速	4	%	3	3	2.4	49.15
	郊区城镇人口占比	5	%	3	80	51.0	80.00
社会发展				24			72.01
	社会保障指数	6		3			63.75
	城乡居民养老保险农民参保率		%	2			92.62
	新型农村合作医疗参保率		%	1	95	85	89.47
	每千人拥有医生数	7	%	1	97	92.9	95.77
	城乡居民人均养老金、退休金水平比	8	人	2	5	2.03	40.60
	农村居民工资性收入占比	9	%	3	3	9.97	30.09
	农村从业人员人均受教育年限	10	年	3	70	59.12	84.46
	有图书室、文化站的村占比	11	%	3	12	10.6	88.33
	万人农业科技人员数	12	人	2	100	73.79	73.79
	有幼儿园、托儿所的村占比	13	%	3	4	11	100.00
					30	24.05	80.17

续表

一级指标	二级指标	代码	单位	权重	当年城镇值或2015目标值	2008实际值	实现程度（%）
生活质量				20			81.13
	农村居民人均教育、文化、娱乐支出占比	14	%	4	10	11.46	100.00
	恩格尔系数	15	%	4	30	34.3	87.46
	农村居民家用电脑普及率	16	%	4	70	52	74.29
	农村居民卫生厕所普及率	17	%	4	85	62.2	73.18
	农村居民人均药品、医疗费支出占比	18	%	4	7	9.9	70.71
公共服务				16			74.87
	农村与全社会人均固定资产投资比	19		4	65	50.54	77.75
	城乡人均固定资产投资比	20	%	4	65	46.46	71.48
	城乡低保标准比	21	%	4	3	4.56	65.79
	安全饮用水达标率	22	%	4	100	84.46	84.46
环境与设施				16			76.46
	远郊区县垃圾无害化处理率	23	%	3	92	94.54	100.00
	远郊区县污水处理率	24	%	3	75	15.7	20.93
	农村居民家庭清洁能源普及率	25	%	3	90	81.3	90.33
	远郊区县道路密度	26	km/km^2	3	1.5	1.12	74.67
	全市林木绿化率	27	%	4	57	52.1	91.40
社会管理				10			83.36
	居民对社会管理的满意度	28	%	4	80	71.78	89.73
	村务公开满意度	29	%	3	85	49.5	58.24
	居民对社会安全的满意度	30	%	3	85	93.5	100.00

注：评价数据来源于北京市统计局主编《北京统计年鉴2009》。

2个一级指标的实现程度超过80%，有4个一级指标的实现程度为70%~80%。其中社会管理实现程度最高，为83.36%，比上年提高了4.74个百分点，社会发展实现程度最低，为72.01%。从30项二级指标实现程度看，4项指标实现程度达到100%，与上年持平。

经济发展实现程度为71.03%，比上年下降了3.09个百分点。从二级指标来看，农民增收指数实现程度为92.05%，比上年提高了0.71个百分点。其中，城乡居民人均收入比为2.3，实现程度为86.96%，与上年持平；农村居民人均纯收入实际增速为6.5%，未达目标值8.0%，实现程度为81.25%，比上年下降了18.75个百分点；农村居民人均纯收入名义增速为12.4%，与同期城镇居民人均纯收入名义增速12.4%的水平相同，实现程度为100%；20%低收入农民人均纯收入增速为17.84%，超过当年城镇值12.4%的水平。第一产业比较劳动生产率为0.158，实现程度为63.20%，与上年持平；农业劳动生产率为49154元/人，实现程度为49.15%，比上年提高了3.49个百分点；都市型现代农业生态服务价值年值增速为2.4%，实现程度为80.00%，比上年下降了20.00个百分点。

社会发展实现程度为72.01%，比上年提高了3.20个百分点。从二级指标来看，郊区城镇人口占比51.0%，实现程度为63.75%，比上年下降了0.75个百分点；社会保障指数实现程度为92.62%，比上年提高了27.53个百分点，其中，城乡居民养老保险农民参保率为85%，实现程度为89.47%，新型农村合作医疗参保率为92.9%，实现程度为95.77%，分别比上年提高了50.94个、4.12个百分点。每千人拥有医生数为2.03人，实现程度为40.60%，比上年下降了0.60个百分点；城乡居民人均养老金、退休金水平比为9.97，实现程度仅为30.09%，比上年提高了7.85个百分点；农村居民工资性收入占比59.12%，实现程度为84.46%，基本与上年持平；农村从业人员人均受教育年限为10.6年，实现程度为88.33%，比上年下降了2.25个百分点；有图书室、文化站的村占比73.79%，实现程度为73.79%，比上年提高了5.7个百分点；万人农业科技人员为11人，实现程度为100%；有幼儿园、托儿所的村占比24.05%，实现程度为80.17%，基本与上年持平。

生活质量实现程度为81.13%，比上年提高了1.67个百分点。其中，农村居民人均教育、文化、娱乐支出占比11.46%，实现程度为100%；恩格尔系数为34.3%，实现程度为87.46%，比上年下降了6.0个百分点；农村居民家用电脑普及率为52%，实现程度为74.29%，比上年提高了8.58个百分点；农村卫生厕所普及率为62.2%，实现程度为73.18%，比上年提高了9.53个百分点；农村居民人均药品、医疗费支出占比 9.9%，实现程度为 70.71%，比上年下降了 3.76 个百分点。

公共服务实现程度为 74.87%，比上年下降了 4.84 个百分点。其中，农村与全社会人均固定资产投资比为 50.54，实现程度为 77.75%，与上年基本持平；城乡人均固定资产投资比为 46.46，实现程度为 71.48%，与上年基本持平；城乡低保标准比为 4.56，实现程度为 65.79%，比上年下降了 24.30 个百分点；安全饮用水达标率为 84.46%，实现程度为 84.46%，比上年提高了 4.32 个百分点。

环境与设施实现程度为 76.46%，比上年提高了 6.95 个百分点。其中，远郊区县垃圾无害化处理率为 94.54%，实现程度为 100%，比上年提高了 49.12 个百分点；远郊区县污水处理率为 15.7%，实现程度为 20.93%，比上年下降了 18.79 个百分点；农村居民家庭清洁能源普及率为 81.3%，实现程度为 90.33%，比上年提高了 3.55 个百分点；远郊区县道路密度为 $1.12km/km^2$，实现程度为 74.67%，比上年提高了 2.0 个百分点；全市林木绿化率为 52.1%，实现程度为 91.40%，比上年提高了 0.87 个百分点。

社会管理实现程度为 83.36%，比上年提高了 4.74 个百分点。其中，居民对社会管理的满意度为 71.78%，实现程度为 89.73%，比上年提高了 7.98 个百分点；村务公开满意度为 49.5%，实现程度为 58.24%，比上年提高了 5.18 个百分点；居民对社会安全的满意度为 93.5%，实现程度为 100%，超过目标值，实际值比上年略有提高。

（三）2009 年北京市狭义城乡一体化进程监测评价

2009 年，北京市狭义城乡一体化进程综合实现程度为 81.14%（见表 11），比上年提高了 5.14 个百分点。狭义城乡一体化进程监测评价体系分为 6 个一级指标、30 个二级指标（含三级指标 6 个）。从 6 个一级指标实现程度看，有 4 个一级指标的实现程度超过 80%，有 2 个一级指标的实现程度为 70%~80%。其中生活质量实现程度最高，为 86.44%，社会发展实现程度最低，为 75.89%。从 30 项二级指标实现情况看，6 项指标实现程度达到 100%，比上年提高了 50%。

经济发展实现程度为 76.97%，比上年提高了 5.94 个百分点。从二级指标来看，农民增收指数实现程度为 96.47%，比上年提高了 4.42 个百分点。其中，城乡居民人均收入比为 2.23，实现程度为 89.69%，比上年提高了 2.73 个百

表11 2009年北京市狭义城乡一体化进程监测评价

一级指标	二级指标	代码	单位	权重	当年城镇值或2015目标值	2009实际值	实现程度（%）
合计				100			81.14
经济发展	农民增收指数	1		14			76.97
	城乡居民人均收入比			4			96.47
	农村居民人均纯收入实际增速		%	1	2	2.23	89.69
	农村居民人均纯收入名义增速		%	1	8	13.4	100.00
	20%低收入农民人均纯收入增速		%	1	8.1	11.5	100.00
	第一产业比较劳动生产率	2	—	3	11.5	11.06	96.17
	农业劳动生产率	3	元/人	4	0.25	0.154	61.60
	都市型现代农业生态服务价值年值增速	4	%	3	100000	51743	51.74
					3	3	100.00
社会发展				24			75.89
	郊区城镇人口占比	5	%	3	80	50.1	62.63
	社会保障指数	6		2			96.70
	城乡居民养老保险农民参保率		%	1	95	90	94.74
	新型农村合作医疗参保率		%	1	97	95.7	98.66
	每千人拥有医生数	7	人	2	5	2	40.00
	城乡居民人均养老金退休金水平比	8	%	3	3	7.2	41.67
	农村居民工资性收入占比	9	%	3	70	60.69	86.70
	农村从业人员人均受教育年限	10	年	3	12	10.8	90.00
	有图书室、文化站的村占比	11	%	3	100	89.0	89.00
	万人农业科技人员数	12	人	2	4	11.5	100.00
	有幼儿园、托儿所的村占比	13	%	3	30	23.81	79.37

续表

一级指标	二级指标	代码	单位	权重	当年城镇值或2015目标值	2009实际值	实现程度（%）
生活质量				20			86.44
	农村居民人均教育、文化、娱乐支出占比	14	%	4	10	10.49	100.00
	恩格尔系数	15	%	4	30	32.4	92.59
	农村居民家庭电脑普及率	16	%	4	70	58	82.86
	农村卫生厕所普及率	17	%	4	85	70.6	83.06
	农村居民人均药品、医疗费支出占比	18	%	4	7	9.5	73.68
公共服务				16			85.26
	农村与全社会人均固定资产投资比	19		4	65	65.92	100.00
	城乡人均固定资产投资比	20	%	4	65	62.18	95.66
	城乡低保标准比	21	%	4	3	4.98	60.24
	安全饮用水达标率	22	%	4	100	85.13	85.13
环境与设施				16			80.79
	远郊区县垃圾无害化处理率	23	%	3	92	94.83	100.00
	远郊区县污水处理率	24	%	3	75	26.3	35.07
	农村居民家庭清洁能源普及率	25	%	3	90	83.5	92.78
	远郊区县道路密度	26	km/km²	3	1.5	1.2	80.00
	全市林木绿化率	27	%	4	57	52.6	92.28
社会管理				10			82.89
	居民对社会管理的满意度	28	%	4	80	71.14	88.93
	村务公开满意度	29	%	3	85	49.06	57.72
	居民对社会安全的满意度	30	%	3	85	92.22	100.00

注：数据来源于《北京统计年鉴2010》。

分点；农村居民人均纯收入实际增速为 13.4%，实现程度为 100%，比上年提高了 18.75 个百分点；农村居民人均纯收入名义增速为 11.5%，超过同期城镇居民人均纯收入名义增速 8.1% 的水平，实现程度为 100%；20% 低收入农民人均纯收入增速为 11.06%，略低于当年城镇值 11.5% 的水平，实现程度为 96.17%，比上年下降了 3.83 个百分点。第一产业比较劳动生产率为 0.154，实现程度为 61.60%，与上年基本持平；农业劳动生产率为 51743 元/人，实现程度为 51.74%，比上年提高了 2.59 个百分点；都市型现代农业生态服务价值年值增速为 3%，实现程度为 100%，比上年提高了 20.0 个百分点。

社会发展实现程度为 75.89%，比上年提高了 3.88 个百分点。其中，郊区城镇人口占比 50.1%，实现程度为 62.63%，比上年下降了 1.12 个百分点；社会保障指数实现程度为 96.70%，比上年提高了 4.08 个百分点，其中，城乡居民养老保险农民参保率为 90%，实现程度为 94.74%，新型农村合作医疗参保率为 95.7%，实现程度为 98.66%，分别比上年提高了 5.27 个、2.89 个百分点；每千人拥有医生数为 2 人，实现程度为 40.00%，比上年下降了 0.6 个百分点；城乡居民人均养老金、退休金水平比为 7.2，实现程度为 41.67%，比上年提高了 11.58 个百分点；农村居民工资性收入占比 60.69%，实现程度为 86.70%，比上年提高了 2.24 个百分点；农村从业人员人均受教育年限为 10.8 年，实现程度为 90.0%，比上年提高了 1.67 个百分点；有图书室、文化站的村占 89.0%，实现程度为 89.0%，比上年提高了 15.21 个百分点；万人农业科技人员数为 11.5 人，实现程度为 100%；有幼儿园、托儿所的村占比 23.81%，实现程度为 79.37%，比上年下降了 0.8 个百分点。

生活质量实现程度为 86.44%，比上年提高了 5.31 个百分点。其中，农村居民人均教育、文化、娱乐支出占比 10.49%，实现程度为 100%，与上年持平；恩格尔系数为 32.4%，实现程度为 92.59%，比上年提高了 5.13 个百分点；农村居民家用电脑普及率为 58%，实现程度为 82.86%，比上年提高了 8.57 个百分点；农村卫生厕所普及率为 70.6%，实现程度为 83.06%，比上年提高了 9.88 个百分点；农村居民人均药品、医疗费支出占比 9.5%，实现程度为 73.68%，比上年提高了 2.97 个百分点。

公共服务实现程度为 85.26%，比上年下降了 10.39 个百分点。其中，农村与全社会人均固定资产投资比为 65.92，实现程度为 100%，比上年提高了 22.25 个百分点；城乡人均固定资产投资比为 62.18，实现程度为 95.66%，比上年提高了 24.18 个百分点；城乡低保标准比为 4.98，实现程度为 60.24%，

比上年下降了 5.55 个百分点；安全饮用水达标率为 85.13%，实现程度为
85.13%，比上年提高了 0.67 个百分点。

环境与设施实现程度为 80.79%，比上年提高了 4.33 个百分点。其中，远
郊区县垃圾无害化处理率为 94.83%，实现程度为 100%，与上年基本持平；
远郊区县污水处理率为 26.3%，实现程度为 35.07%，比上年提高了 14.14 个
百分点；农村居民家庭清洁能源普及率为 83.5%，实现程度为 92.78%，比上
年提高了 2.45 个百分点；远郊区县道路密度为 1.2km/km²，实现程度为
80.0%，比上年提高了 5.33 个百分点；全市林木绿化率为 52.6%，实现程度
为 92.28%，比上年提高了 0.88 个百分点。

社会管理实现程度为 82.89%，比上年下降了 0.47 个百分点。其中，居民
对社会管理的满意度为 71.14%，实现程度为 88.93%，比上年下降了 0.8 个
百分点；村务公开满意度为 49.06%，实现程度为 57.72%，比上年下降了
0.52 个百分点；居民对社会安全的满意度为 92.22%，实现程度为 100%，超
过目标值，实际值比上年略有下降。

（四）2010 年北京市狭义城乡一体化进程监测评价

2010 年，北京市狭义城乡一体化进程综合实现程度为 81.88%（见表
12），比上年提高了 0.74 个百分点。狭义城乡一体化进程监测评价体系分为 6
个一级指标、30 个二级指标（含三级指标 6 个）。从 6 个一级指标实现程度
看，有 1 个一级指标的实现程度超过 90%，有 3 个一级指标的实现程度为
80%～90%，有 2 个一级指标的实现程度为 70%～80%。其中生活质量实现程
度最高，为 90.99%，经济发展实现程度最低，为 75.79%。从 30 个二级指标
实现程度看，4 个指标的实现程度达到 100%，与上年相比减少了 2 个。

经济发展实现程度为 75.79%，比上年下降了 1.18 个百分点。农民增收指
数实现程度为 92.22%，比上年下降了 4.25 个百分点。其中，城乡居民人均收
入比为 2.19，实现程度为 91.32%，比上年提高了 1.63 个百分点；农村居民
人均纯收入实际增速为 8.1%，实现程度为 100%，与上年持平；农村居民人
均纯收入名义增速为 10.6%，超过同期城镇值 8.7% 的水平，实现程度为
100%；20% 低收入农民人均纯收入增速为 8.22%，低于当年城镇值 10.6% 的
水平，实现程度为 77.55%，比上年下降了 18.62 个百分点。第一产业比较劳
动生产率为 0.145，实现程度为 58.0%，比上年下降了 3.6 个百分点；农业劳动
生产率为 54556.87 元/人，实现程度为 54.56%，比上年提高了 2.82 个百分点；

表12 2010年北京市狭义城乡一体化进程监测评价

一级指标	二级指标	代码	单位	权重	当年城镇值或2015目标值	2010实际值	实现程度(%)
合计				100			81.88
经济发展	农民增收指数			14			75.79
	城乡居民人均收入比	1	%	4	2	2.19	92.22
	农村居民人均纯收入实际增速		%	1	8	8.1	91.32
	农村居民人均纯收入名义增速		%	1	8.7	10.6	100.00
	20%低收入农民人均纯收入增速		%	1	10.6	8.22	100.00
	第一产业比较劳动生产率	2	—	3	0.25	0.145	77.55
	农业劳动生产率	3	元/人	4	100000	54556.87	58.00
	都市型现代农业生态服务价值年值增速	4	%	3	3	3.1	54.56
社会发展				24			100.00
	郊区城镇人口占比	5	%	3	80	50.1	76.77
	社会保障指数	6	%	2			62.63
	城乡居民养老保险参保率		%	1	95	92	98.27
	新型农村合作医疗参保率		%	1	97	96.7	96.84
	每千人拥有医生数	7	人	2	5	1.9	99.69
	城乡居民人均养老金、退休金水平比	8	%	3	3	6.7	38.00
	农村居民工资性收入占比	9	%	3	70	60.38	44.78
	农村从业人员人均受教育年限	10	年	3	12	10.88	86.26
	有图书室、文化站的村占比	11	%	3	100	93.49	90.67
	万人农业科技人员数	12	人	2	4	11.7	93.49
	有幼儿园、托儿所的村占比	13	%	3	30	23.66	100.00

续表

一级指标	二级指标	代码	单位	权重	当年城镇值或2015目标值	2010实际值	实现程度（%）
生活质量				20			90.99
	农村居民人均教育、文化、娱乐支出占比	14	%	4	10	9.72	97.20
	恩格尔系数	15	%	4	30	30.9	97.09
	农村居民家用电脑普及率	16	%	4	70	64	91.43
	农村卫生厕所普及率	17	%	4	85	77	90.59
	农村居民人均药品、医疗费支出占比	18	%	4	7	8.9	78.65
公共服务				16			82.47
	农村与全社会人均固定资产投资比	19		4	65	63.64	97.91
	城乡人均固定资产投资比	20	%	4	65	60.07	92.42
	城乡低保标准比	21		4	3	5.86	51.19
	安全饮用水达标率	22	%	4	100	88.37	88.37
环境与设施				16			83.35
	远郊区县垃圾无害化处理率	23	%	3	92	95.57	100.00
	远郊区县污水处理率	24	%	3	75	33.9	45.20
	农村居民家庭清洁能源普及率	25	%	3	90	85.8	95.33
	远郊区县道路密度	26	km²/km²	3	1.5	1.2	80.00
	全市林木绿化率	27	%	4	57	53	92.98
社会管理				10			81.09
	居民对社会管理的满意度	28	%	4	80	68.73	85.91
	村务公开满意度	29	%	3	85	47.4	55.76
	居民对社会治安安全的满意度	30	%	3	85	92.7	100.00

注：数据来源于《北京统计年鉴2011》。

都市型现代农业生态服务价值年值增速为 3.1%，实现程度为 100%，与上年基本持平。

社会发展实现程度为 76.77%，比上年提高 0.88 个百分点。从二级指标来看，郊区城镇人口占比达到 50.1%，实现程度为 62.63%，与上年持平；社会保障指数实现程度为 98.27%，比上年提高了 1.57 个百分点，其中，城乡居民养老保险农民参保率为 92%，实现程度为 96.84%，新型农村合作医疗参保率为 96.7%，实现程度为 99.69%，分别比上年提高了 2.1 个、1.03 个百分点；每千人拥有医生数为 1.9 人，实现程度为 38.0%，比上年下降了 2.0 个百分点；城乡居民人均养老金、退休金水平比为 6.7，实现程度为 44.78%，比上年提高了 3.11 个百分点；农村居民工资性收入占比 60.38%，实现程度为 86.26%，与上年基本持平；农村从业人员人均受教育年限为 10.88 年，实现程度为 90.67%，比上年提高了 0.67 个百分点；有图书室、文化站的村占比 93.49%，实现程度为 93.49%，比上年提高了 4.49 个百分点；万人农业科技人员数为 11.7 人，实现程度为 100%，与上年基本持平；有幼儿园、托儿所的村占比 23.66%，实现程度为 78.87%，比上年下降了 0.5 个百分点。

生活质量实现程度为 90.99%，比上年提高了 4.55 个百分点。农村居民人均教育、文化、娱乐支出占比 9.72%，实现程度为 97.2%，比上年下降了 2.8 个百分点；恩格尔系数为 30.9%，实现程度为 97.09%，比上年提高了 4.5 个百分点；农村居民家用电脑普及率为 64%，实现程度为 91.43%，比上年提高了 8.57 个百分点；农村卫生厕所普及率为 77%，实现程度为 90.59%，比上年提高了 7.53 个百分点；农村居民人均药品、医疗费支出占比 8.9%，实现程度为 78.65%，比上年提高了 4.97 个百分点。

公共服务实现程度为 82.47%，比上年下降了 2.79 个百分点。农村与全社会人均固定资产投资比为 63.64，实现程度为 97.91%，比上年下降了 2.09 个百分点；城乡人均固定资产投资比为 60.07，实现程度为 92.42%，比上年下降了 3.24 个百分点；城乡低保标准比为 5.86，实现程度为 51.19%，比上年下降了 9.05 个百分点；安全饮用水达标率为 88.37%，实现程度为 88.37%，比上年提高了 3.24 个百分点。

环境与设施实现程度为 83.35%，比上年提高了 2.56 个百分点。远郊区县垃圾无害化处理率为 95.57%，实现程度为 100%，与上年基本持平；远郊区县污水处理率为 33.9%，实现程度为 45.20%，比上年提高了 10.13 个百分点；农村居民家庭清洁能源普及率为 85.8%，实现程度为 95.33%，比上年提高了

2.55 个百分点；远郊区县道路密度为 1.2km/km²，实现程度为 80%，与上年持平；全市林木绿化率为 53%，实现程度为 92.98%，比上年提高了 0.7 个百分点。

社会管理实现程度为 81.09%，比上年下降了 1.08 个百分点。居民对社会管理的满意度为 68.73%，实现程度为 85.91%，比上年下降了 3.02 个百分点；村务公开满意度为 47.4%，实现程度为 55.76%，比上年下降了 1.96 个百分点；居民对社会安全的满意度为 92.7%，实现程度为 100%，达到目标值，实际值比上年略有提高。

（五）2011 年北京市狭义城乡一体化进程监测评价

2011 年，北京市狭义城乡一体化进程综合实现程度为 82.72%（见表 13），比上年提高了 0.84 个百分点。狭义城乡一体化进程监测评价体系分为 6 个一级指标、30 个二级指标（含三级指标 6 个）。从 6 个一级指标实现程度看，1 个一级指标的实现程度超过 90%，2 个一级指标的实现程度为 80% ~ 90%，3 个一级指标的实现程度为 70% ~ 80%。其中环境与设施实现程度最高，为 93.31，公共服务实现程度最低，为 74.88。从 30 个二级指标的实现情况看，5 项指标实现程度达到 100%，比上年增加了 25%。

经济发展实现程度为 79.25%，比上年提高了 3.46 个百分点。农民增收指数实现程度为 96.17%，比上年提高了 3.95 个百分点。其中，城乡居民人均收入比为 2.23，实现程度为 89.69%，比上年下降了 1.63 个百分点；农村居民人均纯收入实际增速为 7.6%，实现程度为 95.00%，比上年下降了 5.0 个百分点；农村居民人均纯收入名义增速为 13.6%，超过同期城镇居民人均纯收入名义增速 13.2% 的水平，实现程度为 100%；20% 低收入农民人均纯收入增速为 14.65%，略高于当年城镇值 13.6% 的水平，实现程度为 100%，比上年提高了 22.45 个百分点。第一产业比较劳动生产率为 0.147，实现程度为 58.58%，比上年提高了 0.58 个百分点；农业劳动生产率为 62102.03 元/人，实现程度为 62.1%，比上年提高了 7.54 个百分点；都市型现代农业生态服务价值年值增速为 5.7%，实现程度为 100%，与上年基本持平。

社会发展实现程度为 81.21%，比上年提高了 4.44 个百分点。其中，郊区城镇人口占比 67.1%，实现程度为 83.88%，比上年提高了 21.25 个百分点；社会保障指数实现程度为 98.95%，比上年提高了 0.68 个百分点，其中，城乡居民养老保险农民参保率为 93%，实现程度为 97.89%，新型农村合作医疗参保率为 97.7%，实现程度为 100%，分别比上年提高了 1.05 个和 0.31 个百分

表13　2011年北京市狭义城乡一体化进程监测评价

一级指标	二级指标	代码	单位	权重	当年城镇值或2015目标值	2011实际值	实现程度（%）
合计				100			82.72
经济发展	农民增收指数			14			79.25
	城乡居民人均收入实际增速	1	%	4	2	2.23	96.17
	农村居民人均纯收入实际增速		%	1	8	7.6	89.69
	农村居民人均纯收入名义增速		%	1	13.2	13.6	95.00
	20%低收入农民人均纯收入增速		%	1	13.6	14.65	100.00
	第一产业比较劳动生产率	2	—	3	0.25	0.147	58.58
	农业劳动生产率	3	元/人	4	100000	62102.03	62.10
	都市型现代农业生态服务价值年值增速	4	%	3	3	5.7	100.00
社会发展	社会保障指数			24			81.21
	郊区城镇人口占比	5	%	3	80	67.1	83.88
	社会保障指数	6	%	2			98.95
	城乡居民养老保险农民参保率		%	1	95	93	97.89
	新型农村合作医疗参保率		%	1	97	97.7	100.00
	每千人拥有医生数	7	人	2	5	1.9	38.00
	城乡居民人均工资性收入占比	8	—	3	3	6.1	49.18
	农村居民人均养老金、退休金水平比	9	%	3	70	65	92.86
	农村从业人员人均受教育年限	10	年	3	12	10.5	87.50
	有图书室、文化站的村占比	11	%	3	100	95.6	95.60
	万人农业科技人员数	12	人	2	4	11.9	100.00
	有幼儿园、托儿所的村的占比	13	%	3	30	24.8	82.67

续表

一级指标	二级指标	代码	单位	权重	当年城镇值或2015目标值	2011实际值	实现程度（%）
生活质量				20			86.33
	农村居民人均教育、文化、娱乐支出占比	14	%	4	10	9.07	90.70
	恩格尔系数	15	%	4	30	32.4	92.59
	农村居民家用电脑普及率	16	%	4	70	57.7	82.43
	农村卫生厕所普及率	17	%	4	85	74.2	87.29
	农村居民人均药品、医疗费支出占比	18	%	4	7	8.9	78.65
公共服务				16			74.88
	农村与全社会人均固定资产投资比	19		4	65	54.9	84.46
	城乡人均固定资产投资比	20	%	4	65	51.21	78.78
	城乡低保标准比	21	%	4	3	8.16	36.76
	安全饮用水达标率	22	%	4	100	99.50	99.50
环境与设施				16			93.31
	远郊区县垃圾无害化处理率	23	%	3	92	94.6	100.00
	远郊区县污水处理率	24	%	3	75	55.5	74.00
	农村居民家庭清洁能源普及率	25	%	3	90	90.5	100.00
	远郊区县道路密度	26	km/km²	3	1.5	1.46	97.33
	全市林木绿化率	27	%	4	57	54	94.74
社会管理				10			79.59
	居民对社会管理的满意度	28	%	4	80	66.7	83.38
	村务公开满意度	29	%	3	85	46	54.12
	居民对社会安全的满意度	30	%	3	85	92.3	100.00

注：评价数据来源于《北京统计年鉴2012》。

点。每千人拥有医生数 1.9 人，实现程度为 38.0%，与上年持平；城乡居民人均养老金、退休金水平比为 6.1，实现程度为 49.18%，比上年提高了 4.4 个百分点；农村居民工资性收入占比 65%，实现程度为 92.86%，比上年提高了 6.6 个百分点；农村从业人员人均受教育年限为 10.5 年，实现程度为 87.50%，比上年下降了 3.17 个百分点；有图书室、文化站的村占比 95.6%，实现程度为 95.6%，比上年提高了 2.11 个百分点；万人农业科技人员数为 11.9 人，实现程度为 100%，与上年基本持平；有幼儿园、托儿所的村占比 24.8%，实现程度为 82.67%，比上年提高了 3.8 个百分点。

生活质量实现程度为 86.33%，比上年下降了 4.66 个百分点。其中，农村居民人均教育、文化、娱乐支出占比 9.07%，实现程度为 90.7%，比上年下降了 6.5 个百分点；恩格尔系数为 32.4%，实现程度为 92.59%，比上年下降了 4.5 个百分点；农村居民家用电脑普及率为 57.7%，实现程度为 82.43%，比上年下降了 9.0 个百分点；农村卫生厕所普及率为 74.2%，实现程度为 87.29%，比上年下降了 3.3 个百分点；农村居民人均药品、医疗费支出占比 8.9%，实现程度为 78.65%，与上年持平。

公共服务实现程度为 74.88%，比上年下降了 7.59 个百分点。其中，农村与全社会人均固定资产投资比为 54.9，实现程度为 84.46%，比上年下降了 13.45 个百分点；城乡人均固定资产投资比为 51.21，实现程度为 78.78%，比上年下降了 13.64 个百分点；城乡低保标准比为 8.16，实现程度为 36.76%，比上年下降了 14.43 个百分点；安全饮用水达标率为 99.5%，实现程度为 99.50%，比上年提高了 11.13 个百分点。

环境与设施实现程度为 93.31%，比上年提高了 9.96 个百分点。其中，远郊区县垃圾无害化处理率为 94.6%，实现程度为 100%，与上年基本持平；远郊区县污水处理率为 55.5%，实现程度为 74.0%，比上年提高了 28.8 个百分点；农村居民家庭清洁能源普及率为 90.5%，实现程度为 100%，比上年提高了 4.67 个百分点；远郊区县道路密度为 1.46km/km^2，实现程度为 97.33%，比上年提高了 17.33 个百分点；全市林木绿化率为 54%，实现程度为 94.74%，比上年提高了 1.76 个百分点。

社会管理实现程度为 79.59%，比上年下降了 1.5 个百分点。其中，居民对社会管理的满意度为 66.7%，实现程度为 83.38%，比上年下降了 2.53 个百分点；村务公开满意度为 46%，实现程度为 54.12%，比上年下降了 1.64

个百分点；居民对社会安全的满意度为 92.3%，实现程度为 100%，与上年基本持平，实际值比上年略有下降。

（六）2012 年北京市狭义城乡一体化进程监测评价

2012 年，北京市狭义城乡一体化进程综合实现程度为 86.05%（见表14），比上年提高了 3.33 个百分点，比 2008 年提高了 10.05 个百分点。北京市狭义城乡一体化进程监测评价体系分为 6 个一级指标和 30 个二级指标（含三级指标 6 个）。从 6 个一级指标看，所有一级指标的实现程度都超过 80%，其中，1 个一级指标的实现程度超过 90%，5 个一级指标的实现程度为 80% ~ 90%。另外，环境与设施实现程度最高，为 94.09%，社会发展实现程度最低，为 82.05%。从 30 个二级指标看，8 个二级指标的实现程度达到 100%，比上年增加了 3 个指标，增加了 60%。

经济发展实现程度为 82.95%，比上年提高了 3.7 个百分点。农民增收指数实现程度为 97.62%，比上年提高了 1.45 个百分点。其中，城乡居民人均收入比为 2.21，实现程度为 90.50%，比上年提高了 0.81 个百分点；农村居民人均纯收入实际增速为 8.2%，实现程度为 100%，比上年提高了 5.0 个百分点；农村居民人均纯收入名义增速 11.8%，超过同期城镇值 7.3% 的水平，实现程度为 100%；20% 低收入农民人均纯收入增速为 14.26%，高于当年城镇值 11.8% 的水平，实现程度为 100%，与上年持平。第一产业比较劳动生产率为 0.157，实现程度为 62.80%，比上年提高了 4.22 个百分点；农业劳动生产率为 70585.03 元/人，实现程度为 70.59%，比上年提高了 8.49 个百分点；都市型现代农业生态服务价值年值增速为 3.39%，实现程度为 100%，超过目标值 0.39 个百分点。

社会发展实现程度为 82.05%，比上年提高了 0.84 个百分点。郊区城镇人口占比 64.66%，实现程度为 80.83%，比上年下降了 3.05 个百分点；社会保障指数实现程度为 100%，比上年提高了 1.05 个百分点，其中，城乡居民养老保险农民参保率为 100%，实现程度为 100%，比上年提高了 2.11 个百分点；新型农村合作医疗参保率为 98.1%，比上年提高了 0.4 个百分点，实现程度为 100%。每千人拥有医生数为 1.9 人，实现程度为 38.0%，与上年持平；城乡居民人均养老金、退休金水平比为 5.81，实现程度为 51.64%，比上年提高了 2.46 个百分点；农村居民工资性收入占比 65.81%，实现程度为 94.01%，比上年提高了 1.15 个百分点；农村从业人员人均受教育

表14　2012年北京市狭义城乡一体化进程监测评价

一级指标	二级指标	代码	单位	权重	当年城镇值或2015目标值	2012实际值	实现程度（%）
合计				100			86.05
经济发展	农民增收指数			14			82.95
	城乡居民人均收入比	1		4			97.62
	农村居民人均纯收入实际增速		%	1	2	2.21	90.50
	农村居民人均纯收入名义增速		%	1	8	8.2	100.00
	20%低收入农民人均纯收入增速		%	1	7.3	11.8	100.00
	第一产业劳动生产率	2	—	3	11.8	14.26	100.00
	农业劳动生产率（平均指标）	3	元/人	4	0.25	0.157	62.80
	都市型现代农业生态服务价值年值增速	4	%	3	100000	70585.03	70.59
社会发展				24			82.05
	郊区城镇人口占比	5	%	3	80	64.66	80.83
	社会保障指数	6		2			100.00
	城乡居民养老保险农民参保率		%	1	95	100	100.00
	新型农村合作医疗参保率		%	1	97	98.1	100.00
	每千人拥有医生数	7	人	2	5	1.9	38.00
	农村居民人均养老金、退休金水平比	8	%	3	3	5.81	51.64
	农村居民工资性收入占比	9	%	3	70	65.81	94.01
	农村从业人员人均受教育年限	10	年	3	12	10.8	90.00
	有图书室、文化站的村占比	11	%	3	100	96.6	96.60
	万人农业科技人员数	12	人	2	4	12.1	100.00
	有幼儿园、托儿所的村占比	13	%	3	30	25.4	84.67

续表

一级指标	二级指标	代码	单位	权重	当年城镇值或2015目标值	2012实际值	实现程度(%)
生活质量				20			89.54
	农村居民人均教育、文化、娱乐支出占比	14	%	4	10	9.71	97.10
	恩格尔系数	15	%	4	30	33.2	90.36
	农村居民家用电脑普及率	16	%	4	70	67	95.71
	农村居民卫生厕所普及率	17	%	4	85	77	90.59
	农村居民人均药品、医疗费支出占比	18	%	4	7	9.47	73.92
公共服务				16			83.43
	农村与全社会人均固定资产投资比	19	%	4	65	68.36	100.00
	城乡人均固定资产投资比	20	%	4	65	65.07	100.00
	城乡低保标准比	21	%	4	3	8.77	34.21
	安全饮用水达标率	22	%	4	100	99.50	99.50
环境与设施				16			94.09
	远郊区县垃圾无害化处理率	23	%	3	92	97.25	100.00
	远郊区县污水处理率	24	%	3	75	55.5	74.00
	农村居民家庭清洁能源普及率	15	%	3	90	91.7	100.00
	远郊区县道路密度	26	km/km²	3	1.5	1.47	98.00
	全市林木绿化率	27	%	4	57	55.5	97.37
社会管理				10			84.38
	居民对社会管理的满意度	28	%	4	80	68.8	86.00
	村务公开满意度	29	%	3	85	56.6	66.59
	居民对社会安全的满意度	30	%	3	85	97.8	100.00

注：评价数据来源于《北京统计年鉴（2013）》。2007～2011年，都市型现代农业生态服务价值年值增速分别为5.9%、2.4%、3%、3.1%、5.7%，利用三项移动平均法，可推算2012年北京都市型现代农业生态服务价值年值增速为3.39%。2007～2011年，北京郊区城镇人口所占比重分别为51.6%、51%、50.1%、50.1%、67.1%、64.66%，可以拟合推算郊区城镇人口所占比重趋势直线方程，即$\hat{y}_t = 54.64 + 3.34t$（t = −2、−1、0、1、2），推算2012年北京郊区城镇人口占比64.66%。2012年，北京郊区安全饮用水达标率采用2011年的数据99.50%。

年限为 10.8 年，实现程度为 90.0%，比上年提高了 2.5 个百分点；有图书室、文化站的村占比 96.6%，实现程度为 96.6%，比上年提高 1.0 个百分点；万人农业科技人员数为 12.1 人，比上年提高了 1.68%，实现程度为 100%；有幼儿园、托儿所的村占比 25.4%，实现程度为 84.67%，比上年提高 2 个百分点。

生活质量实现程度为 89.54%，比上年提高 3.21 个百分点。其中，农村居民人均教育、文化、娱乐支出占比 9.71%，实现程度为 97.1%，比上年提高 6.4 个百分点；恩格尔系数为 33.2%，实现程度为 90.36%，比上年下降 2.23 个百分点；农村居民家用电脑普及率为 67%，实现程度为 95.71%，比上年提高 13.28 个百分点；农村卫生厕所普及率为 77%，实现程度为 90.59%，比上年提高 3.3 个百分点；农村居民人均药品、医疗费支出占比 9.47%，实现程度为 73.92%，比上年下降 4.73 个百分点。

公共服务实现程度为 83.43%，比上年提高 8.55 个百分点。其中，农村与全社会人均固定资产投资比为 68.36，实现程度为 100%，比上年提高 15.54 个百分点；城乡人均固定资产投资比为 65.07，实现程度为 100%，比上年提高 21.22 个百分点；城乡低保标准比为 8.77，实现程度为 34.21%，比上年下降 2.55 个百分点，连续五年呈下降趋势；安全饮用水达标率为 99.5%，实现程度为 99.50%，与上年持平。

环境与设施实现程度为 94.09%，比上年提高 0.78 个百分点。其中，远郊区县垃圾无害化处理率为 97.25%，比上年提高了 2.65 个百分点，实现程度为 100%；远郊区县污水处理率为 55.5%，实现程度为 74.0%，与上年持平；农村居民家庭清洁能源普及率为 91.7%，比上年提高 1.2 个百分点，实现程度为 100%；远郊区县道路密度为 1.47km/km^2，实现程度为 98.0%，比上年提高 0.67 个百分点；全市林木绿化率为 55.5%，比上年提高 1.5 个百分点，实现程度为 97.37%，比上年提高 2.63 个百分点。

社会管理实现程度为 84.38%，比上年提高 4.79 个百分点。其中，居民对社会管理的满意度为 68.8%，实现程度为 86.0%，比上年提高 2.62 个百分点；村务公开满意度为 56.6%，比上年提高 10.6 个百分点，实现程度为 66.59%，比上年提高 12.47 个百分点；居民对社会安全的满意度为 97.8%，比上年提高 5.5 个百分点，实现程度为 100%，与上年基本持平。

从 2007 年到 2012 年，北京市狭义城乡一体化进程综合实现程度由 2007 年的 74.52%，提高至 2012 年的 86.05%，提高了 11.53 个百分点，年均提高

2.31个百分点，其中，2007年和2008年综合实现程度低于80%，2009～2012年综合实现程度高于80%，2012年达到86.05%（见表15）。

表15　2007～2012年北京市狭义城乡一体化进程总体评价

单位：%

序号	一级指标	2007年	2008年	2009年	2010年	2011年	2012年
1	经济发展指数	74.12	71.03	76.97	75.79	79.25	82.95
2	社会发展指数	68.81	72.01	75.89	76.77	81.21	82.05
3	生活质量指数	79.46	81.13	86.44	90.99	86.33	89.54
4	公共服务指数	79.71	74.87	85.26	82.47	74.88	83.43
5	环境与设施指数	69.51	76.46	80.79	83.35	93.31	94.09
6	社会管理指数	78.62	83.36	82.89	81.09	79.59	84.38
	综合评价值	74.52	76.00	81.14	81.88	82.72	86.05

当然，这些评价指标数据只是对狭义城乡一体化发展水平的定量分析，并不能全面说明城乡一体化发展情况，上述研究仅供参考。如果监测广义城乡一体化发展水平，其实现程度可能要低得多。

五　北京市城乡一体化存在的主要问题和挑战

近十年来，虽然北京市统筹城乡发展的力度很大、城乡一体化发展的成效十分明显，但由于历史和现实多种因素的影响，北京市在推进城乡一体化中也存在一些突出的问题，面临一些深层次的矛盾和挑战，主要有以下几个方面：

（一）城乡居民收支差距仍然较大

2013年末，北京市常住人口为2114.8万，其中常住外来人口802.7万，占常住人口的比重为38%。据初步核算，全年实现地区生产总值19500.6亿元，比上年增长7.7%。其中，第一产业增加值161.8亿元，增长3%；第二产业增加值4352.3亿元，增长8.1%；第三产业增加值14986.5亿元，增长7.6%。按常住人口计算，全市人均地区生产总值达到93213元，按年平均汇率折合为15052美元。三次产业结构由上年的0.8∶22.7∶76.5变为0.8∶22.3∶76.9。全年城镇居民人均可支配收入达到40321元，比上年增长10.6%，扣除价格因素后，实际增长7.1%。农村居民人均纯收入达到18337元，比上年增长11.3%，扣除价格因素后，实际增长7.7%，城乡居民收入比为2.20。

　　2013 年，北京市人均 GDP 达到 15000 美元，已进入富裕国家发展水平的行列，同时，北京城镇化率达到 86.2%，已进入高城市化水平的行列。但是，北京市城乡居民收入差距在两倍以上，城乡居民收入差距缩小的趋势并不明显。从收入差距来看，1997 年北京市城乡居民收入比首次突破 2，为 2.08（见表 16），至今未能从根本上扭转。2003 年北京市城乡居民收入比为 2.14，绝对值为 7387 元，到 2012 年，北京市城乡居民收入比扩大到 2.21，绝对值扩大到 21984 元。从消费性支出差距来看，1993 年，城乡居民人均消费支出比首次突破 2，为 2.25。2003 年北京市城乡居民人均消费支出比为 2.39，绝对值为 6469 元，到 2012 年，北京市城乡居民人均消费支出比为 2.02，但绝对值扩大到 12167 元。在统筹城乡发展和城乡一体化进程中，城乡居民收支差距不但没有缩小，反而扩大了，这说明影响城乡居民收入差距扩大的深层次体制因素还没有得到根本的改变。

表 16　1978～2012 年北京市城乡居民人均收支比较

年份	人均收入（元）			人均消费支出（元）		
	城镇居民人均可支配收入	农村居民人均纯收入	城乡居民收入比（农民=1）	城镇居民人均消费性支出	农村居民人均消费性支出	城乡居民支出比（农民=1）
1978	365	225	1.62	360	185	1.95
1979	415	250	1.66	409	205	2.00
1980	501	308	1.63	490	257	1.91
1981	514	361	1.42	511	307	1.66
1982	561	430	1.3	535	345	1.55
1983	590	519	1.14	574	384	1.49
1984	694	664	1.05	667	435	1.53
1985	908	775	1.17	923	510	1.81
1986	1068	823	1.3	1067	645	1.65
1987	1182	916	1.29	1148	705	1.63
1988	1437	1063	1.35	1456	883	1.65
1989	1597	1231	1.3	1520	976	1.56
1990	1787	1297	1.38	1646	981	1.68
1991	2040	1422	1.43	1860	1100	1.69
1992	2364	1569	1.51	2135	1179	1.81
1993	3296	1855	1.78	2940	1309	2.25
1994	4731	2422	1.95	4134	1676	2.47
1995	5868	3208	1.83	5020	2433	2.06
1996	6886	3563	1.93	5730	2655	2.16
1997	7813	3762	2.08	6532	2795	2.34

续表

年份	人均收入（元）			人均消费支出（元）		
	城镇居民人均可支配收入	农村居民人均纯收入	城乡居民收入比（农民=1）	城镇居民人均消费性支出	农村居民人均消费性支出	城乡居民支出比（农民=1）
1998	8472	4029	2.1	6971	2945	2.37
1999	9183	4316	2.13	7499	3132	2.39
2000	10350	4687	2.21	8494	3441	2.47
2001	11578	5274	2.2	8923	3871	2.31
2002	12464	5880	2.12	10286	4206	2.45
2003	13883	6496	2.14	11124	4655	2.39
2004	15638	7172	2.18	12200	4886	2.50
2005	17653	7860	2.25	13244	5515	2.40
2006	19978	8620	2.32	14825	6061	2.45
2007	21989	9559	2.3	15330	6828	2.25
2008	24725	10747	2.3	16460	7656	2.15
2009	26738	11986	2.23	17893	9141	1.96
2010	29073	13262	2.19	19934	10109	1.97
2011	32903	14736	2.23	21984	11078	1.98
2012	36469	16476	2.21	24046	11879	2.02

（二）户籍制度改革没有实质性突破

1958 年，我国建立城乡二元户籍制度后，一直对人口迁往大城市实行严格控制。例如，1958 年 9 月，中央精减干部和安排劳动力五人小组发出《关于精简职工和减少城镇人口工作中几个问题的通知》指出："对农村县镇迁往大中城市的，目前要严格控制。"1962 年 12 月，公安部发布《关于加强户口管理工作的意见》规定："对农村迁往城市的，必须严格控制；城市迁往农村的，应一律准予落户，不要控制；城市之间必要的正常迁移，应当准许，但中、小城市迁往大城市的，特别是迁往北京、上海、天津、武汉、广州五大城市的，要适当控制。"从此，北京的人口迁移就实行特别的控制。1977 年 11 月，国务院批转《公安部关于处理户口迁移的规定》提出："中、小城市迁往大城市的，特别是迁往北京、上海、天津三市的，要严格控制。"1980 年 10 月，全国城市规划会议提出了我国城市发展的基本方针："控制大城市规模、合理发展中等城市、积极发展小城市。"[①]

2003 年以来,全国各地包括上海、广州、深圳、重庆、成都等特大城市纷纷推出户籍制度改革政策,目前全国已有 20 多个省市开始实行城乡统一登记的居民户口制度。但北京对户籍制度仍然没有实质性改革的意向,北京仍然是全国户籍控制最严的城市。北京还因人口、环境、资源压力增大,开始进一步强化"以业控人""以房管人""以水控人",严格户籍准入政策和指标调控。

北京市对户籍制度的改革还主要集中在传统的"农转非"上,特别是加大推进征地"农转非"的工作力度。2004 年 5 月 21 日,北京市政府印发《北京市建设征地补偿安置办法》(北京市人民政府第 148 号令),规定征用农民集体所有土地的,相应的农村村民应当同时转为非农业户口,应当转为非农业户口的农村村民数量,按照被征用的土地数量除以征地前被征地农村集体经济组织或者该村人均土地数量计算。到 2013 年底,北京市完成"农转非"71231人,其中,征地"农转非"占比最高,占转非总人数的 52.6%,为 37498 人;整建制"农转非"18792 人,占转非总人数的 26.4%;大中专学生"农转非"9666 人,占转非总人数的 13.6%;投靠亲属"农转非"1852 人,占转非总人数的 2.6%;北京市农民城镇购房"农转非"254 人,占转非总人数的 0.4%;其他情况"农转非"3169 人,占转非总人数的 4.4%。自 2004 年北京市实施《北京市建设征地补偿安置办法》以来,截至 2013 年 12 月,全市共批准征地转非指标 289832 人,已转非 215081 人,完成率达 74.2%。

一句话,北京这样的大城市一直实行严格的户籍控制政策。改革以来,尽管北京市严格控制户籍的制度没有实质性的改革,但常住人口规模却不断扩大。2013 年末全市常住人口为 2114.8 万,其中常住外来人口为 802.7 万,占常住人口的比重为 38%。1978 ~ 2012 年,北京的常住人口连年扩大(见表17),但户籍制度改革却没有相应跟上。

(三)城乡基本公共服务均等化还远未实现

虽然北京市在推进城乡基本公共服务均等化上取得的成效是明显的,在许多方面走在了全国的前列,但是北京城乡基本公共服务均等化的任务并没有完成,城乡居民在基本公共服务上的差距仍然较大。

[①] 殷志静、郁奇虹:《中国户籍制度改革》,中国政法大学出版社,1996,第 7、46 页。

表 17　1978～2012 年北京市人口情况

单位：万人

年份	常住人口				户籍人口		
	总数	常住外来人口	城镇人口	乡村人口	总数	非农业人口	农业人口
1978	871.5	21.8	497.0	392.5	849.7	467.0	382.6
1979	897.1	26.5	510.3	386.8	870.6	495.2	375.4
1980	904.3	18.6	521.1	383.2	885.7	510.4	375.3
1981	919.2	18.4	533.3	385.9	900.8	522.6	378.2
1982	935.0	17.2	544.0	391.0	917.8	534.0	383.8
1983	950.0	16.8	557.0	393.0	933.2	547.1	386.0
1984	965.0	19.8	570.0	395.0	945.2	558.1	387.0
1985	981.0	23.1	586.0	395.0	957.9	572.5	385.4
1986	1028.0	56.8	621.0	407.0	971.2	586.8	384.4
1987	1047.0	59.0	637.0	410.0	988.0	601.0	387.0
1988	1061.0	59.8	650.0	411.0	1001.2	614.3	387.0
1989	1075.0	53.9	644.0	411.0	1021.1	630.6	390.5
1990	1086.0	53.8	798.0	288.0	1032.2	640.2	392.1
1991	1094.0	54.5	808.0	286.0	1039.5	648.4	391.2
1992	1102.0	57.1	819.0	283.0	1044.9	656.3	388.6
1993	1112.0	60.8	831.0	281.0	1051.2	668.7	382.5
1994	1125.0	63.2	846.0	279.0	1061.8	683.8	377.9
1995	1251.1	180.8	946.2	304.9	1070.3	696.9	373.5
1996	1259.4	181.7	957.9	301.5	1077.7	709.7	368.0
1997	1240.0	154.5	948.3	291.7	1085.5	722.7	362.9
1998	1245.6	154.1	957.7	287.9	1091.5	733.6	357.8
1999	1257.2	157.4	971.7	285.5	1099.2	747.2	352.6
2000	1363.6	256.1	1057.4	306.2	1107.5	760.7	346.8
2001	1385.1	262.8	1081.2	303.9	1122.3	780.2	342.2
2002	1423.2	286.9	1118.0	305.2	1136.3	806.9	329.4
2003	1456.4	307.6	1151.3	305.1	1148.8	830.8	318.0
2004	1492.7	329.8	1187.2	305.5	1162.9	854.7	308.2
2005	1538.0	357.3	1286.1	251.9	1180.7	880.2	300.5
2006	1581.1	383.4	1333.3	247.7	1197.6	905.4	292.2
2007	1633.0	419.7	1379.9	253.1	1213.3	929.0	284.3
2008	1695.0	465.1	1439.1	255.9	1229.9	950.7	279.2
2009	1755.0	509.2	1491.8	263.2	1245.8	971.9	273.9
2010	1961.9	704.7	1686.4	275.5	1257.8	989.5	268.3
2011	2018.6	742.2	1740.7	277.9	1277.9	1013.8	264.2
2012	2069.3	773.8	1783.7	285.6	1297.5	1039.3	258.2

资料来源：《北京统计年鉴 2013》，中国统计出版社，2013。

1. 城乡劳动就业服务政策尚未完全统一

北京市在鼓励用人单位招用就业困难人员的岗位补贴和社会保险补贴政策、鼓励自谋职业（自主创业）的减免行政事业性收费和小额担保贷款政策、鼓励开展公共就业服务的职业培训补贴和职业介绍补贴等政策上，实现了城乡一致，但是农村劳动力仍然不能享受鼓励自谋职业、灵活就业的社会保险补贴政策和公益性托底安置专项补贴政策。此外，市级就业公共服务平台仍需进一步完善，各区县平台建设进度仍不平衡，特别是基层公共就业服务平台建设亟待加强。比如，街道（乡镇）社保所承担着代办居民参保缴费、社保卡服务等72项业务，日均服务近2.8万人次，已经处于超负荷状态；社区（村）就业服务站软硬件设施滞后，8600多名劳动保障协管员业务素质也普遍偏低，社区（村）就业服务站还没有实现就业服务信息网络全覆盖。

2. 城乡基础教育发展还很不均衡

北京市在推进城乡基础教育服务均等化方面做了大量工作，城乡基础教育差距明显缩小，但由于教育资源分布不均衡，农村基础教育仍然是全市教育的薄弱环节。一是对农村基础教育的投入有待进一步加强。北京市教育经费在初等教育、中等教育和高等教育之间分配的结构不尽合理。例如，2010年北京市教育经费总支出额为935.20亿元，其中用于高等教育的支出就达495.68亿元，占总投入的53%。初等教育、中等教育和高等教育人均经费之比为1∶1.2∶4.8，相比来说，基础教育的支出比重仍然偏低。二是农村教师特别是山区老师待遇偏低。从国家发放的工资来说，北京市城乡中小学教师的待遇没有很大的差异，但城乡教师实际工资待遇存在一定的差距，特别是山区教师政策性补贴标准过低，生活条件比较艰苦。三是农村学前教育普及程度亟待提高。目前，全市户籍儿童共37.4万人，其中3岁以上的有15.8万人，3岁以下的有21.6万人。全市注册登记合法的幼儿园共1266所，再加上1298所未登记注册的自办园，现有幼儿园仅能满足一半适龄幼儿入园的需求。在农村，尤其是山区、半山区，有近2/3的农村幼儿没有机会接受学前教育。2011年，朝阳、海淀区、丰台区、石景山区、东城区和西城区城六区幼儿园入园幼儿合计192469人，教职工为31615人，师生比为1∶6.1；远郊十个区县在园幼儿为139055人，教职工为16465人，师生比为1∶8.4，远郊区县师生比是城六区的1.4倍（见表18）。

3. 城乡社会保障没有完全实现一体化

一是城乡社会保障覆盖面仍有待拓宽。从北京市社会保障体系现有的覆盖范围来看，医疗保险的适用范围最广，包括企业、机关、事业单位、社会团体、

表 18　2011 年北京市幼儿园情况

单位：人

区域	教职员工数	幼儿入园数	区域	教职员工数	幼儿入园数
城六区	31615	192469	顺义区	1652	15199
东城区	2114	12061	昌平区	2835	19885
西城区	2764	16522	大兴区	2187	21661
朝阳区	10448	56171	门头沟区	539	5470
丰台区	5859	40252	怀柔区	886	9534
石景山区	1933	12393	平谷区	714	7760
海淀区	8497	55070	密云县	1554	10433
远郊区县	16465	139055	延庆县	690	6655
房山区	3421	25953	总　计	48080	331524
通州区	1987	16505			

资料来源：北京市教育委员会。

民办非企业单位的职工；而养老、失业、工伤、生育保险的保障对象则依次为城镇企业职工和个体劳动者、城镇企业事业单位职工、各类企业和个体工商户的职工、城镇企业职工。除养老保险涉及个体劳动者外，有的保险项目没有将"非领薪者"如大量城市自由职业者、非就业人口等纳入相关社会保障体系，而且有一部分"领薪"劳动者也未被涵盖在相关社会保障体系中。二是离退休人员保险福利费支出额较高。2012 年北京市行政事业单位离退休保险福利费支出 143.8 亿元，约占全部社会保障支出的 45.5%。三是社会保障支出水平整体较低。北京市社会保障水平总体上仍然处于较低的层次，主要表现为社会保障支出占 GDP 的比重较低。2012 年北京市社会保障支出占 GDP 的比重不到 3%。西方发达国家社会保障水平普遍较高，如，英国 1995 年社会保障支出占 GDP 的比重达到 29.8%；瑞典的社会保障水平已经高达 GDP 的 37%；美国的社会保障水平约占 GDP 的 16.8%。四是城乡社会保障制度在种类、数量、管理体制和保障模式上存在较大差距。在社会保障种类上，北京城镇社会保障制度已经形成以社会保险（包括城镇职工养老保险、失业保险、基本医疗保险和工伤保险四项保险制度）为重点，包括社会救助、社会福利和优抚安置在内的较为完备的体系。而农村社会保障制度则主要包括养老保险、新型农村合作医疗和最低生活保障制度，社会福利和优抚安置无论在内容上或在水平上都与城镇相差甚远。在筹资模式上，城镇职工养老保险和基本医疗保险的筹资模式是"社会统筹与个人账户相结合的部分积累模式",而农村养老保险制度的筹资模式为"个人账户储蓄积累模式",资金筹集的特点是个人缴费为主、集体补助为辅、国家政策扶持。在待遇水平上,以基本医疗保障为例,同样是大病费用,城镇职工个人负担30%,统筹基金报销70%,超过封顶线部分,再由大额医疗互助基金支付;而农村合作医疗基金报销的比例远远达不到城镇职工的水平。2012年北京市农村人均养老金仅为城市水平的17.22%。在基金统筹层次上,城镇职工社会保险基金实行全市统筹,而农村基本上是实行区县统筹。此外,城乡低保标准至今没有实现统一。2012年,北京市农村居民最低生活保障标准达到520元/年,而城市居民最低生活保障标准为4560元/年,农村标准仅为城市标准的11.4%,城乡居民低保标准比为8.77∶1。2012年,北京城乡居民人均养老保险、退休金水平分别为10102元/人和1740元/人,前者是后者的5.81倍;自2013年1月1日起,北京市再次上调城乡居民最低生活保障标准,其中城市低保标准增至家庭人均580元/月,农村低保最低标准增至家庭人均460元/月。

(四)外来常住人口市民化任重道远

2013年末,北京市常住外来人口为802.7万人,占全部常住人口2114.8万人的38%。常住外来人口已经构成北京市常住人口的重要组成部分,但常住外来人口难以全面融入城市成为新市民。

制约常住外来人口市民化的主要障碍有两方面:一是城乡二元结构的制约。市场化、城市化的发展使农民工等外来人口大量进入北京就业、居住和生活,但传统的城乡二元户籍制度和公共服务体制没有进行相应的改革,在城市内部又形成了新的二元结构,常住外来人口与本市户籍人口权利不平等,不能成为城市的新市民。二是"城市病"的影响。随着北京常住人口的不断增长,人口、资源、环境的压力日益凸显,各种"城市病"集中爆发,许多人将"城市病"主要归罪于外来人口,对常住外来人口市民化持怀疑的态度,在心理上、政策上拒绝或者消极对待常住外来人口的市民化进程。

在常住外来人口中,农民工群体占有很大比重。以2010年第六次全国人口普查为例,在北京市704.5万外来人口中,外省市来京农民工约为380万人,占北京市外来人口的53.9%,占北京全部常住人口的19.4%。在对待农民工问题上,北京市采取了一系列政策措施,在很大程度上改善了农民工的处境,农民工享受的基本公共服务逐步增多,但农民工在公平享有基本公共服务上还存在很大差距。

一是相关就业服务与本地城镇户籍人口、本地农民工差距较大。北京市自2003年取消用人单位使用外地来京务工人员计划审批和岗位（工种）限制后，只在2011年和2012年为发展北京市的家政服务业出台了鼓励实行员工制管理、维护外地农民工合法权益的政策和措施。而对于本地农民工，自1998年至今，北京市下发的促进就业及就业失业管理援助的文件共计12份，包括建立农村富余劳动力就业登记制度，形成区县、乡镇、村三级就业服务组织管理网络等。北京市对外来农民工和本地城镇户籍人口、本地农民工在就业服务理念上存在差别，对后两者是从保护其生存权和发展权出发的重视与保护，对外来农民工则是从北京市经济发展与行业繁荣角度出发的培训与使用。二是外来农民工参保率低，缴费标准低，缺乏失业保险。外来农民工养老、医疗、工伤保险的参保率为35%左右，其中养老保险参保率最低。相比较而言，本地农民工的养老、医疗、工伤保险参保率均超过90%。从缴费标准来看，以养老保险为例，2012年北京市各类参保人员养老保险缴费系数下限是1869元，上限是14016元，二者相差6.5倍，而与养老保险缴费额密切相关的是达到法定退休年龄后领取养老保险的金额，这在一定程度上决定了农民工与城镇职工在老年生活保障上的差距。北京市农民工失业保险制度与城镇职工失业保险制度还未实现统一，1999年1月22日，国务院颁布的《失业保险条例》规定农民工参加失业保险由单位缴费，农民工个人不缴费，其失业保险待遇由一次性补助替代按月领取的失业保险金，一直沿用至今。三是外来农民工被排除在北京市社会救助体系外。北京市政府2013年8月下发的《关于进一步加强和改进社会救助工作的意见》没有将流动人口或外来农民工纳入社会救助体系之中。四是农民工缺乏住房保障。北京市虽然已出台政策允许外来农民工参与申请公租房，但只有石景山区出台详细细则允许符合条件的农民工参与摇号，且租金不享受政府补贴。目前北京市并没有将农民工纳入住房补贴范围，农民工的住房保障问题主要靠自己解决。

此外，城乡二元土地制度改革等有待破题。在城乡一体化进程中，城乡二元制度的改革任务仍然十分艰巨。

六　对城乡一体化的几点新认识

城乡一体化与城乡二元结构一样，都是富有中国特色的重要概念，它们都是 20 世纪 80 年代中国当时最优秀的政策研究者在改革开放实践中提出来的。城乡一体化与城乡二元结构的关系，就像"矛"与"盾"的关系一样，城乡一体化就是针对城乡二元结构来说的，城乡一体化的过程实际上就是破除城乡二元结构的过程。以城乡一体化之"矛"破除城乡二元结构之"盾"，最终形成平等、开放、融合、功能互补的新型城乡关系，这不但是解决"三农"问题的根本途径，也是实现社会文明进步的根本要求。当前，我们既需要重新认识城乡二元结构，也需要重新认识城乡一体化。

（一）对城乡二元结构的新认识

城乡二元结构具有鲜明的中国特色，它是造成中国"三农"问题的重要体制根源。20 世纪 80 年代，以郭书田、刘纯彬为代表的农村政策研究者对中国城乡二元社会结构做了开创性的重要研究。[①] 在此基础上，我们曾提出解决"三农"问题的根本在于破除二元社会结构。[②] 2008 年 10 月，党的十七届三中全会明确提出要着力破除城乡二元结构，加快形成城乡经济社会发展一体化新格局，到 2020 年，城乡经济社会发展一体化体制机制基本建立。[③] 近年来，加快推进城乡一体化、破除城乡二元结构，已成为主流政策选择，各地在推进城乡一体化中出台了不少新措施，取得了许多新进展。2010 年，笔者在北京城乡接合部调研中提出了双重二元结构的问题。[④]

我国城乡二元社会结构有静态与动态两种形态。静态的城乡二元结构就是在计划经济体制下基于农民与市民两种不同的户籍身份，以此建立城市与农

---

① 农业部政策研究中心农村工业化城市化课题组：《二元社会结构：城乡关系：工业化·城市化》，《经济研究参考资料》1988 年第 90 期。另参见郭书田、刘纯彬等：《失衡的中国——农村城市化的过去、现在与未来》，河北人民出版社，1990。

② 周作翰、张英洪：《解决三农问题的根本：破除二元社会结构》，《当代世界与社会主义》2004 年第 3 期。

③ 《中共中央关于推进农村改革发展若干重大问题的决定》，人民出版社，2008，第 7~8 页。

④ 2010 年 5 月，张英洪在北京市城乡接合部调研中，首次提出要破除双重二元结构问题。当时撰写的调研报告《城乡接合部改造要关注外来人口问题》刊载于北京市农村经济研究中心主办的《领导参阅》2010 年第 6 期（2010 年 6 月 2 日），之后，笔者与周作翰教授共同署名的《城乡一体化要破除双重二元结构》刊发于《光明日报》（2010 年 7 月 14 日）。在此基础上，张英洪对破除双重二元结构问题又做了进一步思考与研究，撰文《城乡一体化的根本：破除双重二元结构》刊于《调研世界》2010 年第 12 期。2011 年 5 月 3 日，《农民日报》刊发该报记者施维与张英洪的对话文章《推进城乡一体化不能忽视城市内部的二元结构》。2012 年 9 月 25 日，时任副总理李克强在全国资源型城市与独立工矿区可持续发展及棚户区改造工作座谈会上强调，要着力破除城市内部二元结构难题，走新型城镇化道路。

村、市民与农民两种权利不平等的制度体系，实行"城乡分治、一国两策"，[①]使农民处于"二等公民"的不平等地位。动态的城乡二元结构是基于本地居民与外来人口（主要是农民工，但不只是农民工）两种不同的身份，以此建立城市本地居民与外来人口两种权利不平等的制度体系，实行"城市分治、一市两策"，使外来人口处于"二等公民"的不平等地位。动态的城乡二元结构是市场化改革以来静态城乡二元结构在城市中的新形态。

静态城乡二元结构与动态城乡二元结构共同构成了当代中国的双重二元结构。在沿海发达地区和各大中城市，双重二元结构交织在一起，共同构成了城市化和城乡一体化面临的重大体制障碍。

我国静态城乡二元社会结构形成于20世纪50年代，它是计划经济体制的产物，是政府主导的制度安排的结果，其基本特征是城乡分治，农民与市民身份不平等，享受的权利不平等，所尽的义务也不平等。这种以歧视农民为核心的城乡二元结构，将农民限制在农村，不准农民向城市流动，形成了一种静止状态的二元社会结构，我们称之为静态城乡二元结构，静态城乡二元结构从制度上歧视的对象是农民群体，他们被深深地打上了"农业户籍"的身份印记。长期以来，我国在既定的城乡二元结构中谋发展，直到2008年党的十七届三中全会才明确将破除城乡二元结构上升为国家的基本公共政策。静态城乡二元结构已持续50多年，目前正处于破除之中。

我国动态城乡二元社会结构形成于20世纪80年代，它是市场化改革的产物，是市场力量和政府行为双重作用的结果。其基本特征是城市内部分治，外来人口与本市人口身份不平等，享受的权利不平等，所尽的义务也不平等。这种以歧视外来人口为核心的二元结构，将外来人口排除在政府提供的公共服务之外，形成了一种因人口流动而产生的动态二元社会结构，我们称之为动态城乡二元结构。动态城乡二元结构从制度上歧视的对象是外来人口。进入城市的外来人口很多是农民工，但也有其他非农业户籍的外地人员，他们被统一打上了"外来人口"或"流动人口"的身份印记。改革以来，我国各类城市在既定的动态城乡二元结构中谋发展。党的十六大以来，解决农民工问题引起了国家的高度重视，但包括农民工在内的外来人口始终未能真正融入城市成为平等的新市民，他们是城市严加管理的对象。动态城乡二元结构已持续30多年。

改革以来，随着工业化、城市化的发展，人口不断向城市集中，全国各类

[①]　陆学艺：《走出"城乡分治、一国两策"的困境》，《读书》2000年第5期。

城市的外来人口不断增长，一些城市的外来人口大大超过了本地人口。在传统的城乡二元结构的基础上，市场化改革的力量又在城市催生了新的动态二元结构。全国各类城市特别是大中城市和经济发达地区的城镇，同时形成了传统的静态城乡二元结构与动态城乡二元结构叠加在一起的双重二元结构。凡是有外来人口的城市和城镇都存在双重二元结构，在外来人口大量集聚的大中城市，双重二元结构表现得尤为突出。

如果说传统计划经济体制下的静态城乡二元结构主要是行政力量主导的结果的话，那么改革以来随着工业化、城市化进程的加快，包括农村剩余劳动力在内的大量外来人口向城市流动迁移所形成的动态二元结构则是市场力量和政府行为共同作用的产物，但这种动态二元结构却是在传统静态城乡二元结构的基础上形成的，换言之，城市中的动态二元结构是对静态城乡二元结构的复制与异地再生。二者之间的共同本质在于不平等地对待某一群体。双重二元结构是我国城市化、城乡一体化发展面临的主要障碍。

我们提出的双重二元结构与有的学者所说的"新二元结构"不同。孙立平教授曾提出"新二元结构"概念，他将改革前形成的城乡二元结构视为一种行政主导型二元结构，20世纪90年代以来，一种他称之为"市场主导型"的二元结构开始出现，这是一种新的二元结构，"新二元结构"出现的原因是我国经济生活从生活必需品阶段向耐用消费品阶段的转型，就是说，到了耐用消费品时代，城里人的消费项目与农村或农民几乎没有什么关系，城里人的耐用品消费支出很难流向农村，城乡之间形成了一种消费断裂，这种由市场因素造成的城乡二元结构是一种市场主导的"新二元结构"。[①] 显然，"新二元结构"概念丰富了传统城乡二元结构的内涵，但"新二元结构"仍然属于传统城乡二元结构或我们称之为"静态二元结构"的范畴之内，它没有涉及城市中的动态城乡二元结构。

20世纪90年代，有学者提出和讨论"三元社会结构"问题。[②] 我们发现不同的学者对"三元结构"的内涵有不同的理解，与我们提出的动态城乡二元结构最接近的一种"三元结构"概念是将农民工或流动人口作为社会的一元，在此种意义上使用"三元结构"概念主要着眼于农民工问题和流动人口

---

① 孙立平：《城乡之间的"新二元结构"与农民工流动》，载李培林主编《农民工——中国进城农民工的经济社会分析》，社会科学文献出版社，2003，第149~160页。
② 孙立平：《城乡"三元结构"的挑战》，《21世纪商业评论》2005年第2期；王春光：《要警惕城乡三元结构化》，《镇江日报》2009年12月1日第6版。

问题。我们使用的动态城乡二元结构的外延比"三元结构"更广。在各类城市中，作为本地户籍人口的一元，与所有外来人口的一元，构成了身份和权利不平等的动态城乡二元结构。城市中的外来人口主体是农民工，但不仅是农民工，还有其他城镇非农业户籍人口；外来人口也不只是流动人口，那些在某城市定居一二十年的外来人口，虽然不再"流动"，但仍视为"流动人口"。

提出和使用"双重二元结构"的概念具有重要的理论意义和现实意义。从理论上说，改革以来形成的农民工问题、蚁族问题、流动人口问题等城市外来人口问题，都可以纳入动态城乡二元结构的框架中加以解释。从实践上说，破除城乡二元结构已成为当前的主流公共政策，但各地在破除城乡二元结构上，比较普遍的现象是侧重于破除传统静态的城乡二元结构，而相对忽视动态的二元结构。对于外来人口，各地虽然出台了改善农民工等外来人口待遇的政策，但各个城市政府在对待外来人口上的传统思维仍然存在。各类城市在对待外来人口时还主要局限在加强对外来人口的治安管理上，而不是将其作为新移居城市的新市民加以平等对待。就是说，各地在城乡一体化进程中，在对待外来人口问题上还没有上升到破除动态城乡二元结构上来。动态二元结构概念的提出，为各类城市推进城乡一体化实践提供了重要的理论支撑。

（二）对城乡一体化的新认识

与重新认识城乡二元结构相适应，我们也需要深化对城乡一体化的认识。在本课题研究中，我们提出将城乡一体化区分为狭义城乡一体化与广义城乡一体化，这是对城乡一体化认识的一个重大的突破。

我们把破除城乡二元结构的城乡一体化叫作狭义城乡一体化，把既破除城乡二元结构、又破除城市内部二元结构的城乡一体化叫作广义城乡一体化。狭义城乡一体化是片面的城乡一体化，广义城乡一体化才是全面的城乡一体化。

北京作为国家首都和人口特大城市，既有全国城乡二元结构的共性，又有城市内部二元结构的特性。北京存在城乡二元结构和城市内部二元结构叠加在一起的双重二元结构。北京的城乡一体化必然存在双重使命，既要破除城乡二元结构，又要破除城市内部二元结构。

在城乡一体化进程中，传统的静态城乡二元结构正在破除，而动态城乡二元结构在有的地方却日益强化。我国城市在空间结构上包括城区与郊区农村，在人口构成上包括非农业户籍的市民与农业户籍的农民以及外来人口。20世纪50年代以来，我国各城市内部就开始存在静态的城乡二元结构。20世纪80

年代以来，随着外来人口向城市流动迁徙，受传统城乡二元结构的影响，一种区分城市本地户籍人口与外来人口的新的动态二元结构逐渐形成，并日益成为影响城市健康发展的重要因素。

发达地区的各大中城市中的动态城乡二元结构相当突出，推进广义城乡一体化的任务更加繁重。以北京市为例，2013年末，全市常住人口为2114.8万人，其中常住外来人口为802.7万人，占常住人口的比重为38%。在常住人口中，城镇人口为1825.1万人，占常住人口的比重为86.3%。2013年末，全市户籍人口为1316.3万人，其中农业户籍人口约为250万人。在北京市常住人口构成中，受传统的静态城乡二元结构直接影响的是约250万的本市农业户籍人口，而受动态城乡二元结构直接影响的是802.7万外来人口。外来人口远多于北京市农业户籍人口。因此，从某种意义上说，动态城乡二元结构的消极影响甚至超过静态城乡二元结构。全国其他各大城市都与北京一样，存在双重二元结构的复杂问题。在北京市，推进狭义城乡一体化，就是着眼于1316.3万户籍人口，重点解决约250万农业户籍人口的平等市民待遇问题，让农业户籍人口平等参与现代化进程，共同分享现代化成果。推进广义城乡一体化，就是着眼于2114.8万常住人口，全面解决约250万农业户籍人口以及802.7万外来人口的平等市民待遇问题，让农业户籍人口以及外来人口平等参与现代化进程，共同分享现代化成果。

全面推进城乡一体化，就是推进广义城乡一体化。狭义城乡一体化是片面的城乡一体化，只有广义城乡一体化才是全面的城乡一体化。广义城乡一体化就是要破除静态与动态两种城乡二元结构，树立既统筹兼顾本地城乡户籍居民的权益，又统筹兼顾本地户籍居民与外来流动人口的权益，实现市民与农民、本地居民与外来人口的身份平等、机会平等和权利平等。既要使本市户籍农民共享城市发展成果，也要使外来人口共享城市发展成果。忽视外来人口基本权益的城乡一体化，只是片面的城乡一体化，实质上并没有完全跳出城乡二元结构的传统窠臼。对任何城市发展来说，只有全面破除静态城乡二元结构和动态城乡二元结构，推进广义城乡一体化，才能真正形成城乡经济社会发展一体化新格局。只有破除双重二元结构，全面推进城乡一体化，才能使城市郊区农民、外来人口与城市户籍市民融为一体、休戚与共，才能从根本上解决农民问题、农民工问题和城市其他外来人口等问题，才能有效应对城市快速发展所面临的各种危机与挑战。破除双重二元结构既是工业反哺农业、城市支持农村的基本要求与具体体现，也是城市获得新的人力资本的公正选择，是一个城市走上公平正义发展轨道的必然选择。

北京市常住人口由户籍人口和外来人口组成，户籍人口又包括农业人口和非农业人口两大部分。狭义城乡一体化就是要让户籍人口中的农业户籍人口与城镇户籍人口"同城同权同尊严"；广义城乡一体化既要让农业户籍人口与城镇户籍人口"同城同权同尊严"，还要让外来人口与户籍人口"同城同权同尊严"。广义城乡一体化的重点是实现外来常住人口的市民化，保障外来常住人口身份平等、权利平等、机会平等。1978～2012 年北京市常住人口、户籍人口情况分别如表 19、表 20 所示。

表 19 1978～2012 年北京市常住人口情况

单位：万人

年 份	常住人口	其中：常住外来人口	按性别分		按城乡分	
			男	女	城镇人口	乡村人口
1978	871.5	21.8	443.2	428.3	479.0	392.5
1979	897.1	26.5	454.6	442.5	510.3	386.8
1980	904.3	18.6	457.8	446.5	521.1	383.2
1981	919.2	18.4	465.9	453.3	533.3	385.9
1982	935.0	17.2	474.0	461.0	544.0	391.0
1983	950.0	16.8	483.0	467.0	557.0	393.0
1984	965.0	19.8	491.0	474.0	570.0	395.0
1985	981.0	23.1	500.0	481.0	586.0	395.0
1986	1028.0	56.8	524.0	504.0	621.0	407.0
1987	1047.0	59.0	525.0	522.0	637.0	410.0
1988	1061.0	59.8	534.0	527.0	650.0	411.0
1989	1075.0	53.9	538.0	537.0	664.0	411.0
1990	1086.0	53.8	545.0	541.0	798.0	288.0
1991	1094.0	54.5	547.0	547.0	808.0	286.0
1992	1102.0	57.1	554.0	548.0	819.0	283.0
1993	1112.0	60.8	559.0	553.0	831.0	281.0
1994	1125.0	63.2	564.0	561.0	846.0	279.0
1995	1251.1	180.8	627.0	624.1	946.2	304.9
1996	1259.4	181.7	639.0	620.4	957.9	301.5
1997	1240.0	154.5	628.7	611.3	948.3	291.7
1998	1245.6	154.1	630.6	615.0	957.7	287.9
1999	1257.2	157.4	636.4	620.8	971.7	285.5
2000	1363.6	256.1	710.9	652.7	1057.4	306.2

续表

年 份	常住人口	其中:常住外来人口	按性别分		按城乡分	
			男	女	城镇人口	乡村人口
2001	1385.1	262.8	722.1	663.0	1081.2	303.9
2002	1423.2	286.9	743.1	680.1	1118.0	305.2
2003	1456.4	307.6	761.2	695.2	1151.3	305.1
2004	1492.7	329.8	779.9	712.8	1187.2	305.5
2005	1538.0	357.3	778.7	759.3	1286.1	251.9
2006	1601.0	403.4	817.6	783.4	1350.2	250.8
2007	1676.0	462.7	850.8	825.2	1416.2	259.8
2008	1771.0	541.1	900.2	870.8	1503.6	267.4
2009	1860.0	614.2	949.8	910.2	1581.1	278.9
2010	1961.9	704.7	1013.0	948.9	1686.4	275.5
2011	2018.6	742.2	1040.7	977.9	1740.7	277.9
2012	2069.3	773.8	1068.1	1001.2	1783.7	285.6

资料来源:北京市统计局。

表 20 1978~2012 年北京市户籍人口情况

年 份	户籍户数(万户)	户籍人口(万人)	户 籍 人 口(万人)			
			按性别分		按户籍性质分	
			男	女	非农业户	农业户
1978	205.5	849.7	432.1	417.5	467.0	382.6
1979	214.6	870.6	441.1	429.4	495.2	375.4
1980	223.2	885.7	448.4	437.3	510.4	375.3
1981	234.8	900.8	456.6	444.2	522.6	378.2
1982	245.0	917.8	465.5	452.3	534.0	383.8
1983	255.1	933.2	474.7	458.5	547.1	386.0
1984	263.1	945.2	481.2	464.0	558.1	387.0
1985	274.1	957.9	488.0	469.9	572.5	385.4
1986	284.6	971.2	495.5	475.7	586.8	384.4
1987	299.4	988.0	504.1	483.9	601.0	387.0
1988	310.8	1001.2	510.4	490.8	614.3	387.0
1989	322.5	1021.1	520.3	500.8	630.6	390.5
1990	335.0	1032.2	525.3	507.0	640.2	392.1
1991	343.1	1039.5	528.5	511.1	648.4	391.2
1992	349.3	1044.9	530.8	514.1	656.3	388.6

续表

年　份	户籍户数（万户）	户籍人口（万人）	户　籍　人　口（万人）			
			按性别分		按户籍性质分	
			男	女	非农业户	农业户
1993	354.6	1051.2	533.9	517.3	668.7	382.5
1994	360.3	1061.8	538.9	522.8	683.8	377.9
1995	365.7	1070.3	543.0	527.3	696.9	373.5
1996	370.9	1077.7	546.8	530.9	709.7	368.0
1997	375.7	1085.5	550.4	535.1	722.7	362.9
1998	383.4	1091.5	552.6	538.9	733.6	357.8
1999	390.3	1099.8	556.7	543.1	747.2	352.6
2000	397.9	1107.5	560.1	547.4	760.7	346.8
2001	405.3	1122.3	567.3	555.0	780.2	342.2
2002	416.3	1136.3	574.7	561.6	806.9	329.4
2003	427.6	1148.8	581.0	567.9	830.8	318.0
2004	439.8	1162.9	587.2	575.7	854.7	308.2
2005	451.7	1180.7	596.0	584.7	880.2	300.5
2006	463.7	1197.6	604.2	593.4	905.4	292.2
2007	473.0	1213.3	612.0	601.3	929.0	284.3
2008	481.2	1229.9	620.0	609.9	950.7	279.2
2009	488.7	1245.8	627.5	618.9	971.9	273.9
2010	496.1	1257.8	632.8	625.0	989.5	268.3
2011	503.1	1277.9	642.4	635.6	1013.8	264.2
2012	509.2	1297.5	651.7	645.8	1039.3	258.2

资料来源：北京市统计局。

（三）对城市化与城乡一体化关系的新认识

城市化与城乡一体化，都涉及城市与农村的关系，是一对既紧密联系又有重大区别的概念，是对城乡关系的不同表达。

城市化是全世界共同使用的概念。一般认为，城市化是由传统农村社会向现代城市社会转变的历史过程。[①] 城市化将农村与城市联系起来，其实质就

---

① 高珮义：《中外城市化比较研究（增订版）》，南开大学出版社，2004，第3页；叶裕民：《中国城市化之路——经济支持与制度创新》，商务印书馆，2001，第1页。

是将农村社会转变为城市社会,其表现为城市人口的增加、城市规模的扩大、城市非农产业的发展、城市生活方式的确立等方面。城市化是针对农村社会来说的。城市化表达的城乡关系,就是将农村社会转变为城市社会的过程。衡量城市化发展水平的指标就是城市化率,即城市人口占总人口的比重。

城乡一体化是中国特有的概念。一般认为城乡一体化是我国现代化和城市化发展的一个新阶段,城乡一体化就是要把城市与乡村作为一个整体进行统筹谋划,实现城乡功能互补、制度统一、权利平等的发展过程。城乡一体化将农村与城市联系起来,其实质就是要破除城乡二元结构,实现农村与城市平等开放、共同发展,其表现为:改变城乡分割的二元制度,实现城乡制度统一开放;改变城乡不平等的制度安排,实现城乡制度平等;改变城乡对立、城市对农村的歧视与掠夺,缩小城乡差距,实现城乡功能互补、平等发展。城乡一体化是针对城乡二元结构来说的。城乡一体化表达的城乡关系,就是要破除城乡二元结构、实现城乡平等发展。目前衡量城乡一体化发展水平的指标并没有形成公认的、权威的认识,还没有出现单一的"城乡一体化率"这一概念。学术理论界对城乡一体化的衡量指标进行了很多研究探讨,但都是建立种类繁多的指标体系,不像城市化率那样单一和权威。本课题研究虽然提出了"城乡一体化率"这一概念,但同样没有建立一个简单明了的衡量指标。城乡一体化不是城乡一样化,而是城乡平等化。如果说城市化是经济发展的结果,那么城乡一体化就是制度变革的结果。

城市化与城乡一体化之间存在两种不同的关系。一方面,城市化可以强化城乡二元结构,阻滞城乡一体化;另一方面,城市化也可破除城乡二元结构,推进城乡一体化。第一种情况可以称之为传统城市化,第二种情况可以称之为新型城市化。那种认为城乡一体化是城市化发展的高级阶段的说法并不完全靠谱。例如,2012年北京市城镇化率已高达86.2%(见表21),已进入城市化发展的高级阶段,但北京市仍存在着城乡二元结构和城市内部的二元结构,城市化高度发展了,但城乡二元结构并没有破除。一方面,我国的城市化在既有的城乡二元结构中快速发展,另一方面,快速发展的城市化进程催生了一个两亿多人口的农民工阶层,形成了城市内部的二元结构。城市化重在经济发展,而城乡一体化重在制度变革。因此,我们不能简单地认为城市化就一定会推进城乡一体化。没有现代公平正义的制度变革,城乡一体化不会在城市化发展中自动实现。

表 21 1978～2012 年北京市城镇化率

单位：万人，%

年 份	常住人口	常住人口按城乡分		常住人口按户籍分	
		城镇人口	城镇化率	非农业人口	户籍城镇化率
1978	871.5	479.0	54.96	467.0	53.59
1979	897.1	510.3	56.88	495.2	55.20
1980	904.3	521.1	57.62	510.4	56.44
1981	919.2	533.3	58.02	522.6	56.85
1982	935.0	544.0	58.18	534.0	57.11
1983	950.0	557.0	58.63	547.1	57.59
1984	965.0	570.0	59.07	558.1	57.83
1985	981.0	586.0	59.73	572.5	58.36
1986	1028.0	621.0	60.41	586.8	57.08
1987	1047.0	637.0	60.84	601.0	57.40
1988	1061.0	650.0	61.26	614.3	57.90
1989	1075.0	664.0	61.77	630.6	58.66
1990	1086.0	798.0	73.48	640.2	58.95
1991	1094.0	808.0	73.86	648.4	59.27
1992	1102.0	819.0	74.32	656.3	59.56
1993	1112.0	831.0	74.73	668.7	60.13
1994	1125.0	846.0	75.20	683.8	60.78
1995	1251.1	946.2	75.63	696.9	55.70
1996	1259.4	957.9	76.06	709.7	56.35
1997	1240.0	948.3	76.48	722.7	58.28
1998	1245.6	957.7	76.89	733.6	58.90
1999	1257.2	971.7	77.29	747.2	59.43
2000	1363.6	1057.4	77.54	760.7	55.79
2001	1385.1	1081.2	78.06	780.2	56.32
2002	1423.2	1118.0	78.56	806.9	56.70
2003	1456.4	1151.3	79.05	830.8	57.04
2004	1492.7	1187.2	79.53	854.7	57.26
2005	1538.0	1286.1	83.62	880.2	57.23
2006	1601.0	1350.2	84.33	905.4	56.55
2007	1676.0	1416.2	84.50	929.0	55.43
2008	1771.0	1503.6	84.90	950.7	53.68
2009	1860.0	1581.1	85.01	971.9	52.25
2010	1961.9	1686.4	85.96	989.5	50.44
2011	2018.6	1740.7	86.23	1013.8	50.22
2012	2069.3	1783.7	86.20	1039.3	50.22

资料来源：北京市统计局。城镇化率及户籍城镇化率系笔者计算得出。城镇化率是指城镇人口占常住人口的比重，户籍城镇化率是指非农业人口占常住人口的比重。

七　加快推进北京市城乡一体化发展的对策建议

2013 年 11 月 12 日，党的十八届三中全会通过的《中共中央关于全面深化改革若干重大问题的决定》指出："城乡二元结构是制约城乡发展一体化的主要障碍。必须健全体制机制，形成以工促农、以城带乡、工农互惠、城乡一体的新型工农城乡关系，让广大农民平等参与现代化进程、共同分享现代化成果。"2014 年 1 月 13 日，中共北京市委十一届四次全会通过的《中共北京市委关于认真学习贯彻党的十八届三中全会精神全面深化改革的决定》再次重申，要"率先形成城乡一体化发展新格局"。推进北京市城乡一体化，一般政策理论界只关注狭义城乡一体化，我们既关注狭义城乡一体化，也关注广义城乡一体化。我们认为，推进城乡一体化的过程，实质上就是破除城乡二元结构的过程，就是改革和废除城乡不平等制度的过程，就是推行城乡平权的过程，也是推进国家治理体系和治理能力现代化的过程。在全面深化改革的进程中，加快推进城乡发展一体化，就需要我们从推进国家治理体系和治理能力现代化的战略目标出发，加快建设城乡权利平等、机会平等和规则平等的现代制度体系，形成城乡一体的新型城乡关系。

（一）以国家治理现代化为目标健全城乡发展一体化体制机制

党的十八届三中全会提出了全面深化改革的总目标："完善和发展中国特色社会主义制度，推进国家治理体系和治理能力现代化"。我们同样要以国家治理现代化为目标健全城乡一体化体制机制，这是城乡一体化发展的总要求和改革原则。

国家治理体系和治理能力的现代化，首先是要建立体现现代国家价值的制度体系。党的十八大提出要"坚持权利平等、机会平等、规则平等"。党的十八大还明确提出："倡导富强、民主、文明、和谐，倡导自由、平等、公正、法治，倡导爱国、敬业、诚信、友爱。"这 24 字构成我国社会主义核心价值观，自由、平等、民主、法治、公正是我国社会主义核心价值观。离开了这些核心价值，国家治理体系就不可能实现现代化。城乡二元体制的本质就是城乡制度的不平等、不公正，就是城乡居民的权利不平等、机会不平等。我们要破除城乡二元结构，就是要坚决改革和废除城乡二元制度。正如罗尔斯所说的那样："正义是社会制度的首要价值，正像真理是思想体系的首要价值一样。一种理论，无论它多么精致和简洁，只要它不真实，就必须加以拒绝或修正；同样，某些法律和制度，不管它们如何有效率和有条理，只要它们不正义，就必须加以改造或废除。"① 城乡二元体制割裂了城乡关系，制造了城乡的不平等，必须加以改革和破除。

我们要健全城乡一体化发展的体制机制，就是要构建体现社会主义核心价值观的制度体系，就是要实现城乡制度的平等、开放和公正，就是要维护和保障城乡居民的自由、平等、民主等权利，就是要实现社会的公平正义。构建城乡一体化的体制机制，就是要构建能够体现权利平等、机会平等、规则平等的体制机制，建立体现自由、平等、民主、公正的制度体系，然后贯彻落实这个制度，使这个制度得到人民群众的普遍信任和遵循，这就是法治。2000 多年前，亚里士多德早就说过："法治应包含两层意义：已成立的法律获得普遍的服从，而大家所服从的法律又应该本身是制订得良好的法律。"② 我们推进城乡一体化，破除城乡二元结构，就是要从宏观上、大局上体现国家治理现代化的目标要求，体现现代国家中的自由、平等、民主、公正和法治等制度价值理念。

（二）以实现公民迁徙自由为目标推进户籍制度改革

现行的城乡二元户籍制度的实质是限制和剥夺公民的迁徙自由权，尤其是限制和剥夺农民的迁徙自由权。

迁徙自由是一项基本人权。第二次世界大战后，居住和迁徙自由权得到了国际社会的普遍认同和尊重，开始成为国际人权法的重要内容。1948 年 12 月 10 日，联合国大会通过的《世界人权宣言》第 13 条规定："（一）人人在各国境内有权自由迁徙和居住。"1966 年 12 月 16 日，联合国大会通过的《公民权利和政治权利国际公约》第 12 条规定："一、合法处在一国领土内的每一个人在该领土内有权享受居住和迁徙自由和选择住所的自由。"

1954 年，第一届全国人民代表大会第一次会议通过的新中国第一部宪法《中华人民共和国宪法》第 90 条第二款规定："中华人民共和国公民有居住和迁徙的自由。"1975 年《宪法》则干脆将公民的居住和迁徙自由从宪法条文中

---

① 〔美〕约翰·罗尔斯：《正义论》，何怀宏、何包钢、廖申白译，中国社会科学出版社，1988，第 3 页。
② 〔古希腊〕亚里士多德：《政治学》，吴寿彭译，商务印书馆，1965，第 199 页。

予以取消，1978 年《宪法》以及 1982 年《宪法》都没有恢复居住和迁徙自由的规定。由于长期的计划经济体制的影响，我们许多领导和学者都缺乏基本的迁徙自由观念和意识。2013 年 3 月 5 日，时任国务院总理温家宝首次在《政府工作报告》中提出自由迁徙问题。他说："加快户籍制度、社会管理体制和相关制度改革，有序推进农业转移人口市民化，逐步实现城镇基本公共服务覆盖常住人口，为人民自由迁徙、安居乐业创造公平的制度环境。"① 北京的户籍制度改革同样要以尊重、保障和实现公民的迁徙自由权为基本目标。

由于计划经济时期形成的城乡二元户籍制度的影响，在市场化、城市化进程中，北京市的全部常住人口中主要有三大部分人群：一是北京市户籍人口中的非农业户籍人口；二是北京市户籍人口中的农业户籍人口；三是非北京户籍的外来常住人口。北京户籍制度改革的长远目标就是实现三类人群的身份平等、权利平等和迁徙自由。

自从城乡二元户籍制度建立以来，北京市就是全国户籍控制最严格的城市，但从北京市城乡总体规划以及北京市实际人口增长的现实中可以看到，北京市从来没有达到人口规模控制的目标。目前，制约和影响户籍制度改革的一个新的重大问题就是日益突出的人口、资源、环境的压力，就是日益严重的特大城市的"城市病"。党的十八届三中全会在强调"创新人口管理，加快户籍制度改革"的同时，对各类城市的户籍制度改革作了不同的规定，对建制镇和小城市，提出全面放开落户限制；对中等城市，提出有序放开落户限制；对大城市，提出合理确定落户限制；对特大城市，提出严格控制人口规模。北京作为人口突破 2000 万人的特大城市，人口与资源、环境的矛盾和压力已经非常突出，人们对日益严重的"城市病"特别是雾霾痛心疾首。在"城市病"日益严重的情况下，有的人将"城市病"简单地归罪于外来人口，主张以限制外来流动人口基本权利的方式来实现对城市人口规模的控制。其实，外来人口的增加只是北京"城市病"的表面现象，北京"城市病"的深层根源是落后的城市规划理念、传统的经济发展方式以及权力高度集中的城市等级管理体制。人口规模膨胀是权力高度集中、资源高度集中、功能高度集中的产物。如果不改变现有的经济发展方式和城市等级管理体制，不改变"三个集中"，北京市的人口规模还会扩大，预计不达到 3000 万人口不会罢休。我们认为，控

① 温家宝：《政府工作报告——2013 年 3 月 5 日在第十二届全国人民代表大会第一次会议上》，人民出版社，2013，第 28~29 页。

制北京人口规模的正确途径为：一是优化北京人口空间布局，将中心城区过度密集的人口向郊区及周边疏解，向京津冀城市群疏解；二是重新定位首都城市功能，放弃单纯追求 GDP 的政绩导向，调整产业结构，实现产业升级，将相关产业向京津冀城市群转移，通过转移产业而转移就业人口，通过转移城市功能而转移人口；三是改变公共投资和公共资源高度集中于首都的思想观念和公共政策，将大型国际性运动会等大型公共投资转移至全国其他城市，以此促进和带动其他城市的人口聚集与发展，将学校、医院等公共服务设施向郊区和周边地区转移，以此疏解人口。总之，要切实改变权力高度集中、资源高度集中、功能高度集中的发展格局，实现区域均衡发展和基本公共服务的均等化。如果不改革城市规划和转变经济发展方式，不实现区域均衡发展和基本公共服务的均等化，只一味怪罪外来人口并限制外来人口的基本权利，这不但不会从根本上解决人口、资源和环境的压力以及有效治理"城市病"，还会继续陷入传统计划经济思维模式的陷阱，背离现代文明发展的正常轨道。我们要改变只"堵"不"疏"的思维定式，那种将治理"城市病"与保护农民权利对立起来的思想观念和习惯做法是不可取的。我们认为完全可以将有效治理"城市病"与保障公民基本权利统一起来。

控制北京人口规模并不意味着北京就不要进行户籍制度改革，除非北京不要推进城乡一体化发展。我们认为，北京不仅要加快推进城乡一体化，而且要推进广义的城乡一体化。北京要率先形成城乡一体化新格局，必然要进行户籍制度改革。北京市的户籍制度改革主要涉及两个基本方面：一是拥有北京市户籍的城乡居民户籍制度改革，二是没有北京市户籍的外来常住人口的户籍制度改革。这两个方面的全面改革，才是真正符合广义城乡一体化发展要求的户籍制度改革。

首先，针对具有北京市户籍的城乡居民，要废除城乡二元户籍制度，建立城乡一体的户口登记制度。户籍改革的要点：一是取消农业户口与非农业户口的划分，统一登记为北京市居民户口。现行的"农转非"政策、征地"农转居"政策予以废止，彻底改革城乡二元户籍制度，建立城乡一体化的户口登记制度。二是原农业户口人员所享有的农村土地承包经营权、宅基地使用权、林权、集体资产及其收益权、有关农业补贴政策等保持不变，不因户籍改革而变动。三是征占农民土地应按照公正合理的原则给予财产补偿，不再与户口身份挂钩，切实保障集体经济组织成员权利。户籍改革后，农民只是一种职业，不再保留户籍身份。

其次，针对没有北京市户籍的外来常住人口，户籍改革可以分步有序推进，逐步实现农业转移人口等外来人口的市民化。外来常住人口已经占北京市全部常住人口的38%，是北京人口的重要组成部分。针对外来常住人口的户籍制度改革目标就是要赋予外来常住人口市民身份，推动农民工等外来人口的市民化，从长远看要最终实现自由迁徙。近期要将长期实行的外来人口暂住证制度改为居住证制度，逐步允许其落户，平等享受基本公共服务待遇，并允许和鼓励外来常住人口办理家属落户手续，以此保护家庭，促进社会和谐。

北京应当从本市全部行政区域、首都圈、京津冀城市群等空间层次上进行人口优化布局。跨省、自治区和直辖市的流动人口户籍改革，需要国家从顶层设计上统筹全国社会保障的统一转移接续。国家要制定和出台全国统一的户籍法律，保障公民在全国范围内的迁徙自由权。①

（三）以改善和保障民生为目标深化财政制度改革

保障和改善民主，确保城乡居民学有所教、劳有所得、病有所医、老有所养、住有所居，是政府一切工作的出发点和落脚点。② 改善和保障民生，必须深化财政体制改革，重点是调整财政支出结构，大幅降低行政成本，增加民生支出比重，真正体现公共财政"取之于民、用之于民"的特性。

我国的行政成本太高，这是学界的共识。据有的学者研究，2001～2002预算年度，美国的州、市、县、镇政府的总支出中，用于教育卫生、各种社保和社会管理的支出所占比例高达70%以上，政府行政公务费用只占16%。2004年美国联邦政府支出的45%用于社会保障和医疗卫生等方面的公共服务，而用于行政公务的费用只占总支出的10%。2003年我国由国家财政、预算外资金、企业和村民交费和列支成本支出的行政事业供养费高达14266亿元，加上公安和武装警察的1500亿元，达到15766亿元，占2003年GDP的13.52%，占整个国家财政总支出37960亿元的37.58%。③

"三公"消费过大是我国行政成本过高的重要原因。据有关研究，2004年中国"三公"消费约9000亿元，占当年全国财政收入的比重高达34%。截至

---

① 张英洪：《推进北京市户籍制度改革的思考》，《北京农业职业学院学报》2013年第3期。

② 温家宝：《政府工作报告——2013年3月5日在第十二届全国人民代表大会第一次会议上》，人民出版社，2013，第29页。

③ 周天勇：《中美财政支出结构和公共服务程度比较》，价值中国网，http://www.chinavalue.net/Finance/Article/2009-8-6/187204.html，最后访问日期：2014年6月19日。

2011 年 6 月，国内公车消费为 9865 亿元，公款吃喝为 8963 亿元，公费出国旅游为 8800 亿元，举办各类活动招待贵客为 8900 亿元。国家行政院教授竹立家的研究则认为，政府"三公"消费多年来一直维持在财政收入的 20% 左右。按 20% 的标准测算，2011 年中国"三公"消费总额约为 20748 亿元。美国政府每年的"三公"经费约为 200 亿美元，占其 GDP 总量的 0.13%。2011 年中国合理的"三公"支出应为 613 亿元。这意味着仅 2011 年一年节省的"三公"经费约为 2 万亿元，接近于填平全部社保养老基金空账。①

2012 年，我国用于社会保障和就业的支出占总支出 64148.27 亿元的 9%；2013 年北京市用于社会保障和就业的支出为 130.2 亿元，占市级公共财政预算支出 1795.4 亿元的 7.25%。

我国行政成本过高，特别是"三公"消费过大，严重影响了社会保障等民生支出。2013 年，以习近平为总书记的党中央在全国开展了党的群众路线教育实践活动，重点反对形式主义、官僚主义、享乐主义和奢靡之风，使全国上下的党风、政风有了明显的改观，"三公"消费得到了遏制，这为深化财政体制改革提供了难得的机遇。我们应当把党的群众路线教育实践活动的成果及时转化为公共财政体制改革的制度成果，应当通过大幅度压缩"三公"消费等手段，明显降低行政成本，将节省下来的"三公"经费以及其他行政支出经费用于改善民生。第一步可以将"三公"经费削减 30%，第二步可以削减 50%，第三步可以削减 70% 以上。我们要借党的群众路线教育实践活动的东风，加快建立以改善和保障民生为导向的现代公共财政体制，这也是实现国家治理现代化的必然要求。

（四）以保障农民社会权利为目标推进城乡基本公共服务均等化

2012 年 7 月，我国发布了《国家基本公共服务体系"十二五"规划》，基本公共服务，指建立在一定社会共识基础上，由政府主导提供的，与经济社会发展水平和阶段相适应，旨在保障全体公民生存和发展基本需求的公共服务。把基本公共服务制度作为公共产品向全民提供，是我国公共服务发展从理念到体制的创新。我国实行社会主义制度，公民都有获得基本公共服务的权利。享有基本公共服务属于公民的权利，提供基本公共服务是政府的职责。基本公共

①　网易财经，http://money.163.com/special/yanglaojinheidong/，最后访问日期：2014 年 6 月 19 日。

服务范围，一般包括保障基本民生需求的教育、就业、社会保障、医疗卫生、计划生育、住房保障、文化体育等领域的公共服务，广义上还包括与人民生活紧密关联的交通、通信、公用设施、环境保护等领域的公共服务，以及保障安全需要的公共安全、消费安全和国防安全等领域的公共服务。基本公共服务均等化，就是指全体公民都能公平地获得大致均等的基本公共服务，其核心是机会均等，而不是简单的平均化和无差异化。党的十八届三中全会指出，城乡二元结构是制约城乡发展一体化的主要障碍。城乡二元结构的实质，就是在城乡之间建立完全不平等的基本公共服务体制，使城乡居民享受完全不平等的基本公共服务。推进城乡基本公共服务均等化，就是要改变城乡二元公共服务体制，实现城乡基本公共服务一体化和均等化。城乡基本公共服务均等化的实质是确保城乡居民平等享有各项社会权利和文化权利。

一是要实现城乡就业政策的彻底统一。在全面梳理城乡就业政策差异的基础上，全面废止城乡不平等的政策制度，加快建立完善城乡各项平等就业政策，加快城乡就业政策并轨统一，确保城乡劳动者就业制度的一体化，进一步完善城乡公共就业服务体系，特别是要加强农村基层公共就业服务平台建设。鉴于农村劳动力年龄偏大、文化程度较低、区域条件限制等现实条件，要在构建城乡平等、统一的劳动就业政策体系的同时，继续出台加大对农村劳动力就业的扶持政策。

二是要实现城乡基础教育均衡发展。继续加大城乡教育经费投入，不断提高财政性教育经费占 GDP 的比重，重点加强农村基础教育投入，改善农村教育环境。要率先对农村高中教育实现免费，率先将农村学前教育纳入免费教育范围，率先建立中小学生福利制度，为中小学生免费提供早餐和午餐，实行家庭教育补贴制度。建立农村教师工资待遇高于城市的制度，促进城乡教师轮岗交流。适应教育投入不断增长的需要，加强教育资金的绩效管理，同时鼓励社会资本兴办教育事业。

三是要实现城乡社会保障的一体化。要参照高收入国家医疗卫生支出标准，继续加大财政对医疗卫生的投入比重，推进整合"新农合"与城镇居民基本医疗保险制度，实行"新农合"基金市级统筹，提高"新农合"参合人员就医待遇水平，使之与城镇职工基本医疗保险待遇标准逐步接近并达到一致，加快实现全民免费医疗。在城乡居民养老保险制度已经并轨的基础上，不断提高农村居民养老金水平，缩小城乡养老待遇差距。加快实现城乡低保标准统一。

2013 年北京市人均 GDP 突破 1.5 万美元，已进入高收入发展阶段。一方面，要加快推进城乡基本公共服务均等化；另一方面，要不断提高城乡居民公共服务水平。此外，要借鉴高收入国家的基本经验与做法，建立普惠型的社会福利制度，使全体居民共享现代化发展成果。

（五）以保障外来人口权益为目标　实现城镇基本公共服务常住人口全覆盖

2011 年，我们在开展有关新型城市化的课题研究中，明确提出要进一步转变观念，实现统筹城乡发展的第二次大跨越。长期的城乡二元结构使城市政府只负责城市非农业人口的公共服务，而将城郊区农民排除在外。党的十六大正式提出统筹城乡发展以来，各个城市实现了统筹城乡发展的第一次大跨越，把郊区农民纳入城乡统筹发展的制度框架之中，将城市基本公共服务向郊区农村延伸，逐步实现公共财政向郊区农民覆盖，农民也是市民的观念树立起来了。从此，各个城市的市长不再只是市民的市长，也是郊区农民的市长。实现统筹城乡发展的第二次大跨越，就是要将农民工等外来流动人口纳入统筹发展的制度框架，树立农民工等外来人口是城市的新市民的观念，实现基本公共服务向城市全部常住人口的全覆盖，保障农民工等外来流动人口享受基本公共服务，成为新市民。各个城市的市长不再只是户籍居民的市长，而是城市全部常住人口的市长。①

2012 年 11 月 8 日，党的十八大报告明确提出："加快改革户籍制度，有序推进农业转移人口市民化，努力实现城镇基本公共服务常住人口全覆盖。"②将基本公共服务向城市全部常住人口全覆盖，不仅是我们推进广义城乡一体化的重要政策建议，而且是党和国家推进改革的基本政策取向，是推进国家治理体系和治理能力现代化的重要内容。

北京市提出率先形成城乡一体化新格局，不仅要将 200 多万农业户籍人口纳入基本公共服务体系，实现城乡基本公共服务均等化，而且要将 800 多万常住外来人口纳入基本公共服务体系，实现城镇基本公共服务常住人口全覆盖。使北京 2000 多万常住人口全部公平享有基本公共服务，不仅是实施狭义

---

① 郭光磊主编《城乡统筹发展的改革思维——北京市农村经济研究中心 2011 年研究报告》，中国农业出版社，2012，第 70～71 页。

② 《中国共产党第十八次全国代表大会文件汇编》，人民出版社，2012，第 21 页。

城乡一体化的要求，而且是推进广义城乡一体化的必然要求。2013年北京市实现地区生产总值19500.6亿元，按常住人口计算，全市人均地区生产总值达到93213元，按年平均汇率折合为15052美元。将近2万亿元的GDP是由包括800多万外来人口在内的全部常住人口共同创造的，包括800多万外来人口在内的全部常住人口理应共同享有现代化发展的成果，平等享有基本公共服务，这已是不用再论证就能得出的结论。我们要像将城镇基本公共服务向农村延伸一样，要加快将城镇基本公共服务向外来常住人口延伸。凡是城镇居民享有的基本公共服务，外来常住人口就应当平等享有。外来常住人口是否平等享有城镇基本公共服务，是否实现市民化，既是区别传统城镇化与新型城镇化的根本区别，也是实现广义城乡一体化的根本标志。

（六）以保障农民土地财产权为目标推进土地制度改革

秘鲁经济学家德·索托在《资本的秘密》一书中认为，发展中国家贫穷的重要原因是没能把资产转化为资本，缺乏财产权的表达机制。[①] 缺乏财产权及其表达机制是我国农民问题的一个重要根源，也是城乡二元结构的重要内容。

2011年，时任总理温家宝在中央农村工作会议上首次提出"土地承包经营权、宅基地使用权、集体收益分配权等，是法律赋予农民的财产权利，无论他们是否还需要以此来做基本保障，也无论他们是留在农村还是进入城镇，任何人都无权剥夺。在任何情况下都要尊重和保护农民以土地为核心的财产权利，应当让他们带着这些权利进城，也可以按照依法自愿有偿的原则，由他们自主流转或处置这些权利"。2013年11月12日，党的十八届三中全会通过的《中共中央关于全面深化改革若干重大问题的决定》提出赋予农民更多财产权利。党和政府明确提出赋予农民更多财产权利，这是一个重大进步。以保障农民土地财产权为目标推进土地制度改革，不仅是解决"三农"问题的重要内容，也是推进国家治理现代化的必然要求。现行的城乡二元土地制度严重限制了农民的土地财产权利，必须进行重大改革。宪法规定的城市土地国有制与农村土地集体所有制，这是两种平等的公有制，相关土地立法要体现宪法确立的平等精神，赋予和保障农民的土地财产权利。

一是要深化农地制度改革，赋予和保障农民对承包地的完整权能。土地承

---

① 〔秘鲁〕德·索托：《资本的秘密》，于海生译，华夏出版社，2007。

包经营权是农民最重要的土地财产权之一。党的十八届三中全会提出赋予农民对承包地占有、使用、收益、流转及承包经营权抵押、担保权能。2014年中央一号文件进一步强调指出："在落实农村土地集体所有权的基础上，稳定农户承包权、放活土地经营权，允许承包土地的经营权向金融机构抵押融资。"要按照党的十八届三中全会精神和中央一号文件的要求，加快农村土地确权登记颁证，加强农村不动产登记，制定相关的政策制度切实规范和保障农户土地承包经营权权能，从法律法规上进一步强化对农户土地承包经营权的物权保护。

二是要深化农村集体建设用地改革，赋予和保障农民对集体建设用地入市的权利。党的十八届三中全会提出建立城乡统一的建设用地市场，在符合规划和用途管制的前提下，允许农村集体经营性建设用地出让、租赁、入股，实行与国有土地同等入市、同权同价。国家层面需要加快修改出台新的《土地管理法》，实现农村集体建设用地与国有土地的权利平等。北京市要结合实际，重点在城乡接合部地区开展农村集体经营性建设用地入市试点，及时出台相关政策，指导和规范全市农村集体经营性建设用地入市实践，维护和保障农民以集体土地参与城市化进程，分享现代化发展成果。

三是要深化宅基地制度改革，赋予和保障农民对宅基地的完整权能。宅基地是农民的重要财产，应当修改《物权法》，在已赋予农户对宅基地的占有、使用权能的基础上，再赋予农户对宅基地的收益和处分权能。根据党的十八届三中全会精神，开展农民住房财产权抵押、担保、转让试点。

四是要深化征地制度改革，保障农民公平分享土地增值收益。加快修改2004年出台的北京市有关征地政策的148号令，统筹缩小征地范围与允许集体建设用地入市协同推进。凡因公共利益需要征地的，必须坚持公开、公正和民主程序，以市场价对被征地的村集体和农户给予公正合理补偿。除公共利益需要外，应当不再启动征地程序，允许农村集体土地平等进入市场，让农村集体和农民以集体土地参与城市化，合理分享土地增值收益。要坚决制止一切非法的强制征地拆迁行为，凡是侵犯农民土地和住房财产权的，应当追究刑事责任。

总之，土地制度改革的目标，就是要建立两种公有制土地的权利平等，维护和发展农民的土地财产权利。

（七）以缩小城乡居民收入差距为目标　深化收入分配制度改革

增加农民收入、缩小城乡居民收入差距，是衡量城乡一体化发展结果的一个重要指标。1978～1996 年，北京市城乡居民收入差距一直在 2 倍以内，自从 1997 年北京市城乡居民收入差距突破 2 倍以来，至今未能扭转。这说明缩小城乡居民收入差距不是简单的"三农"问题，而是整个国家治理体系和治理能力的问题。

一是要切实贯彻落实《关于深化收入分配制度改革的若干意见》。收入分配制度是一个国家经济社会发展中一项带有根本性、基础性的制度安排，是推进国家治理体系和治理能力现代化的重要内容。没有公正合理的分配制度，就不可能实现社会的公平正义，也就不可能实现国家治理的现代化。我们不能简单地从"三农"的视角去谋划增加农民收入，而要把增加农民收入、缩小城乡居民收入差距放在国家收入分配制度中去考察和谋划。2013 年 2 月，国务院批转的《关于深化收入分配制度改革的若干意见》对收入分配制度改革提出了系统的改革意见，关键在于落实。要在全面深化改革中，建立维护公平、注重效率的收入分配制度。应当把缩小城乡居民收入差距作为各级政府政绩考核的重要指标。要让农民既公平享有集体收益分配权，又公平享有国有资本收益分配权，实行公共资源出让收益全民共享，实现基本公共服务均等化。

二是要深入推进"新三起来"，增加农民的财产性收入。增加财产性收入是富裕农民的重大举措。目前，在构成农民收入的工资性收入、家庭经营性收入、转移性收入和财产性收入中，财产性收入所占比重偏低，这是影响农民收入水平的一个重要因素。以 2012 年为例，全国农村居民人均现金收入为 7917元，其中财产性收入为 249.1 元，只占 3.1%；同期北京市农村居民人均现金收入为 16476 元，其中财产性收入为 1717 元，占 10.42%（其中工资性收入占65.81%，家庭经营性收入占 8.00%，转移性收入占 15.77%）。北京市农民的财产性收入远比全国平均水平要高，这主要得益于京郊农村基本完成了农村集体经济产权制度改革，农民享受了新型集体经济组织股份分红的好处，享受了改革的红利。但与市场经济发达国家相比，我们增加农民财产性收入的空间还很大。以美国为例，居民财产性收入所占比重达到 40%，有 90% 以上的美国居民拥有股票、基金等有价证券。2013 年，北京市委、市政府提出"新三起来"，就是推进土地流转起来，提高土地产出率；推进资产经营起来，提高资产收益率；推进农民组织起来，提高劳动生产率。推进"新三起来"的目标就是增加农民收入，特别是增加农民财产性收入。2013 年北京郊区有 1267 个村集体经济组织实行了分红，分红总金额为 34.8 亿元，分红股东为 133 万人，人均分红 2611 元。在全面深化改革中，要继续深入推进"新三起来"，把增加农民财产性收入作为富裕农民的重要任务。

三是要建立低收入农户普惠型的补贴制度。根据北京市委、市政府《关于推进农村经济薄弱地区发展及低收入农户增收工作的意见》（京发〔2012〕15号），各区县按照人均纯收入低于7750元的标准，确定了全市低收入农户为233333户，低收入人员为578228人，占北京郊区农业户籍人数的21.5%。2013年北京郊区低收入农户人均可支配收入达到8075.4元，为同期全市农村居民人均纯收入18337元的44.04%，为同期全市城镇居民人均可支配收入40321元的20.03%。我们建议在采取常规性措施扶持低收入农户增收的同时，率先建立低收入农户普惠型的财政直接补贴制度，对低于全市平均收入水平的城乡居民直接给予财政补贴，确保低收入居民过上体面的现代生活，真正实现体现社会主义本质要求的公平正义和共同富裕。

参考文献

《十四大以来重要文献选编》（上），中央文献出版社，2011。

《十四大以来重要文献选编》（下），中央文献出版社，2011。

《刘少奇选集》（上卷），人民出版社，1981。

《马克思恩格斯选集》第一卷，人民出版社，2012。

《马克思恩格斯选集》第三卷，人民出版社，2012。

《马克思恩格斯选集》第二卷，人民出版社，2012。

《斯大林文集》，人民出版社，1985。

温家宝：《政府工作报告——2013年3月5日在第十二届全国人民代表大会第一次会议上》，人民出版社，2013。

《中共中央关于农村改革发展若干重大问题的决定》，人民出版社，2008。

《中国共产党第十八次全国代表大会文件汇编》，人民出版社，2012。

《中共中央关于全面深化改革若干重大问题的决定》，人民出版社，2013。

〔英〕埃比尼泽·霍华德：《明日的田园城市》，金经元译，商务印书馆，2009。

〔美〕阿瑟·刘易斯：《二元经济论》，施炜等译，北京经济学院出版社，1989。

〔美〕刘易斯·芒福德：《城市发展史——起源、演变和前景》，宋俊岭、倪文彦译，中国建筑工业出版社，2005。

郭书田、刘纯彬等：《失衡的中国——城市化的过去、现在与未来》，河北人民出版社，1990。

刘纯彬：《变迁的中国》，西藏人民出版社，1999。

陆学艺：《"三农论"——当代中国农业、农村、农民研究》，社会科学文献出版社，

2002。

殷志静、郁奇虹：《中国户籍制度改革》，中国政法大学出版社，1996。

《陈云文选》第 2 卷，人民出版社，1995。

薄一波：《若干重大决策与事件的回顾》（上卷），中共中央党校出版社，1991。

宋玉军：《中国劳动就业制度改革与发展》，合肥工业大学出版社，2012。

李立清：《新型农村合作医疗制度》，人民出版社，2009。

郑功成：《中国社会保障 30 年》，人民出版社，2008。

龚维斌等：《中外社会保障体制比较》，国家行政学院出版社，2008。

周其仁：《城乡中国》（上），中信出版社，2013。

蔡继明、邝梅主编《论中国土地制度改革——中国土地制度改革国际研讨会论文集》，中国财政经济出版社，2009。

《中共中央国务院关于"三农"工作的十个一号文件（1982～2008）》，人民出版社，2008。

廖洪乐：《中国农村土地制度六十年——回顾与展望》，中国财政经济出版社，2008。

中国社会科学院农村发展研究所宏观经济研究室编《农村土地制度改革：国际比较研究》，社会科学文献出版社，2009。

蒋省三、刘守英、李青：《中国土地政策改革：政策演进与地方实施》，上海三联书店，2010。

刘守英、周飞舟、邵挺：《土地制度改革与转变发展方式》，中国发展出版社，2012。

中共上海市郊区工作委员会、中共上海市委党史研究室编《上海城乡一体化建设》，上海人民出版社，2002。

包永江编著《中国城郊发展研究》，中国经济出版社，1991。

包永江编著《天津市、郊经济发展一体化研究》，天津人民出版社，1996。

谢自奋、夏顺康主编《城乡一体化的前景——上海市上海县经济、科技发展总体研究》，上海社会科学院出版社，1987。

〔美〕约翰·罗尔斯：《正义论》，何怀宏、何包钢、廖申白译，中国社会科学出版社，1988。

《北京农村年鉴 2004》，中国农业出版社，2004。

张英洪等：《北京市城乡基本公共服务发展研究》，中国政法大学出版社，2013。

李培林主编《农民工——中国进城农民工的经济社会分析》，社会科学文献出版社，2003。

涂子沛：《大数据》，广西师范大学出版社，2012。

高珮义：《中外城市化比较研究（增订本）》，南开大学出版社，2004。

叶裕民：《中国城市化之路——经济支持与制度创新》，商务印书馆，2001。

〔古希腊〕亚里士多德：《政治学》，吴寿彭译，商务印书馆，1965。

〔秘鲁〕德·索托：《资本的秘密》，于海生译，华夏出版社，2007。

王景新、李长江、曹荣庆等：《明日中国：走向城乡一体》，中国经济出版社，2005。

黄明坤：《城乡一体化路径演进研究：民本自发与政府自觉》，科学出版社，2009。

衣芳、吕萍、迟树功、张云汉主编《中国城乡一体化的探索》，经济科学出版社，2009。

程开明：《从城市偏向到城乡统筹——城乡关系演进特征研究》，浙江工商大学出版社，2010。

中国（海南）改革发展研究院编《"十二五"：城乡一体化的趋势与挑战》，中国长安出版社，2010。

程水源、刘汉成：《城乡一体化发展的理论与实践》，中国农业出版社，2010。

马庆斌主编《城乡一体化——中国生产力再一次大解放》，社会科学文献出版社，2011。

徐同文：《城乡一体化体制对策研究》，人民出版社，2011。

张国富、张颖举、赵意焕、杜小峥：《城乡一体化新趋势与协调机制构建》，中国农业出版社，2011。

王伟光主编《中国城乡一体化——理论研究与规划建设调研报告》，社会科学文献出版社，2010。

汝信、付崇兰主编《中国城乡一体化发展报告（2011）》，社会科学文献出版社，2011。

汝信、付崇兰主编《中国城乡一体化发展报告（2012）》，社会科学文献出版社，2012。

程志强、潘晨光主编《中国城乡统筹发展报告（2011）》，社会科学文献出版社，2011。

程志强、潘晨光主编《中国城乡统筹发展报告（2012）》，社会科学文献出版社，2012。

文魁、祝尔娟主编《京津冀区域一体化发展报告（2012）》，社会科学文献出版社，2012。

何燧初、洪萍主编《上海城乡一体化理论与实践探索——以奉贤实践为例》，上海人民出版社，2012。

马德秀主编《上海城乡经济社会发展一体化难题破解研究》，上海交通大学出版社，2009。

郭光磊主编《北京城乡一体化发展的研究与思考2009》，中国农业出版社，2010。

郭光磊主编《城乡发展一体化：探索与创新——北京市农村经济研究中心2012年研究报告》（上、下），中国农业出版社，2013。

赵树枫、陈光庭、张强主编《北京郊区城市化探索》，首都师范大学出版社，2001。

赵树枫主编、陈光庭、张强等编著《世界乡村城市化与城乡一体化》，《城市问题》

杂志社，1998。

张强主编《乡村与城市融合发展的选择——北京市城乡一体化发展研究》，中国农业出版社，2006。

张强、彭文英主编《从聚集到扩散：新时期北京城乡区域发展格局研究》，经济科学出版社，2012。

黄序主编《北京城乡统筹协调发展研究》，中国建材工业出版社，2004。

张宝秀、黄序主编《中国城乡一体化发展报告·北京卷（2011～2012）》，社会科学文献出版社，2012。

张宝秀、黄序主编《中国城乡一体化发展报告·北京卷（2012～2013）》，社会科学文献出版社，2013。

华玉武、史亚军、李巧兰、韩芳、蒋颖编著《北京城乡一体化发展研究》，中国农业出版社，2010。

李永进、张士运主编《北京现代化报告2009：北京城乡一体化进程评价研究》，北京科学技术出版社，2009。

李永进、张士运编著《北京现代化报告2010～2011：北京城乡一体化建设体制机制研究》，北京科学技术出版社，2011。

蔡玉胜：《大城市边缘区城乡一体研究——以天津为例》，天津社会科学院出版社，2012。

陈文胜、王文强、刘祚祥等：《湖南省城乡一体化发展研究报告（2012）》，湖南师范大学出版社，2013。

湖南省农村发展研究院：《湖南省城乡发展一体化研究报告（2013）》，湖南师范大学出版社，2013。

陈光庭：《城乡一体化——中国特色的城镇化道路》，《当代北京研究》2008年第1期。

农业部政策研究中心农村工业化城市化课题组：《二元社会结构：城乡关系·工业化城市化》，《经济研究参考资料》1988年第90期。

农村工业化城市化与农业现代化课题组：《二元社会结构：分析中国农村工业化城市化的一条思路》，《经济研究参考资料》1989年第171/172期；

刘纯彬：《二元社会结构的实证分析》（上、中、下），《社会》1989年第9期、第10期、第11期。

陆学艺：《走出"城乡分治、一国两策"的困境》，《读书》2000年第5期。

肖科连：《中国二元社会结构形成的历史考察》，《中共党史研究》2005年第1期。

邓大松、孟颖颖：《中国农村剩余劳动力转移的历史变迁：政策回顾和阶段评价》，《贵州社会科学》2008年第7期。

胡鞍钢、程永宏：《中国就业制度演变》，《经济研究参考》2003年第51期。

张玉林：《中国城乡教育差距》，《战略与管理》2002年第6期。

王国军：《中国城乡社会保障制度的比较与绩效评价》，《浙江社会科学》2000年第

4 期。

王维洛：《1982 年的一声无声无息的土地"革命"——中国的私有土地是如何国有化的》，《当代中国研究》2007 年第 4 期。

于建嵘：《农民是如何失去土地所有权？》，爱思想网，http：//www.aisixiang.com/data/617.html，2002 - 09 - 02。

于建嵘：《农村集体土地所有权虚置的制度分析》，载蔡继明、邝梅主编《论中国土地制度改革——中国土地制度改革国际研讨会论文集》，中国财政经济出版社，2009。

刘守英：《中国的二元土地权利制度与土地市场残缺——对现行政策、法律与地方创新的回顾与评论》，《经济研究参考》2008 年第 31 期。

刘守英：《中国的土地产权与土地市场发展》，载中国社会科学院农村发展研究所宏观经济研究室编《农村土地制度改革：国际比较研究》，社会科学文献出版社，2009。

张千帆：《城市化不需要征地——清除城乡土地二元结构的宪法误区》，《法学》2012 年第 6 期。

陈光庭：《北京城市化发展趋势及郊区应采取的对策》，《城市问题》1996 年第6 期。

陈光庭：《世界城市化发展趋向及中国城市化道路》，《开放导报》1999 年第 11 期。

陈光庭：《城乡一体化与乡村城市化双轨制探讨》，《规划师》2002 年第 10 期。

陈光庭：《城乡一体化——中国特色的城镇化道路》，《当代北京研究》2008 年第1 期。

《北京市城乡经济社会发展一体化评价指标体系及 2011 年监测报告》，载北京市统计局、国家统计局北京调查总队《统计报告》2013 年 1 号，2013 年 1 月 5 日。

北京市农村工作委员会村镇处：《北京市新农村"三起来"工程建设评估报告》，《京郊调研》2013 年第 6 期。

周作翰、张英洪：《城乡一体化要破除双重二元结构》，《光明日报》2010 年 7 月 14 日第 11 版。

张英洪：《城乡一体化的根本：破除双重二元结构》，《调研世界》2010 年第 12 期。

施维、张英洪：《推进城乡一体化不能忽视城市内部的二元结构》，《农民日报》2011 年 5 月 3 日第 3 版。

刘伟、张士运、孙久文：《我国四个直辖市城乡一体化进程比较与评价》，《北京社会科学》2010 年第 4 期。

杨荣南：《城乡一体化及其评价指标体系初探》，《城市研究》1997 年第 2 期。

薛晴：《国内城乡一体化研究的回顾与前瞻》，《城市问题》2011 年第 3 期。

邵继华：《北京郊区经济城乡一体化的发展历程》，《北京党史研究》1997 年第5 期。

马同斌、周敏、徐红梅：《北京郊区城乡一体化战略与实践的思考》，《农业科研经济管理》2003 年第 2 期。

冯雷：《中国城乡一体化的理论与实践》，《中国农村经济》1999 年第 1 期。

何慧丽：《是农村城市化，还是城乡一体化？》，《中国农业大学学报（社会科学版）》2000 年第 2 期。

吴怀连：《是城市化，还是城乡一体化?》，《人口学刊》1995 年第 5 期。

陈城：《是社会主义城市化，还是城乡一体化》，《求索》1984 年第 6 期。

陈晓红、李城固：《我国城市化与城乡一体化研究》，《城市发展研究》2004 年第 2 期。

王景新：《村域经济转型与乡村现代化——上海农村改革 30 年调研报告》，《现代经济探索》2008 年第 2 期。

张雨林：《论城乡一体化》，《社会学研究》1988 年第 5 期。

朱颖：《城乡一体化评价指标体系研究》，《农业经济与科技》2008 年第 7 期。

改革杂志社专题研究部：《城乡一体化发展态势：2000～2012》，《重庆社会科学》2013 年第 1 期。

虞锡君：《上海市推进城乡一体化发展的新经验》，《嘉兴学院学报》2013 年第 1 期。

侯刘起、胡宝清、李帅、李翠凤：《中国城乡一体化评价指标体系研究进展》，《广西师范学院学报（自然科学版）》2012 年第 1 期。

完世伟：《城乡一体化评价指标体系的构建及应用》，《经济经纬》2008 年第 4 期。

宋志军、朱战强：《北京城郊农业区域城乡一体化的演变和评价》，《经济地理》2013 年第 1 期。

宋志军、刘黎明：《1988 年以来北京郊区城乡一体化进程及启示》，《地理科学进展》2012 年第 8 期。

顾益康、许勇军：《城乡一体化评估指标体系研究》，《浙江社会科学》2004 年第 6 期。

顾益康、邵峰：《全面推进城乡一体化改革——新时期解决"三农"问题的根本出路》，《中国农村经济》2003 年第 1 期。

石忆邵：《新世纪上海城乡一体化发展研究》，《城市规划汇刊》2003 年第 3 期。

石忆邵：《城乡一体化理论与实践：回眸与评析》，《城市规划汇刊》2003 年第 1 期。

陈志良、陈光正：《中国城乡一体化发展战略研究》，《福建行政学院福建经济管理干部学院学报》2007 年第 1 期。

陈猛：《北京城乡一体化建设实践的问题与对策刍议》，《多元与包容——2012 中国城市规划年会论文集》，2012 年 10 月 17 日。

刘伟、张士运：《论当前北京城乡一体化建设的模式选择》，2011 2nd International Conference on Management Science and Engineering，2011 年 10 月。

张强：《北京率先形成城乡一体化新格局的几点认识》，《前线》2012 年第 11 期。

黄文新、赵曙东：《江苏太湖地区农村经济的发展趋势》，《江苏农业科学》1984 年第 6 期。

城乡一体化课题组：《城乡经济融合中的几个问题》，《农业经济》1992 年第 1 期。

瑞雨、浦再明：《加速上海城乡一体化发展的战略构想》，《城乡建设》2003 年第 8

期。

李佐军：《从二元结构理论看中国城乡分离与一体化》，《探索》1993 年第 1 期。

李全修：《迈向 2050 年的共同富裕之路——北京城乡一体化发展战略报告》，《办公自动化》2010 年第 4 期。

景普秋、张复明：《城乡一体化研究的进展与动态》，《城市规划》2003 年第 6 期。

甄峰、黄朝永：《国内城乡一体化研究进展与思考》，《城市研究》1999 年第 2 期。

崔文：《北京的二元结构与城乡一体化》，《城市问题》1997 年第 5 期。

董薇：《我国城乡一体化研究述评》，《天水行政学院学报》2011 年第 1 期。

吕金庆、刘培培：《1980 年以来国内城乡一体化研究综合述评》，《青岛理工大学学报》2011 年第 3 期。

韩俊：《中国：由城乡分割走向城乡协调发展》，《中国经济时报》2004 年 3 月 19 日。

张淑敏、刘辉、任建兰：《山东省区域城乡一体化的定量分析与研究》，《山东师范大学学报（自然科学版）》2004 年第 3 期。

浙江师范大学农村研究中心：《浙江城乡一体化的评价指标体系研究》，《城市化期刊》2005 年第 3 期。

景丽、苏永涛、王爱玲：《国内外农业现代化发展的主要模式、经验及借鉴》，《河南农业科学》2008 年第 10 期。

曾宏、黄翠玉：《国内外现代农业发展模式探讨》，《世界农业》2010 年第 11 期。

李瑞光：《国外城乡一体化理论研究综述》，《现代农业科技》2011 年第 17 期。

课题负责人： 郭光磊　张秋锦

课题组组长： 张英洪

课题组成员： 刘　伟　童　伟　万　军　孟素洁
　　　　　　　战冬娟　周立今　张国锋　赵金望
　　　　　　　齐振家　石晓冬　徐勤政　柴浩放
　　　　　　　刘妮娜　张　颜

总报告执笔人： 张英洪

·专题报告·

第二篇

北京市城乡规划一体化研究

改革开放以来，尽管北京市国民经济和社会发展取得了巨大进步，城乡居民生活水平不断提高，但城乡二元体制仍然存在，成为解决"三农"问题的制度性障碍，严重制约了农村经济社会的发展，解决这一问题的关键是进一步统筹城乡发展，加快城乡一体化进程。

城乡一体化是我国现代化和城市化发展的一个新阶段，是指生产力发展到一定水平后，工业与农业、城市与乡村、城镇居民与农村居民作为一个整体，通过体制改革和政策调整，促进城乡人口、技术、资本、资源等要素相互融合，实现城乡之间在经济、社会、文化、生态、空间、政策上全面、协调、可持续发展的过程。城乡一体化，是一项重大而深刻的社会变革。党的十八大提出，城乡发展一体化是解决"三农"问题的根本途径，加快完善城乡发展一体化体制机制，要着力在城乡规划、基础设施、公共服务等方面推进一体化，促进城乡要素平等交换和公共资源均衡配置，形成以工促农、以城带乡、工农互惠、城乡一体的新型工农关系、城乡关系。城乡规划一体化是城乡一体化发展的依据和方向，重视城乡一体化，必须首先认真做好城乡规划一体化。城乡规划一体化就是为实现城乡一体化而对城乡发展目标、性质和规模、总体布局、功能分区以及重点建筑和主要基础设施等各个方面做出合理的计划和部署。①

当前，中国正处于城镇化的快速发展期。2011 年，中国城镇人口为 6.9亿，比 2010 年末增加 2100 万人；城镇化率约为 51.3%（见图 1）。从发展趋势来看，中国的城镇化进程仍在加速，伴随着工业化、信息化、全球化和市场化的同步进行，城镇化的推动力和表现形式更加复杂。作为首都和特大城市，北京的城镇化发展既有其自身的特殊性，又有相当的典型性。如何提高北京城镇化的水平和质量，成为当前摆在北京面前的一个亟待解决的命题，也是北京实现城乡一体化目标的基本前提。

对北京市而言，统筹城乡经济社会发展，是推进"人文北京、科技北京、绿色北京"建设的重大战略任务。在新形势下积极稳妥地推进新型城镇化进程，加快形成城乡一体化发展新格局，就是要统筹城乡发展资源，拓展首都发展战略空间；统筹城乡经济社会政策，塑造拥有集体资产的新市民；统筹城乡第一产业、第二产业、第三产业的融合发展，构建有北京特色的都

---

① 蔡慧敏：《〈城乡规划法〉背景下的城乡发展规划一体化》，《新乡学院学报》（社会科学版）2010 年第 5 期。

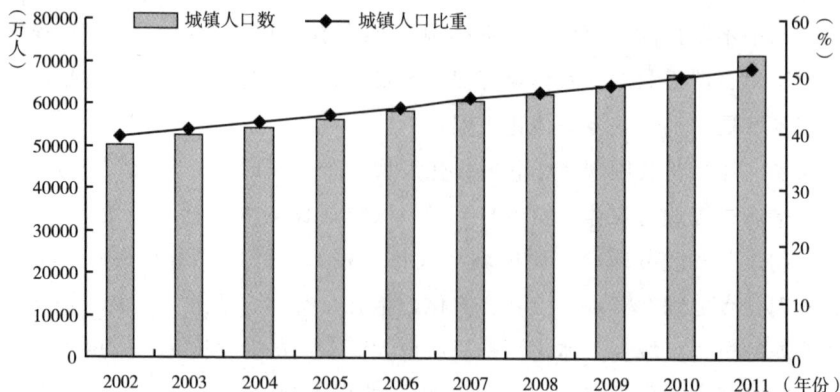

图 1　中国城镇人口及比重变化（2002～2011 年）

资料来源：根据相关年份《中国统计年鉴》绘制。

市型现代农业产业体系。率先形成城乡经济社会发展一体化新格局，就是要加快实现城乡发展规划、产业布局、基础设施、公共服务、劳动就业和社会管理"六个一体化"，走在全国前列。

在首都新的历史发展阶段，随着中心城、新城的快速发展和综合辐射能力的加强，以及郊区基础设施条件的改善，高端资源和要素向郊区加快转移聚集，农村地区面临难得的发展机遇。在新的形势下，应当将北京的"三农"问题与新型城镇化路径紧密结合，按照坚持大、中、小城市和小城镇协调发展以及城乡一体化发展的原则，积极探索符合北京经济社会发展阶段和大城市郊区特点的新型城镇化、城乡一体化之路。

一　城乡规划一体化相关规划实施进展简述

为了加强城乡规划管理，协调城乡空间布局，改善人居环境，促进城乡经济社会全面协调可持续发展，2007 年 10 月 28 日，第十届全国人大常委会第三十次会议通过了《中华人民共和国城乡规划法》（以下简称《城乡规划法》）。《城乡规划法》中的城乡规划涉及城镇体系规划、城市规划、镇规划、乡规划和村庄规划，目的是打破城乡二元结构的规划体制，统筹城乡管理，逐步解决城乡矛盾，缩小城乡差别，最终实现城乡发展一体化。《城乡规划法》的出台为科学推进城乡发展规划一体化指明了道路和方向。

基于城乡规划一体化对于城乡一体化的重要指导意义，我国各省市先后出台了关于城乡规划一体化的相关法律政策，在此指导下，各省市的城乡规划一体化发展取得了一定成绩。其中，2005 年，广东省政府公布实施了《珠江三角洲城镇群协调发展规划（2004～2020 年）》（以下简称《规划》）。珠江三角洲，即珠江三角洲经济区，包括广州、深圳、珠海、佛山、江门、东莞、中山、惠州、惠东县、博罗县、肇庆市区、高要市、四会市。

《规划》明确了区域空间发展策略、总体布局、城镇中心体系，对广佛肇、深莞惠、珠中江三大都市区以及珠三角的生态、交通、产业、市政设施等城镇发展支撑体系提出了规划指引，制定了详细明晰的分级、分类空间管治措施，并提出了"一脊三带五轴"的发展轴（带）体系，即构建由一条环珠江口湾区的区域发展"脊梁"（"一脊"）、三条东西向分布的功能拓展带（"三带"），以及五条南北向贯联的"城镇－产业"聚合轴（"五轴"）等共同组成的网络状发展轴（带）体系，以线（发展轴带）聚点（城镇和产业聚集区）、以点带面（都市区和城镇群），整合、优化城镇群空间结构，并形成向内陆和海外多方向强劲辐射的空间发展态势。[1] 此《规划》的制定实施取得了一定成效，但珠三角城镇群的发展问题依然严峻，比如，资源利用不集约，土地利用模式粗放，非农建设快速无序蔓延；城镇环境质量不高，人居环境备受诟病，环保设施建设相对滞后；区域协调机制不灵活，区域性设施建设与城镇功能、布局脱节；城市之间、各类专项规划之间缺乏衔接机制和统一的标准体系；城乡统筹不足，发展资源过于集中在城镇地区，城乡基本公共服务差距进一步加大等。[2]

针对这些问题，广东省政府于 2010 年正式公布了《珠江三角洲城乡规划一体化规划（2009～2020 年）》（以下简称《城乡规划》）。《城乡规划》以"为珠三角经济发展方式转变提供有效的空间载体"为主题，以"构建低碳生态化、高效能、高品质的城乡规划建设模式"为目标，在《城乡规划》所确定的一体化区域空间格局和发展策略基础上，针对珠三角一体化进程中最迫切需要解决的关键问题，从总体模式创立、中心城市带动、区域战略资源调控、

---

① 《珠江三角洲城镇群协调发展规划（2004～2020 年）》第 21 条，2005。
② 叶石界：《〈珠三角城乡规划一体化规划〉出炉，打造世界级城镇群》，《21 世纪经济报道》2010 年 8 月 17 日第 7 版。

重点地区优化、关键因素引导、政策机制保障等不同层次切入，通过建立公交网、物联网、信息网、绿道网、蓝网、公共安全网等区域战略性要素流动网络，着力打造集约、高效的一体化绿色城镇群发展格局，并从区域协作、城市转型、乡村整治、环境再造和产业升级等方面，提出了具体的规划任务、建设项目和法规、规划以及技术标准的制定要求。① 在《城乡规划》的实施和指导下，2010年，珠三角2372公里绿道网全线贯通；2011年底，珠三角绿道设施基本配套完善，极大地推动了区域一体化建设的进程，对于我国其他省市的城乡规划一体化发展具有很好的借鉴和指导意义。《城乡规划》因此也荣获2012年"华夏建设科学技术奖"二等奖。②

2007年，重庆市开始推进城乡规划一体化改革工作，同年，国务院常务会议审议并通过了《重庆市城乡总体规划（2007～2020年）》，这是全国第一部城乡总体规划。该规划强化了充分发挥中心城市职能、统筹大城市带大农村的城乡发展战略，着力打造"一圈两翼"区域发展新格局，即"以都市区为中心的一小时经济圈，以万州为中心的三峡库区核心地带为渝东北翼，以黔江为中心的乌江流域和武陵山区为渝东南翼，分别发挥三大区域各自的优势，取长补短，争创特色，实现错位发展"。③ 同时优化城镇体系结构，加快新农村建设，加强城乡生态环境和资源保护等。在此规划的指导下，重庆市建立了城乡一体的规划编制体系，城乡得以快速健康发展，城市大型公共服务设施建设、交通和市政基础设施建设逐步完善，城市各项建设项目加速发展，城市绿地建设持续推进，工业用地集约化使用效果不断显现。此外，为统筹城乡规划法规及规划标准，重庆市于2009年出台了《重庆市城乡规划条例》，在法律层面实现了城乡规划立法的统一，条例始终将城乡统筹思想贯穿全文，并将镇、乡、村的规划纳入城乡规划范畴。同年，又出台了《2009年村规划工作指导意见》《重庆市村规划编制办法》《重庆市村规划技术导则（2009年试行）》，明确了村规划的内容和标准，为村规划和管理提供了依据。④

---

① 《珠江三角洲城乡规划一体化规划（2009～2020年）》；《2012年"华夏建设科学技术奖"获奖项目（二等奖）：珠江三角洲城乡规划一体化规划》，《建设科学》2013年第21期。
② 《2012年"华夏建设科学技术奖"获奖项目（二等奖）：珠江三角洲城乡规划一体化规划》，《建设科学》2013年第21期。
③ 《重庆市城乡总体规划（2007～2020年）》，2007。
④ 扈万泰、宋思曼：《城乡统筹：创新与发展——重庆市城乡总体规划及其实施机制探索》，《城市规划》2010年第3期；杨玲：《进一步深化重庆市城乡规划一体化的思考》，《城市》2012年第2期。

二　北京市城乡规划一体化进程

为了适应首都现代化建设的需要，进一步加快城乡一体化发展进程，更好地解决"三农"问题，2004 年，北京市出台了《北京城市总体规划（2004 ~ 2020 年）》（以下简称《总体规划》）。《总体规划》提出"统筹城乡发展，推进郊区城市化进程，实现城区与郊区的统一规划"的规划原则，着力打造"两轴（长安街的东西轴和传统中轴线的南北轴）－两带（包括通州、顺义、亦庄、怀柔、密云、平谷的'东部发展带'和包括大兴、房山、昌平、延庆、门头沟的'西部发展带'）－多中心（市域范围内多个服务全国、面向世界的城市职能中心）"的城市空间布局，并在"两轴－两带－多中心"城市空间结构的基础上，形成"中心城－新城－镇"的市域城镇结构。实施以新城、重点镇为中心的城市化战略，与城市空间布局和产业结构调整相适应，逐步形成分工合理、高效有序的网络状城镇空间结构；同时，建设设施配套、环境优美、各具特色的小城镇，促进小城镇从数量型向质量型转变，并扩大小城镇规模，优先发展重点镇，形成重点镇带动一般镇、平原镇带动山区镇、小城镇带动农村的发展格局；合理确定和强化小城镇的产业依托，以解决农民就业为主要目标，发展符合大城市郊区特点的劳动密集型、都市型工业和第三产业；改善小城镇生态环境，并提高公共设施和基础设施服务水平；推动农村人口向小城镇、中心村集中，推进村庄整合及迁村进镇，加快搬迁山区生存及发展条件恶劣的村庄，并完善农村居民点的基础设施配套建设。[①]

在《总体规划》指导下，北京市城乡规划一体化建设取得了初步的成效。

（一）建立了覆盖城乡的规划编制体系

改革城乡规划体系的目标：建立全面覆盖城乡、层级合理、相互支撑的"四个层次"（全市域、中心城和新城、乡和镇、村庄）、"两个阶段"（总体规划、详细规划）、"两个补充"（特定地区规划、专项规划）的城乡规划体系。[②]《总体规划》实施以来，北京市规划委员会已先后编制了中心

---

① 《北京城市总体规划（2004 ~ 2020 年）》，2004。

② 沈博：《全面解读〈北京市城乡规划条例〉为城乡规划工作保驾护航——北京市规划委员会副主任邱跃访谈》，《北京规划建设》2009 年第 4 期。

城控规调整规划、新城规划、新农村规划，以及特定地区规划和专项规划等，以落实科学发展观为主旨的城乡规划体系基本实现全覆盖，并走在了全国的前列。

在新城规划编制中，北京市坚持统一规划、突出重点、强化标准、把握时序的原则，落实"高标准、高水平、高起点"要求，实施"两个层级，三位一体"的编制方法。"两个层级"是指将控规分为街区与地块两个编制层级，《街区控规》主要确定街区主导功能、进行建设总量控制、落实三大公共设施安排、明确城市设计整体框架。《地块控规》按照《街区控规》的要求，提出地块的规划控制指标和开发建设要求，为规划管理提供依据。"三位一体"指由图则、规则、法则共同组成三位一体的控规成果，实现规划与规划、规划与管理、管理与建设的衔接，力求保障新城成为承担中心城人口职能疏解，聚集新的产业，带动区域发展的规模化城市地区。目前，已经完成包括大兴、房山、门头沟、昌平、怀柔、平谷、延庆、顺义、密云、通州、亦庄在内的11个新城规划。在乡镇规划中，北京市坚持"部门联动、市区配合"的原则，创新与规范审查审批机制，建立完善相关技术标准，全面推进乡镇规划工作，为北京市城乡统筹发展奠定坚实的基础。在村庄规划中，北京市在全国率先组织编制完成了全市村庄体系规划，此外，还编制了北京市及10个远郊区县的村庄体系规划，初步实现了"一村一图"，建立了覆盖城乡的规划体系，为村镇规划提供了依据。此外，在特定地区规划和专项规划方面，北京市已经先后编制完成了4个特定地区规划（《永定河十二五规划》《北京中心城地震及应急避难场所（室外）规划纲要》《北京市山区协调发展总体规划（2006～2020年）》《北京皇城保护规划》），以及7个专项规划（《北京市"十二五"时期历史文化名城保护建设规划》《北京市绿地系统规划》《北京市住房建设规划（2006～2010年）》《北京市消防站规划》《北京市"十一五"时期历史文化名城保护规划》《北京市"十一五"保障性住房及"两限"商品住房用地布局规划》《北京优秀近现代建筑保护名录（第一批）》），进一步补充和完善了城乡规划体系。

（二）加强了城乡规划统筹力度

在《总体规划》指导下，北京市大力构建现代城镇体系，协调推进中心城区、新城和小城镇发展，实施城镇化与新农村建设"双轮驱动"，充分体现了"人文北京、科技北京、绿色北京"的内涵。同时，政府通过公共财政手段，不断加大投入力度，推动公共资源向农村倾斜，始终坚持协调处理市场机制与政府调控的关系。① 通过重点村改造和城市化拆迁工作，使农村居民市民化，完善了城乡结合改革，推动了城镇化进程和新农村建设；实施了试点村庄建设和基础设施进村建设，改善了试点村的村容村貌，对村庄社会经济发展起到了促进作用。例如，北京市开展了"5＋3"基础设施建设工程，包括以街坊路硬化、安全饮水、户厕改造、垃圾处理、污水处理为内容的农村五项基础设施建设工程和"让农村亮起来，让农民暖起来，让农业资源循环起来"工程，通过实施"5＋3"工程，改善了农村生活用能结构，提高了农民的生活质量，减少了农村污染，取得了一定的经济效益、生态效益和社会效益。②

近年来，随着北京市城乡接合部矛盾问题的凸显，北京市规划委及北京市城市规划院着重加强了城乡接合部地区村庄改造、农民转移、绿化实施等规划研究和实施工作，大大增强了城乡统筹规划深度和实施力度。主要工作包括三个方面：一是相关规划工作。例如，以疏解中心城人口功能为目标的新城规划发展建设、第一道绿化隔离地区（城乡接合部）规划发展建设、第二道绿化隔离地区规划发展建设、小城镇规划发展建设、村庄规划实施等。二是相关政策研究。例如，推进首都城镇化健康发展中小城镇规划实施与发展机制研究、北京市村庄规划建设管理指导意见、城镇化地区村庄发展建设时序及相关政策研究、北京农村地区集体建设用地规划管理的相关政策研究等。三是其他专项规划。例如，北京市域水环境整治与两侧土地开发规划统筹、永定河绿色生态发展带综合规划、北京市基本生态控制区划定规划、全市森林公园总体规划、全市绿地系统规划、绿线划定等。

（三）　强化了城乡规划管理

目前，北京市形成了由市规划委员会和各区县分局构成的二级管理体系，各区县分局被授权完成一些简单项目的审批，而涉及地方政府的重要事权项目，要上报北京市规划委员会审批。同时，把农村建设的规划管理纳入规划管

① 汪容容、何蒲明、李瑾：《北京市城乡一体化发展的现状和问题研究》，《中国农学通报》2013年第14期。
② 于彤舟：《改革开放30年：北京农村发展与城乡规划》，《北京规划建设》2009年第1期；唐少清：《北京城乡一体化发展新趋势研究》，《城乡一体化与首都"十二五"发展——2012年首都论坛文集》2012年11月1日。

理体系，规定在乡、村庄规划区内，实行"一书三证"许可制度，完善了切实满足农村实际生产、生活需要的农村规划管理机制。[①]

（四） 加强了城乡规划监督

北京市目前实行的是由上级行政部门的全面监督、人民代表大会对规划的实施与修改的监督以及全社会对违反规划行为的公众监督组成的监督制约机制，对行政权力起到有效的制约作用。同时，北京市强调城乡规划制定、实施全过程的公众参与，建立了结构合理、程序严密、制约有效的"阳光规划"体系，这些都切实保障了广大群众的知情权、参与权、表达权和监督权，推进了城乡规划民主决策机制，规范了城乡规划行为，提高了规划的科学性和严肃性。[②]

（五） 完善了城乡规划法规及规划标准

2009 年 5 月 22 日，北京市第十三届人大常委会第十一次会议审议并通过了《北京市城乡规划条例》，自 2009 年 10 月 1 日起实施，在法律层面实现了北京市城乡规划立法的统一。该条例明确了建设"人文北京、科技北京、绿色北京"的理念，坚持"统筹城乡发展，推进城乡经济社会发展一体化"原则，以《中华人民共和国城乡规划法》为依据，建立健全城乡规划制定、实施和监督检查的科学有效机制，加强依法行政，不断提高城乡规划和建设的管理水平。其颁布实施，标志着北京城乡规划法制建设进入新的阶段。此外，北京市还探索制定了一系列村庄规划编制指导意见和技术标准，保障村庄规划的规范，如《村庄试点用地分类及制图标准》《2006 ~ 2007 年北京市新农村建设村庄规划编制工作实施指导意见》《北京市重点村村庄规划编制工作方法和成果要求》《北京市一般村村庄规划编制工作方法和成果要求》等。

三 北京市城乡规划一体化发展的基本格局与特点

1. 北京市城乡一体化发展的空间格局

2004 年，北京市城市总体规划确定了"中心城 – 新城 – 镇 – 村"的城镇体系，明确了不同区域的功能定位和发展目标。空间格局上，主要分为五个空

---

① 黄艳：《认真贯彻〈北京市城乡规划条例〉，开创首都城乡规划工作的新局面》，《北京规划建设》2009 年第 4 期。

② 路金启、戴烨：《北京城乡规划：推进公众参与，实践共同决策》，《城乡建设》2009 年第 5 期。

间层次。

（1）中心城：1088 平方公里，规划建设用地 782 平方公里。

其中，中心地区 350 平方公里，大致是四环半左右地区。

（2）第一道绿化隔离地区：310 平方公里，大致在五环以内。

（3）第二道绿化隔离地区：1650 平方公里，从第一道绿隔到六环路外侧 1000 米绿化带。

（4）平原地区：6338 平方公里。

（5）山区：10072 平方公里，高程在 100 米以上的山地和丘陵，约占全市总面积的 61%。

2. 北京市城乡一体化发展的基本特点

城乡二元化是全国普遍存在和迫切需要解决的问题，北京市也存在城乡矛盾甚至也有"灯下黑"的问题，但随着都市经济发展和城乡一体化相关规划的实施，城乡差距呈现逐年缩小的趋势，总体来看有如下两个基本特点。

（1）城市化进程不断推进，总体城市化率已达到较高水平，城乡差距拉大的态势得到初步遏制。相关数据显示，2012 年北京市的城市化率达到 86%，总体水平高出全国 33 个百分点，距离 2020 年规划的 89% 的发展目标只有 3% 的差距。

农村面貌大幅改善，城乡收入差距进一步缩小。通过全面推进"五项基础设施"和"三起来"工程等基础设施建设，农村基础设施状况得到初步改善。

城乡居民收入比由 2005 年的 2.25∶1 缩小到 2012 年的 2.1∶1，大大低于全国平均水平 3.13∶1（2012 年）。城乡产业结构进一步优化，第一产业、第二产业、第三产业有机融合。农产品加工业、都市型现代农业产业体系基本确立，乡村旅游业发展迅速，接待能力和总收入显著提升。

农村改革深入推进，社会事业全面发展。"三农"发展的内生动力和活力不断增强。推进城乡公共服务均等化，不断完善农村地区教育、医疗卫生、文化等公共服务体系。

（2）以总体规划及新城规划为依据，城镇及村庄规划全面完成，基本实现城乡规划市域范围全覆盖，为加快城乡一体化进程奠定了坚实基础。在城市中心区，借助奥运环境整治与"城中村"改造、第一道绿化隔离地区规划实施、城乡接合部地区整治，规划全面推进中心城城市化。

在海淀山后、丰台河西等地区，以城市重要功能区建设为动力，规划推动中心城特定地区全面实现城镇化。

在新城地区，以新城建设为动力，将城乡一体化作为新城规划实施方案工作重点之一。

在城市外围地区，以小城镇建设为动力，规划加强重点小城镇的带动作用，研究编制小城镇规划实施方案，引导小城镇城乡统筹发展。

在新农村建设方面，在新、老两个"三起来"方针指引下，在改变乡村面貌和社区形态的同时，着力推进产业发展和促进就业，规避单一靠房地产发展的路径。

3. 北京市城乡一体化实施的路径特征

随着首都经济社会的快速发展，城乡一体化进程明显加快，在实施动力方面呈现多元化趋势。

结合北京市城乡发展的客观实践，通过大量的案例分析，本文梳理和总结了六种城乡一体化规划实施模式。

（1）政府主导的政策推动模式。该模式以政府为主导，制定相关的政策或部分出资以推动城乡一体化的发展。

该模式主要实施于城乡接合部地区，以旧村改造为主，以"土地"资源负担城乡一体化的成本。

典型案例：50个挂账村、长阳镇、西红门镇等。

（2）城市扩张带动模式。随着中心城承载力饱和，城市产业、居住功能外溢，一些重要项目、重要城市功能区向新城区域转移。

该模式主要实施于新城周边、交通便利的地区。由于这些地区通常有城市的重点项目，一般项目发展层次较高，占地规模大，拆迁量少，以拆迁安置作为主要补偿形式。

典型案例：三一重工、怀北中科院研究生院、长安汽车项目、新机场项目、雁栖湖生态发展示范区、未来科技城等。

（3）社会力量参与模式。社会力量以资金投入、技术支持等方式参与城镇发展建设。

该模式主要实施于生态资源比较好、远离中心城的地区。一般规模较大，需调整建设用地指标。以房地产开发作为资金平衡的主要方式。

典型案例：潭柘寺、琉璃渠、中粮生态谷、穆家峪希望小镇、蔡家洼村等。

（4）自主发展模式。村庄或乡镇通过自主更新发展，自主推进城镇化进程。

该模式主要实施于区位条件好、交通便利的地区。其主要特征是镇、乡、村领导能力强，集体经济基础好，通过自主更新发展，改善农民居住生活条件、转变生产方式、提高农民收入，并将土地非农化形成的级差地租留在村集体。

典型案例：王佐镇、高碑店乡、郑各庄村等。

（5）新型农村社区建设模式。目前还处于规划阶段，设想通过迁村并点，农民集中上楼，利用集约下来的集体用地发展产业。

一般的方式是异地集中建设，独立于镇区之外；集体建设用地总量保持不变；需要社会力量投资参与。

典型案例：顺义北石槽凤凰新村规划、房山青龙湖晓幼营村新型农村社区规划等。

（6）村庄社区化管理模式。城乡接合部地区外来人口数量超出户籍人口，违法建筑和无序出租房屋现象严重，环境差，警情高发，社会治安情况复杂。针对这些地区村庄在管理、服务、环境等方面巨大的压力，2010年大兴区借鉴奥运、国庆60周年及城市社区管理的经验，在西红门镇16个村探索实施村庄社区化管理，通过加强村庄流动人口、治安、违法建设管理，改善村庄基础设施、环境条件及公共服务水平，取得明显效果。

村庄社区化管理将城市管理理念向农村延伸，实现村委会自主管理，政府通过对设施投资的方式给予支持。

典型案例：大兴区西红门镇大生庄村、寿保庄村。

四　北京市城乡规划一体化存在的挑战和主要问题

1. 城乡二元结构没有根本改变，城乡一体化发展呈现新的特点

城乡差距问题仍然突出。农村的生活与消费水平与城市仍存在较大差距。2012年，北京市农村居民收入不到城市居民收入的一半，城乡居民消费水平比为2.1:1。农村基础设施条件及环境建设有待提升，社会服务水平有待提高。

外来人口规模迅速扩大。北京目前约有外来人口700万，其中约有400万聚集在城乡接合部地区（一些村庄外来人口是本地人口的10倍），带来了管理困难、治安混乱、违法建设蔓延、产业发展低端、城市环境脏乱差等问题。

城乡经济社会呈现多元化发展。经济社会快速发展背景下，城乡发展投资

主体、利益主体更加多元，地区发展情况存在差异，城乡一体化发展模式更加多样化，城镇化步伐加快带来农村集体成员身份变化，就业形态、社会管理等问题更加复杂。比如，从就业状况看，北京市第一产业从业人口长期稳定在50万～60万的水平，农民工资性收入占比已经达到60%以上，近郊劳动力在集体经济组织就业比重也达到60%。因此，推进全面的城镇化，要在关注户籍转换赋予农民平等市民权的同时，更加重视集体资产的同步市场化、城镇化，最终将农村户籍人口转变为有资产的新市民。

外来人口对北京城市化率的贡献远大于本市农民，2004～2009年的5年，北京外来人口数量分别增加了27.5万人、46.1万人、59.3万人、78.1万人、73.1万人，而农业人口则以年均8万人的速度平稳减少，这使得北京的城镇化进程变得更加复杂。

2. 产业、用地、人口资源未得到有效配置

首先，目前城市建设用地的土地利用效益远远高于集体建设用地的土地利用效益。

在地均产出与消耗方面，与市级以上工业开发区相比，乡镇工业用地还存在布局分散、土地浪费、地均产出与地均就业人数明显较低，而资源消耗量却明显较高的现象。

其次，违法建设蔓延，农民依靠低端产业的低租金增加收入。

随着郊区基础设施和区位条件不断改善，发展动力强劲，违法用地和建设增多，违法建设高发区域继续向近郊区与远郊区接合部蔓延。

3. 城乡协同发展机制有待强化，新城和小城镇在带动农村地区发展方面的作用尚未完全发挥

全市规划城市建设用地1650平方公里，城乡建设用地2700平方公里。在城市发展空间不足的同时，农村土地利用效益低下，土地统筹利用机制尚未建立。具体表现在以下几方面。

一是中心城人口、产业和功能过度聚集的局面没有发生根本改变。新城建设尚处于起步阶段，没有形成吸纳中心城区人口和产业的"反磁力中心"，对城乡统筹的带动作用尚不明显。

二是城市重要功能区、重要项目建设对城乡一体化的带动作用没有显现。

三是小城镇发展定位不明确，产业集中度不够，企业数量多，单体规模小，布局分散，产业层次较低，产业发展与城镇化协同作用不够，造成农村城镇化缺少稳定的资金来源，小城镇建设对城乡统筹的带动作用不明显。

4. 规划编制及管理机制、集体建设用地相关政策尚需完善

在规划编制方面，存在城乡规划脱节、缺少有效衔接的问题。可以归纳为以下三个方面。

一是，城乡统筹一体化规划的缺位。目前，由于土地利用规划与城市规划尚未统筹覆盖集体土地，在总体定位、规模布局、实施路径等方面尚未形成统一认识，加上部门之间协同性不足，很多地区的规划处于分散实施、缺乏统筹的状态，造成各类违法建设有了可乘之机。

二是，用地控制的缺位。规划土地分类标准不完善，如何区分建设用地与非建设用地存在疑点。一些用地功能模糊，很难界定用地性质。

三是，农村基础设施标准以及公共设施配置标准的缺位。在规划管理方面，偏重国有土地（城）的管理，对集体土地（乡）的管理力度不够。在集体土地管理中，宅基地尚有标准和证件，产业用地管理基本缺位。

目前，集体土地、集体建设用地的管理方式、机制政策等滞后，农委、国土资源局、发改委、经信委等相关部门缺乏统筹协调。政策机制方面的缺失是规划编制与管理问题的根源。

5. 村庄规划不完善

主要体现在以下几个方面：一是村庄规划编制起步较晚，系统性不强，缺乏明细的编制标准。北京现行的新农村建设规划与城市功能区规划等仍然带有明显的城乡规划分割的痕迹，使介于城乡过渡地带的城乡接合部等城市化区域的发展处于尴尬的"空白"境地。① 导致这种"空白"境地的关键原因是规划没有按照城乡一体化提供的新视野对区域发展进行战略调整，使城市和乡村规划之间缺乏统筹协调，衔接不够，已经不适应我国经济社会迅速发展的新形势。

二是村庄规划质量不高，不能有效发挥应有的指导作用。由于北京农村规划长期以来一直滞后于农村经济社会发展的需求，相比于城市而言，农村规划任务繁重，并且存在起点低、水平低、层次低的现象。如有些规划生搬硬套，不能体现自身特色；有些规划与所在区县和镇的发展规划、村镇建设规划、土地利用规划等上级规划不相衔接；还有一些规划编制缺乏严肃性，随意变动，不严格执行规定。

三是村庄规划实践性不强。北京农村地区人口的分散性，村庄的多样性和

---

① 谢欣梅：《创新规划思路，破解城乡结合部发展难题》，《北京规划建设》2011 年第 6 期。

异质性，给保证规划切实符合当地情况，且具有可操作性带来较大挑战，还有大量的后续工作有待深化和落实。

四是防火规划、地质灾害规划、生态保护规划、矿产资源规划等各个专项规划相对滞后，缺乏统一的规划实施标准和激励机制，是当前北京村庄规划建设中的一个薄弱环节，且存在一定隐患。

6. 城乡规划制定和管理体制依然不完善

一方面，快速城镇化时期地方发展需求巨大，现行的城乡规划制度形成的总规、控规两个层面的法定规划，已经无法满足地方政府或相关部门基于市场化投资建设的需求；另一方面，规划监督及执法力度需要进一步提高。由于规划制定和管理中监督机制的不完善和部门协作联合执法力度的不够，有些规划内容未能完全按照预设方案实施，在实施过程中乱变更、乱建设、乱占地等违规违法现象严重，降低了规划的严肃性和权威性。

五　推进北京市城乡规划一体化的对策建议

随着城市规划向城乡规划的转变，新时期北京市的城乡规划工作应更加注重解决"三农"问题。以集体土地改革实践为切入点，以维护首都繁荣稳定、促进城乡均衡发展为基本目标，统筹利用城乡空间资源、释放土地资源、平衡城乡利益，是北京市城乡一体化发展的基本思路，其核心是在城镇化过程中实现城乡均衡发展。

城镇化是一个多方面内容综合统一的过程，是人口、地域、社会经济组织形式和生产生活方式由传统落后的乡村型向现代城市型转化的过程。首都特色的城镇化应该是城乡关系良性互动的城镇化，是速度、规模适度匹配的城镇化，是多样化、因地制宜的城镇化，是资源节约、环境友好的城镇化。当前，北京市的城镇化应更关注发展的水平和质量，将收入的公平分配、经济的稳定发展、劳动力的充分就业等都包括在增长和发展的目标之中。

基于目前北京市城乡规划建设的现状和出现的问题，在科学推进城乡规划一体化发展时，应合理定位，科学思考，具体应把握以下几点。

1. 缩小城乡差距，完善城乡统一规划机制

统筹城乡发展，是推进城乡发展规划一体化的原则和目的，应在坚持"整体性、全面性、长期持续性"的规划原则基础上，进一步打破城乡分立、多头分设的局面，缩小城乡差距，完善城乡统一规划机制，通过加强城乡联合，发展城乡经济，全面推动城乡改革发展。

第一，优化城乡空间布局，统筹城乡产业发展。首先，按照"两轴－两带－多中心"的空间布局要求，有效整合城乡资源，立足现有产业发展以及基础设施、公共服务等城乡发展基础，把广大农村纳入城市规划范围，把城市的基础设施延伸到农村，社会服务设施配套到农村，实现城市与农村发展的全面对接。① 其次，积极推进以村集体为主导的自主城镇化。自主城镇化体现了大多数村民的意愿，且包含了较大程度的公众参与，有利于改造工作的顺利推动，同时有利于促进农村相关产业发展和农民生活、就业的改善。积极引导自主城镇化，将有助于实现乡村、城市的自然融合。最后，统筹城乡产业发展。各级政府在制定产业发展规划和产业政策时，必须统筹城市和农村相关产业，加强城乡产业之间的联系，充分发挥城市对农村的带动作用和农村对城市的促进作用，不断推进城乡产业融合，优化产业结构，并坚持工业化与城市化相结合，构建产业发展的大平台，实现城乡产业相互融合、良性互动、协调发展。

第二，进一步缩小城乡差距。首先，强化农村产业结构升级。应积极促进生产要素的合理流动，引导土地、资本、劳动力、技术、人才、信息等资源在城乡之间自由平等流动、合理配置，并提高资源利用效率、促进劳动力转移、加强农业技术的推广以及农产品销售，强化农村产业结构升级，促进第一产业、第二产业、第三产业的融合。其次，增加农民收入，缩小城乡居民收入差距。要提高农民收入，必须大力发展农村旅游业，探索都市型现代农业产业体系和新型业态，积极推进农业向商品化、专业化、现代化转变，并大力发展劳动密集型的农产品加工业，增加农民就业机会，同时降低农业生产成本、减少农民开支。最后，加强对中心城人口过度密集和远郊村庄人口"空心化"现象的控制。综合运用经济、法律和必要的行政手段，防止人口规模盲目扩大，并积极引导人口在城乡的合理分布，加强中心城特别是旧城的人口疏解。同时，加强人口的服务与管理，不断优化人口结构和提高人口素质。

第三，强化城乡平等意识，提高城乡融合度。在统筹城乡规划过程中，要充分重视农村、农民和农业，消除城市对农村的歧视思想，强化城乡平等意识，正确认识农业的特殊功能和农村原生态环境的巨大市场需求，并通过政策引导、产业引领、宣传教育等方式，让城乡居民意识到城乡统筹规划的必要性和重要性，发挥城乡之间各自的优势，打造多个城市副中心，分散扩大经济

---

① 王朝华：《北京城乡经济社会一体化发展的实现途径》，《经济界》2013 年第 1 期。

体，不断提高城乡融合程度，促进城乡健康、协调发展。

2. 分区分类指导，明确不同地区发展定位及策略方针

推进首都城乡一体化发展，要统筹中心城、新城与小城镇联动发展，统筹平原与山区城市化进程，统筹城镇建设用地与村庄建设用地资源高效利用，依据各自发展条件和存在的问题实行分类指导。北京市集中建设区空间分布如图2所示。

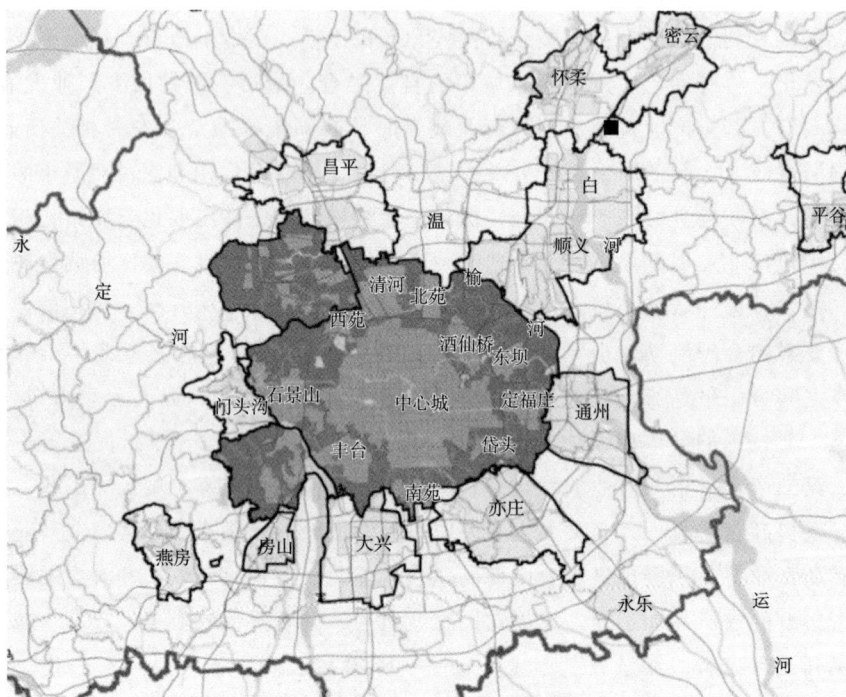

图2　北京市集中建设区空间分布图

图片来源：北京市城市规划设计研究院。

（1）中心城地区：以城乡接合部建设为重点，推动全面城市化进程。

基本特征： 农村人口密度最高，外来人口数量大，目前过度依赖"瓦片经济"，实施改造成本巨大。

发展动力： 良好的区位优势，周边较成熟的城市产业功能区。

应按照"整体规划、分类整治"的原则，加快中心城城乡接合部以50个挂账村改造整治为重点的规划工作。通过改造建设，可以实现约60万农村人口的城市化，从而使中心城基本实现全面城市化。

（2）新城地区：推进高标准建设，高效有序带动周边农村地区城市化。

基本特征：人均村庄建设用地面积最大；随着新城的发展，大量外来人口涌入，城乡接合部现象逐渐显现；村民对土地依赖性较低，改造成本相比中心城区稍低。

发展动力：新城良好的发展趋势和用地储备，以城市建设带动发展。

与首都发展需求相适应，尽快推进新城规划实施，结合土地储备工作有效统筹资源，在切实保障农民利益的基础上，加快新城周边地区城市化进程。新城的加快发展，预计将带动约 60 万～80 万农村人口实现城市化。

（3）平原地区：统筹小城镇发展，着力提升本地城市化发展水平。

基本特征：农业人口多，人均建设用地面积大；受交通、区位、环境资源的影响大，受政策因素影响大；农民对土地有一定依赖度，全面城镇化条件不成熟；不同小城镇发展差异明显。

发展动力：城市功能向外拓展延伸，以重大项目带动发展，社会力量参与建设。

继续探索推进平原小城镇规划实施，保障本地农村人口居住与就业均衡发展，确保迁村并点与小城镇建设统筹实施，实现小城镇发展带动本地城市化的基本定位。

（4）山区：引导山区协调发展，健康有序地推进山区农民致富和生态环境保护。

基本特征：农业人口相对较少，人均建设用地面积较大；区位交通条件普遍不佳，往往受生态涵养区发展条件的限制；经济发展水平及产业结构较落后；农民对土地的依赖度高，城市化发展条件较差；部分地区利用环境资源发展旅游业成为主要突破点，浅山区资源条件及发展情况优于深山区。

发展动力：环境资源优越，具有发展生态旅游业的良好条件。

进一步做好山区和浅山区发展的规划工作，引导山区人口相对集聚和资源合理开发利用，加快绿色产业和各项社会事业发展，近期重点开展山区生态修复和解决传统产业退出后农村人口搬迁就业与居住的安置问题，积极推进山区农民致富和生态环境保护。

3. 大力推进村庄规划发展

北京市村庄体系规划的目标是以资源环境保护利用为前提，通过合理优化村庄发展布局，有效配置公共设施，不断完善农村的发展条件，改善农村建设用地无序增长、基础设施落后、公共服务设施不全的现状，盘活存量土地，集约利用土地资源，加快农村社会经济的协调发展，构筑城乡一体统筹协调的发展格局，推动北京市新农村建设的步伐。[①] 据此，在进一步完善村庄规划的过程中，应着重关注以下几个方面。

一是加大村庄规划编制工作研究力度。加快村庄发展所需的规划编制工作，立足于村庄发展的客观实际，强化规划的科学性、前瞻性、指导性和可操作性，力求做到生态自然，风格鲜明，使乡村建设发展规范有序。在进一步完善新农村规划的过程中，应遵循"城乡统筹、合理布局、分类指导、循序渐进"的原则。[②] 首先，推进城乡整体规划，构建城乡空间融合的"区域综合体"。[③] 以村庄规划为契机，助推城乡统筹，重点解决公共设施、市政基础设施的规划和布局，并把村庄各项设施纳入城市市政管网，健全公共服务设施配套体系。其次，在目前农村人口、村庄数量逐步减少的情况下，合理确定中心村的布点和数量，促进人口相对集中和土地集约利用。再次，针对目前村庄规划编制工作多元化的情况，对各类村庄规划进行分类整治、合理引导。最后，村庄规划编制工作要循序渐进、逐步展开，鼓励和支持强村富村的编制规划工作，并向其他村庄辐射，进行跨村界的联村规划和建设，实行以强带弱、以富带贫的机制，带动其他村庄的规划建设。

二是提高村庄规划编制水平和质量。培养一批专业的规划人员下乡从事和指导村庄规划建设，在规划编制中，应以改善村民的生产生活环境、提高村民生活质量为目标，注重农村经济发展，切实解决好农民的出路和就业问题；保持乡村原有的生态景观和文化传统，体现乡村的发展特色；合理开发土地资源；提高与城市规划的融合度。提高村庄规划的质量，才能有效发挥其应有的指导作用，加快新农村建设步伐，达到促进规划实施、保证农民根本利益的目的。

三是完善防火规划、地质灾害规划、生态保护规划、矿产资源规划等各个专项规划，并制定统一的规划实施标准和激励机制，消除潜在的隐患。

---

① 李强、张鲸：《北京市新农村规划：回顾与反思》，《城市发展研究》2010 年第 4 期。

② 李博、相国强、于子彦、刘永霞、李霁：《房山区村庄规划建设现状调查及对策研究》，《北京农业职业学院学报》2013 年第 1 期。

③ 柴浩放：《北京市新农村规划存在的问题及对策分析》，《安徽农业科学》2011 年第 16 期。

4. 充分发挥城乡规划的龙头引导作用，加强规划的实施力度

确立城乡规划一体化先行理念，是实现城乡一体化发展的基础。坚持以城乡规划一体化为龙头，发挥其引导城乡建设、调控经济社会发展的作用，并加强实施力度，推动城乡统筹协调发展。首先，发挥规划的龙头引导作用，对城乡接合部地区的发展进行战略性的控制和调整。在城乡统筹发展的原则下，不再把城乡接合部地区作为一个局部地区，而是以城乡整体发展为出发点，规划该地区的未来发展，整合资源、强化优势，实现该区域的特色化、差异化发展格局。其次，城乡规划的制定和实施应建立在物权和土地权属的基础之上。城乡规划所作用的土地和空间也属于物权中"物"的一种，其实质在于重新调整物权权益，通过对土地用途的安排和对城乡空间和产业的调整，干预现有物权，重新分配地产权、房产权、相邻关系等物权，调整公民的权益，同时达到协调空间布局、改善人居环境、促进社会可持续发展的目的。① 《物权法》为政府制定和实施城乡规划提供依据，推动城乡规划决策日益科学化和民主化、规划实施更加精细化。而在城乡规划过程中，要依照《物权法》平等保护公私财产，同时强调对相关利益的协调，逐步从管理者走向协调者，依法保护行政相对人和利害关系人的物权权益。再次，在规划实施的过程中，加强政策的引导作用。结合强制性的"图纸控制"和非强制性的"政策引导"的共同作用，② 保障规划的实施进程和实施效果，促进规划逐步走向公共政策。最后，要充分发挥城乡规划的统筹协调作用，形成"三个集中"的发展模式，即工业向园区集中、农民向城镇集中、土地向规模经营集中。

在制度机制层面，核心是深化集体土地制度改革。发挥首都经济优势和政策优势，以土地产权改革、金融工具创新为起点，积极推进土地利用规划与城乡规划的"两规融合"，释放集体土地红利。以集体建设用地集约利用为基本方向，以集体产业用地升级为抓手，以"利益返农"为落脚点，使其真正起到城乡一体化助推器的作用，保障农民资产性、工资性收益双增收。

在规划编制层面，核心是统筹城乡建设用地，加大以城带乡、代征代拆实施力度。划定一体化的城镇化实施单元，单元内部城乡用地统筹规划、整体算账、综合平衡，以此提高农民在土地增值收益中的分配比例。同时，根据不同区域城镇化发展条件确定适宜的村庄分类实施路径和实施时序。区位较好、城

---

① 王洪谋：《〈物权法〉对提升城乡规划管理的作用》，《商业时代》2009 年第 19 期。
② 谢欣梅：《创新规划思路，破解城乡结合部发展难题》，《北京规划建设》2011 年第 6 期。

市化动力较强的地区要有条件地逐步实现城市化；相对独立于中心城、新城和功能区的地区要鼓励探索小城镇带动发展方式；区位条件较差的地区要探索就地改造等实施模式。

在规划实施层面，注重自上而下与自下而上双重驱动力相结合，特别是要激发村镇集体组织发展的积极性。首先是突出农民主体。既让农民成为投资主体，又让农民成为收益主体，保障农民能够参与城镇化过程、分享城镇化红利。其次是第一产业、第三产业结合，促进首都城乡功能深度融合，以信息化和农业现代化推动服务型现代产业体系升级。结合户籍制度改革，有序推进农业转移人口市民化，努力实现城镇基本公共服务常住人口全覆盖。最后是经济发展与生态保护相结合，积极贯彻生态文明理念，将生态文明理念和原则全面融入城乡一体化和城镇化全过程。以城乡接合部为重点，以绿隔实施、拆除违章建设、"百万亩平原造林"、棚户区改造等专项工作为支撑，推进绿化工作，改善大气环境。

5. 完善城乡规划制定和管理制度

第一，建立北京城乡规划制定、管理、监督三权分立的规划体系。首先，必须打破城乡规划中决策制定与管理执行混为一谈的局面，实行相对独立的制定机构和管理机构的分离，保障规划的公平与正义。其次，建立与城乡规划制定和管理平行的第三方监督体系，实施规划督察员制度。市政府可向各区县派驻城乡督察员，同样，区县政府也可向乡镇派出规划督察员，规划督察员负责监督城乡规划的制定、审批、实施和管理过程是否符合法律法规程序以及规划内容是否合法等。

第二，改革现行的总规、控规的北京城乡规划二元制定和管理结构，建立与政府事权相对应的三级城乡规划制定和管理制度。在总规、控规管理的基础上，另设近期的政策制定和管理结构。总规层面的战略制定、近期层面的政策制定、控规层面的规划制定分别由北京城乡综合规划院、各区县的城乡规划分院、街道乡镇规划所承担，而管理则由北京市政府、各区县政府、各街道乡镇政府分别负责。[①] 三级的规划制定和管理制度有利于明晰规划制定和管理的权利边界，使责、权、利得到统一。

第三，建立评估制度，对规划的制定和管理做出科学准确的评价。可引入上级对下级、下级对上级以及平级之间的相互评估体制，针对规划制定和管理

① 陈军：《走向未来的城乡规划——论北京城乡规划制定和管理制度的变革》，《北京规划建设》2013 年第 2 期。

的内容和实施情况进行客观评估，并提出意见和建议，评估结论可纳入政府的绩效考核指标。

第四，强化法制规划意识，提高规划执法力度。首先，结合《城乡规划法》《物权法》等相关法律的实施，建立完善规划听证、行政责任追究投诉、举报受理等制度，形成完善的法规体系，使城乡规划真正做到有法可依、有章可循；其次，建立巡查制度，及时发现和制止随意改变规划和违反规划的现象，并追究其责任人的法律责任；最后，加强规划法制宣传教育，提高社会各界遵守规划、服从规划的意识。

6. 近期工作重点是加强区域统筹，鼓励试点探索

（1）加强区域统筹。重点以乡镇为单位进行统筹。在镇内、乡内统筹用地布局，统筹资金平衡，提高土地利用效率。

例如，卢沟桥乡有 20 个村位于绿隔地区，一半执行"7 号文"，一半执行"12 号文"，不同政策造成发展水平不同，过去以村为单位核算，用地小而分散，资金无法平衡。现在卢沟桥乡政府提出全乡统筹的思路，通过全乡统筹集体用地，一个项目大家合作，用地规模不变，调整用地布局，最大程度地发挥土地效用。

杭州市在村庄搬迁安置工作中也提供了相关经验：以区为单位统一实施撤村建居，安置点如果不适合在本村或本镇布置（比如在西湖风景区内的村庄），可以在区内安排。

（2）鼓励试点探索。在目前的经济社会发展基础及制度环境下，如何更好地促进城乡一体化发展，还没有一种比较完美的方式。要在现有的条件下，采取积极的实施策略，因地制宜，不断探索，稳步推进。

可结合区县、乡镇的发展需求，鼓励选择有代表性、条件较为成熟的地区作为试点，探索规划实施的路径及政策创新。但是由于问题的复杂性及多样性，不宜短期内大范围推广。

例如，西红门镇整体改造试点。西红门镇以拆除工业大院、跟进实施绿化为突破口，以新型产业园区建设、探索农民利益保障机制为重点，以实现本地村庄完全城市化、形成城乡一体化发展整体格局为目标，建立了重点突出、分步实施、综合统筹的试点工作推进机制。集约利用土地，改善生态环境，缓解人口压力，推动产业升级，保障长远收益，完善基础设施。利用现有工业大院20% 的土地（约 220 公顷）集中发展，整治腾退 880 公顷建设用地，恢复绿色空间，清除 322 万平方米恶劣居住空间。

参考文献

蔡慧敏：《〈城乡规划法〉背景下的城乡发展规划一体化》，《新乡学院学报》（社会科学版）2010 年第 5 期。

《珠江三角洲城镇群协调发展规划（2004～2020 年）》，2005。

叶石界：《〈珠三角城乡规划一体化规划〉出炉，打造世界级城镇群》，《21 世纪经济报道》2010 年 8 月 17 日，第 7 版。

《珠江三角洲城乡规划一体化规划（2009～2020 年）》，2010。

《2012 年"华夏建设科学技术奖"获奖项目（二等奖）：珠江三角洲城乡规划一体化规划》，《建设科学》2013 年 2 月 25 日。

《重庆市城乡总体规划（2007～2020 年）》，2007。

扈万泰、宋思曼：《城乡统筹：创新与发展——重庆市城乡总体规划及其实施机制探索》，《城市规划》2010 年第 3 期。

杨玲：《进一步深化重庆市城乡规划一体化的思考》，《城市》2012 年第 2 期。

《北京城市总体规划（2004～2020 年）》，2004。

沈博：《全面解读〈北京市城乡规划条例〉为城乡规划工作保驾护航——北京市规划委员会副主任邱跃访谈》，《北京规划建设》2009 年第 4 期。

汪容容、何蒲明、李瑾：《北京市城乡一体化发展的现状和问题研究》，《中国农学通报》2013 年第 14 期。

于彤舟：《改革开放 30 年：北京农村发展与城乡规划》，《北京规划建设》2009 年第 1 期。

唐少清：《北京城乡一体化发展新趋势研究》，《城乡一体化与首都"十二五"发展——2012 年首都论坛文集》2012 年 11 月 1 日。

黄艳：《认真贯彻〈北京市城乡规划条例〉，开创首都城乡规划工作的新局面》，《北京规划建设》2009 年第 4 期。

路金启、戴烨：《北京城乡规划：推进公众参与，实践共同决策》，《城乡建设》2009 年第 5 期。

谢欣梅：《创新规划思路，破解城乡结合部发展难题》，《北京规划建设》2011 年第 6 期。

陈军：《走向未来的城乡规划——论北京城乡规划制定和管理制度的变革》，《北京规划建设》2013 年第 2 期。

王朝华：《北京城乡经济社会一体化发展的实现途径》，《经济界》2013 年第 1 期。

李强、张鲸：《北京市新农村规划：回顾与反思》，《城市发展研究》2010 年第 4 期。

李博、相国强、于子彦、刘永霞、李霁：《房山区村庄规划建设现状调查及对策研究》，《北京农业职业学院学报》2013 年第 1 期。

柴浩放：《北京市新农村规划存在的问题及对策分析》，《安徽农业科学》2011 年第 16 期。

王洪谋：《〈物权法〉对提升城乡规划管理的作用》，《商业时代》2009 年第 19 期。

张文明：《城乡关系：一个内源性发展的悖论》，《上海城市管理》2009 年第 1 期。

刘玉、冯健：《中国区域城镇化发展态势及战略选择》，《地理研究》2008 年第 1 期。

仇保兴：《借鉴国外经验走资源节约型的城镇化发展道路》，《住宅科技》2005 年第 3 期。

陈春：《健康城镇化发展研究》，《国土与自然资源研究》2008 年第 4 期。

周一星：《关于中国城镇化速度的思考》，《城市规划》2006 年第 11 期。

李立伟、史亚军：《北京新农村建设与城乡一体化发展研究》，《中国农学通报》2009 年第 24 期。

张文茂、苏慧：《北京城市化进程与特点研究》，《北京规划建设》2009 年第 3 期。

刘巍：《北京远郊区城镇化与小城镇产业发展关系研究》，《小城镇建设》2009 年第 8 期。

北京市城市规划设计研究院：《北京市城市总体规划实施评估：北京市城镇化与城乡一体化发展研究报告》，2009。

北京市城市规划设计研究院：《北京市推进城乡一体化的规划实施对策研究》，2011。

北京市城市规划设计研究院：《北京市城市总体规划修改前期研究：城乡统筹专题》，2013。

执笔：张　颜　石晓冬　徐勤政　张英洪

2013 年 12 月 21 日

·专题报告·

第三篇

北京市城乡劳动就业一体化研究

2003 年，北京市进入统筹城乡就业的新时期。① 10 多年来，北京市不断完善城镇促进就业政策体系和公共就业服务体系，并逐步向农村延伸，基本形成了城乡一体化的促进就业新格局。

一　城乡就业一体化进程

（一）2003 年，北京市开始实行统筹城乡就业

2002 年，北京市委、市政府下发《关于贯彻落实中共中央国务院关于进一步做好下岗失业人员再就业工作文件的通知》（京政发〔2002〕18 号），提出"在重点做好下岗失业人员再就业工作的同时，要统筹兼顾城镇新成长劳动力的就业和农村富余劳动力的转移工作"。为贯彻落实市委、市政府文件精神，2003 年，北京市劳动和社会保障局、北京市农委下发《北京市加强农村富余劳动力就业工作的意见》（京劳社就发〔2003〕29 号），对农村富余劳动力就业工作做了新规定。一是建立了农村富余劳动力就业登记制度。有转移就业要求的农村富余劳动力可持本人身份证（或户口本）到户口所在地的乡镇公共就业服务机构进行求职登记，申领"北京市农村富余劳动力求职证"，并凭证在乡镇或区县公共就业服务机构求职择业。二是加强就业服务体系建设。2003 年北京市所有乡镇都成立了以社会保障事务所为依托的职业介绍所，有条件的村也开始建立就业服务站。② 三是建立农村富余劳动力就业服务制度。建立起以职业培训、职业指导、职业介绍为主要内容的就业服务制度，为求职择业的农村富余劳动力提供形式多样的就业服务。四是坚持多渠道、多层次、多形式安排农村富余劳动力就业。五是实行农村劳动力招聘备案制度，建立个人流动就业手册。

（二）2006 年，北京市加快统筹城乡就业步伐

2006 年，北京市政府下发《北京市人民政府贯彻落实国务院关于进一步

---

① 2003 年之前，北京市就业工作重心主要是配合国企改革实施再就业工程，促进企业下岗职工和失业人员再就业。截至 2002 年底，全市 1067 户再就业服务中心全部撤销，累计接收的 30.03 万名下岗职工全部实现再就业。

② 截至 2007 年底，北京市所有行政村全部建立了就业服务站，当时配备专（兼）职工作人员6000 余人。

加强就业再就业工作文件的通知》（京政发〔2006〕4号），按照通知精神，北京市进一步加大统筹城乡就业力度。

一是调整完善了农村劳动力转移就业登记制度。有转移就业意愿的农村劳动力可通过到乡镇社保所或村级就业服务站办理求职登记手续，申领"北京市农村劳动力转移就业证"，建立北京市农村劳动力转移就业档案，纳入全市公共就业服务的范围；农村基层就业服务组织每月与登记农村劳动力联系一次，了解掌握其就业状况和就业需求，并按照转移就业、阶段务农、无业求职等不同就业状态实施分类动态管理。①

二是实施了四项促进农村劳动力转移就业的政策。首先是对开办劳务派遣等就业服务实体组织农村劳动力转移就业的，由区县就业再就业资金给予一定的启动资金支持。其次是对招用因绿化隔离地区建设、资源枯竭、矿山关闭或受到保护性限制导致闲置的农村劳动力和享受农村低保待遇劳动力的用人单位，由市、区县两级就业再就业资金给予一次性岗位补贴，区县补贴金额由各区县按照每人不低于200元的标准自行确定，在此基础上，市就业再就业资金再按照每人200元的标准给予补贴。② 再次是建立培训与就业挂钩的培训补贴制度，市支农资金、市就业再就业资金分别为参加转移培训的农村劳动力提供每人100元的一次性培训和技能鉴定补贴，各区县按照不低于1∶1的比例提供相应的配套资金。③ 最后是要求有条件的区县、乡镇及村级组织制定本地区促进农村劳动力转移就业的扶持政策，引导鼓励农村劳动力通过多种方式实现就业。

三是加快推动乡镇、村级就业服务组织建设。4号文要求，要用两年左右的时间，在有条件的行政村建立就业服务站，配备专兼职工作人员，为农村劳动力转移就业提供岗位和培训信息、政策咨询、职业指导、劳务输出及动态跟踪等服务。为此，北京市劳动和社会保障局印发《关于进一步推动农村基层就业服务组织建设工作的通知》，规定2006年底前，在全市80%的行政村建立就业服务组织，2007年底前，全市100%的行政村具备就业管理服务功能。到2007年，全市所有行政村全部

---

① 参见北京市劳动和社会保障局《关于印发〈北京市农村劳动力转移就业管理办法〉的通知》（京劳社就发〔2006〕86号）。本办法自2006年7月1日起执行。

② 参见北京市劳动和社会保障局、市财政局《关于印发〈鼓励用人单位招用本市农村就业困难人员岗位补贴试行办法〉的通知》（京劳社就发〔2006〕53号）。本办法自2006年5月1日起执行，于2009年1月1日停止执行。

③ 参见北京市劳动和社会保障局、市农委《关于印发北京市农村劳动力职业培训补贴管理办法有关问题的通知》（京劳社就办发〔2006〕6号）。本办法自2006年6月1日起执行，于2009年4月1日停止执行。

建立了就业服务站，形成了"三级管理、四级服务"的公共就业服务体系。

另外，2006 年以来，北京市建立和推广城乡"手拉手"就业协作机制，在区县之间、街乡之间、乡企之间三个层面搭建起就业互助平台，以组织下乡招聘和上门应聘，开展对口技能培训和职业指导，实行就业信息网络沟通等形式，将城区的岗位资源优势与郊区的劳动力资源优势进行对接，有效缓解了城乡就业矛盾，促进农村劳动力跨地区流动就业。

（三）2008 年，北京市提出并推进城乡就业一体化

2008 年，北京市政府办公厅印发《北京市人民政府办公厅转发市劳动保障局关于促进农村劳动力转移就业工作指导意见的通知》（京政发〔2008〕57号），提出了促进农村劳动力转移就业的政策扶持、区域合作、就业服务等八项意见，加快推进城乡就业一体化发展。

首先，调整完善农村劳动力转移就业帮扶政策。自 2009 年 1 月 1 日起，全市实施四项新的促进农村劳动力转移就业政策：一是实行鼓励用人单位招用农村就业困难人员的补贴政策。各类用人单位招用"4050"、残疾、低保、"零就业家庭"等农村就业困难人员以及绿化隔离地区、矿山关闭地区、资源枯竭地区和保护性限制地区的农村劳动力，并按规定缴纳社会保险费的，可申请享受岗位补贴和社会保险补贴。[①] 二是实行鼓励农村劳动力自谋职业、自主创业，减免行政事业性收费和小额担保贷款政策。对从事个体经营的农村劳动力三年内免收管理类、登记类和证照类行政事业性收费。对从事个体经营和创办小企业的，分别给予不超过 8 万元、50 万元的小额担保贷款，对符合贷款贴息条件的给予财政贴息，在农村建立小额担保贷款信用社区，简化反担保手续。三是实行鼓励农村劳动力增强就业竞争能力的职业培训补贴政策。有转移就业愿望的农村劳动力可享受与城镇失业人员同等的职业技能培训、职业技能鉴定和创业培训补贴政策。城乡劳动力可以每年参加一次免费培训，职业技能培训补贴为人均 1100 元；创业培训补贴为人均 2400 元。[②] 四是实行帮助农村劳动力稳定就业的城乡平等的社会保险政策。农村劳动力实现转移就业并履行

---

① 参见北京市劳动和社会保障局、市财政局《关于印发〈鼓励用人单位招用本市农村就业困难人员的岗位补贴和社会保险补贴办法〉的通知》（京劳社就发〔2009〕15 号）。本办法自 2009 年 1 月 1 日起执行，于 2013 年 4 月 1 日停止执行。

② 参见北京市劳动和社会保障局、市财政局《关于印发北京市职业培训补贴管理办法的通知》（京人社办发〔2009〕5 号）。本办法自 2009 年 4 月 1 日起执行。

了与城镇职工同样的缴纳社会保险费义务的，可享受与城镇职工同等的养老、医疗等社会保险待遇。① 同时，城乡社会保险缴费和待遇享受可以有效衔接。四项新政策的实施标志着北京市城乡促进就业政策基本实现了统一。

其次，调整完善农村劳动力转移就业管理制度。2009 年，北京市依托覆盖全市城乡的人力资源市场信息系统，扩充农村劳动力转移就业管理功能，实现了日常工作信息化、动态管理经常化、业务操作标准化，为政府部门决策和向农村劳动力实施有针对性的就业服务和政策帮扶提供了可靠依据。2011 年，北京市针对城市化建设地区农村劳动力就业需求、就业方式与城市居民趋同的实际，出台了《北京市就业失业登记管理暂行办法》《北京市就业失业登记证管理暂行办法》《关于城市化建设地区农村劳动力纳入就业失业管理制度有关问题的通知》，将建设征地、土地储备或腾退、整建制农转非、山区搬迁、绿化隔离建设等地区的农村劳动力纳入城镇失业登记范围，享受城镇促进就业帮扶政策。

最后，健全城乡区域就业均衡发展机制。在继续推广完善城乡"手拉手"就业协作机制的同时，2010 年，北京市针对生态涵养区产业发展受限、农民转移就业难的问题，实施了生态涵养区就业资金帮扶政策，对于生态涵养区制定的地区就业政策，由失业保险基金给予 50% 的资金补贴。2011 年，对相关区县出台的促进城乡劳动者就业政策所需资金，由失业保险基金给予的补贴比例提高到 75%。

此外，各区县还进一步改进农村劳动力转移就业服务，加强了对农村劳动力转移就业工作的组织实施。

（四）2013 年，北京市推进城乡统一的促进就业格局

2013 年 4 月 1 日，北京市人力资源和社会保障局、北京市财政局联合印发《关于印发〈用人单位岗位补贴和社会保险补贴管理办法〉的通知》（京人社就发〔2012〕308 号）。该办法在鼓励用人单位招用劳动力就业方面，彻底实现了城乡统一。与以往政策相比，该办法有三个突破：一是扩大了政策补贴范围，将补贴单位从第二、第三产业单位扩大到员工制的一产企业和正规用工的农村个体工商户，鼓励企业为农民"签合同、上保险、保工资"，促进农民就近就地、稳定就业；将补贴对象从城乡就业困难群体扩大到全部登记失业人

---

① 参见北京市劳动和社会保障局《关于本市转移就业的农村劳动力参加养老保险有关问题的通知》（京劳社养发〔2009〕24 号）。

员和农村就业困难人员，在促进困难人群就业的同时，加大青年失业人员的就业帮扶力度。[①] 二是增强了政策扶持力度，城乡就业困难人员的岗位补贴标准从每人每年 3000 元提高到 5000 元，补贴期限从最长一般不超过 3 年延长到最长不超过 5 年。三是调整了政策功效，将申请享受补贴的条件调整为按规定缴纳职工社会保险费和按时足额发放不低于最低工资 1.2 倍的工资，引导政策补贴真正用到提高城乡劳动者工资待遇和社会保险水平上来，切实有利于提高劳动者的就业质量。

二　城乡就业一体化取得的成效

2003～2012 年，北京市坚持统筹城乡就业，不断完善城乡一体的促进就业格局，促进城乡劳动者"充分就业、稳定就业、公平就业"。2010 年，顺义区、延庆县被人力资源和社会保障部评为"全国农村劳动力转移就业工作示范区县"。

一是建立健全了城乡就业管理制度。在不断完善城镇就业管理制度的同时，建立了农村劳动力转移就业管理制度，将有转移就业要求的农村劳动力纳入就业促进范围，实现了就业促进管理制度的城乡全覆盖。同时，为适应城市化快速发展的需要，北京市建立了城乡统一的就业失业管理制度，将城市化建设地区的农民纳入城镇促进就业帮扶范围，享受与城镇失业人员完全一致的促进就业政策和服务（见图 1）。2012 年，北京市海淀区、朝阳区已经完成了农村劳动力转移就业管理制度与就业失业管理制度"并轨"，率先实现就业管理的城乡统一。

二是形成了城乡一体的促进就业政策体系（见图 2）。完善促进城镇失业人员就业政策，并向农村延伸，初步建立了城乡平等的就业制度。目前，北京市的促进就业政策，包括岗位补贴、社保补贴、职业介绍补贴、职业培训补贴、援企稳岗补贴、小额担保贷款、公益性托底安置、帮扶资金等 9 大类。在岗位补贴、社会保险补贴、职业培训补贴、职业介绍补贴、小额担保贷款等政策上实现了城乡一致。各区县、乡镇和部分村级组织也针对农村经济社会发展的

---

① 2012 年二季度末，北京市 35 岁以下青年失业人员占失业人员总量的 38%；三季度末，这一数据达到 40.5%；2013 年一季度末，达到 43.52%。青年失业人员在失业人员总量中所占比例不断上升。

特点和农民转移就业需求，制定了本地区的社会保险补贴、自谋职业补贴、交通补贴、劳务派遣、单位招工奖励、外出就业奖励等扶持政策，基本形成了市级政策为重点、区县政策为特色、乡村政策为补充的促进农民转移就业政策体系。

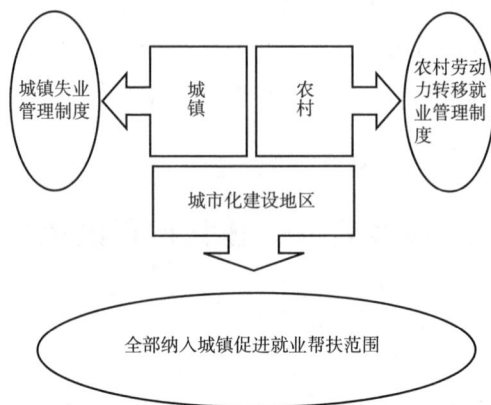

图1　北京市城乡就业失业管理制度

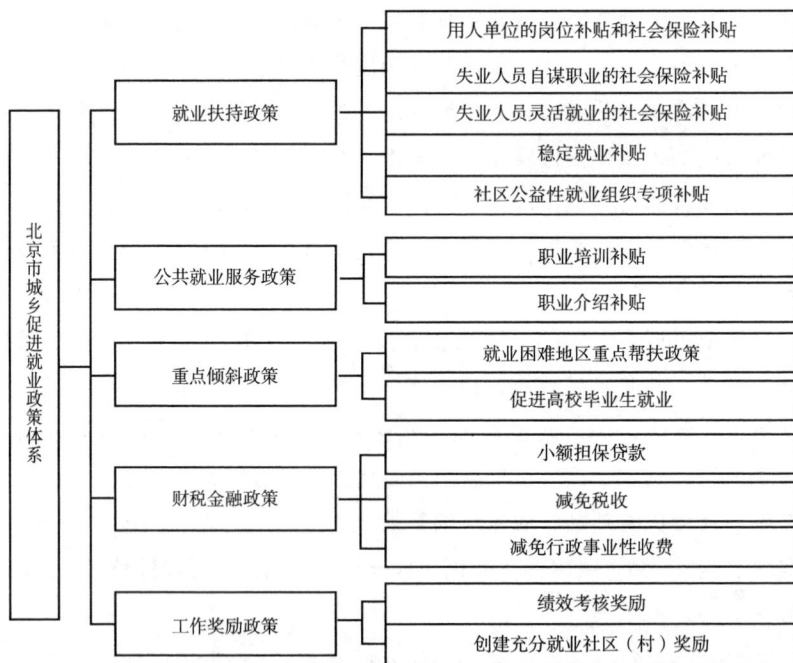

图2　北京市城乡促进就业政策体系

　　三是完善了城乡一体的公共就业服务体系（见图3）。近年来，北京市完善"三级管理、四级服务"的公共就业服务体系，实现了市级人力资源市场整合，全市326个街道（乡镇）全部建立了社保所，所有社区（村）建立了就业服务站，配备了1万多名工作人员和专兼职协管员。依托各级服务组织，市区（县）各级政府坚持日常服务与重点援助相结合，集中开展再就业援助月、春风行动等专项活动，为劳动者提供岗位开发、职业介绍、创业帮扶等一系列就业服务；深入推进充分就业创建活动，充分就业社区（村）、街道（乡镇）和区县比例分别达到71%、24%和6%；实施了《关于进一步加强职业培训工作的意见》（"京十条"）和相关配套政策，建立了覆盖城乡的职业培训政策体系。

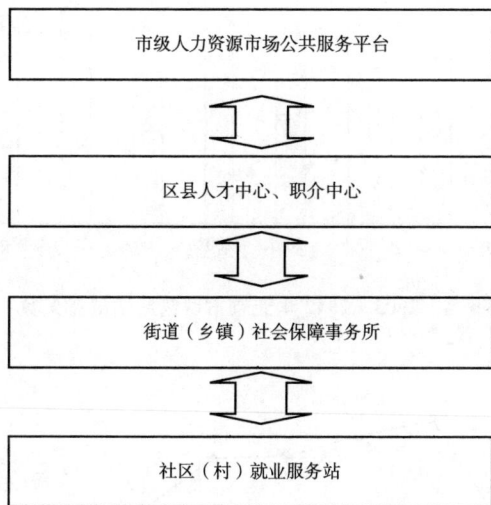

```
┌─────────────────────────────┐
│   市级人力资源市场公共服务平台   │
└─────────────────────────────┘
              ⇕
┌─────────────────────────────┐
│     区县人才中心、职介中心      │
└─────────────────────────────┘
              ⇕
┌─────────────────────────────┐
│   街道（乡镇）社会保障事务所    │
└─────────────────────────────┘
              ⇕
┌─────────────────────────────┐
│     社区（村）就业服务站       │
└─────────────────────────────┘
```

图3　北京市公共就业服务体系

　　四是健全了城乡就业均衡发展机制。近年来，北京市在城区与郊区、街道与乡镇、公共就业服务机构与企业间建立起"手拉手"就业协作关系，制定了针对高失业率地区和生态涵养区的专项扶持政策，减轻了困难地区的就业压力，缓解了区域间就业发展不平衡的矛盾。截至2011年，全市共有16个区县、170个街乡建立起城乡"手拉手"就业协作关系，累计帮助8万多名农村劳动力实现跨地区转移就业。

　　五是有力地促进了各类群体就业。2003～2012年，北京市以促进城乡充分就业为目标，实施更加积极的就业政策，着力推进城乡就业一体化。在保持全市就业规模不断扩大，就业局势基本稳定的同时，就业结构逐步优化，就业质量得到一定程度的提高。①

全市就业规模不断扩大，就业局势保持基本稳定。2003～2012年，北京市城镇新增就业人员累计达385.58万人，年均增加38.6万人（见图4）。除2005年外，北京市城镇登记失业率一直控制在2%以内（见图5）。此外，还帮助82.6万名农村劳动力转移就业（见图6）。

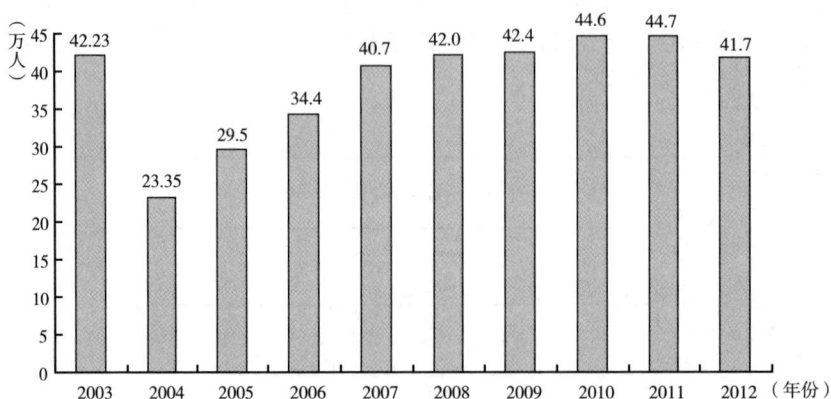

图4　2003～2012年北京市城镇新增就业人数

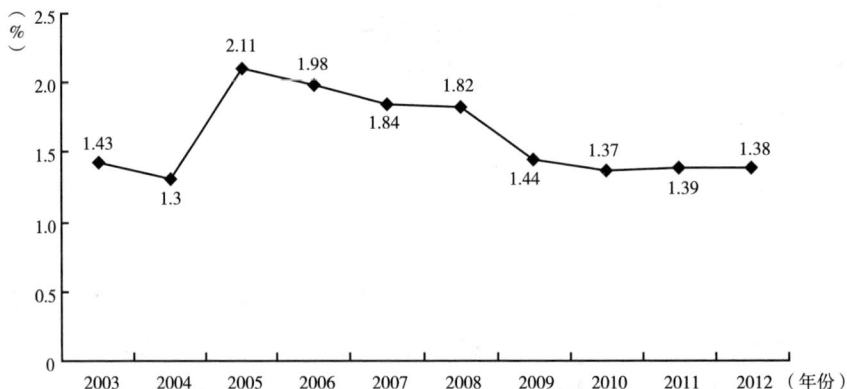

图5　2003～2012年北京市城镇登记失业率

---

① 2011年底，北京师范大学劳动力市场研究中心发布的《2011中国劳动力市场报告》中的"就业质量指数"显示，北京的就业质量最高，上海和天津分列第二位、第三位。

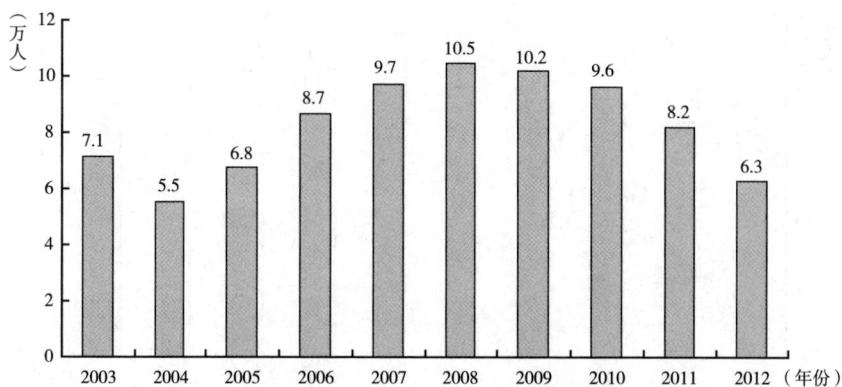

图 6　2003～2012 年北京市农村劳动力转移就业人数

全市就业结构持续优化。三次产业就业人员比重由 2003 年的 8.9∶32.1∶59 转变为 2012 年的 5.5∶20.5∶74，第一产业就业比重下降了 3.4 个百分点，第三产业就业比重上升了 15 个百分点（见图 7）。

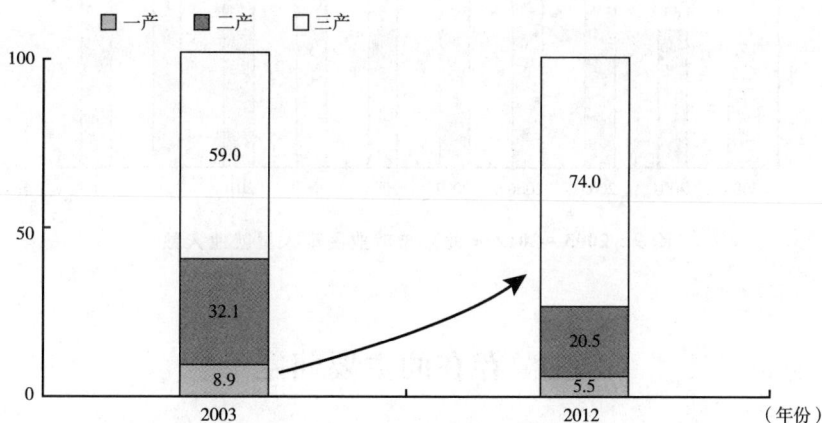

图 7　北京市三次产业就业结构

北京市妥善解决了失业人员和城乡就业困难人员的就业问题。2003～2012年，全市累计促进 196.55 万名失业人员就业（见图 8），帮扶 91.77 万名城乡困难人员实现就业（见图 9），实现了城乡无"零就业家庭"及"纯农就业家庭"至少一名劳动力转移就业。

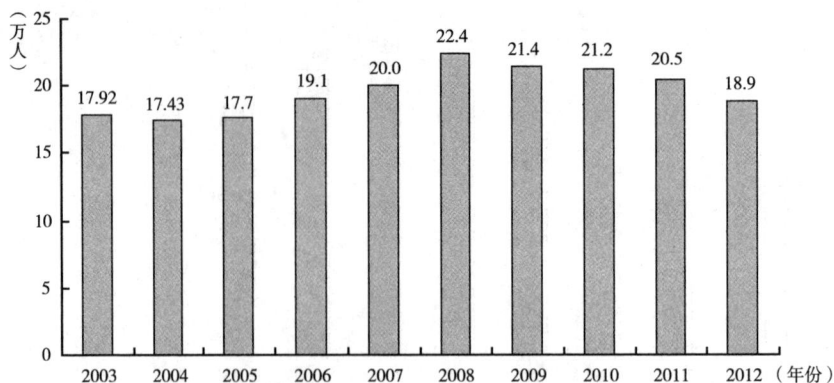

图8　2003～2012年北京市失业人员就业人数

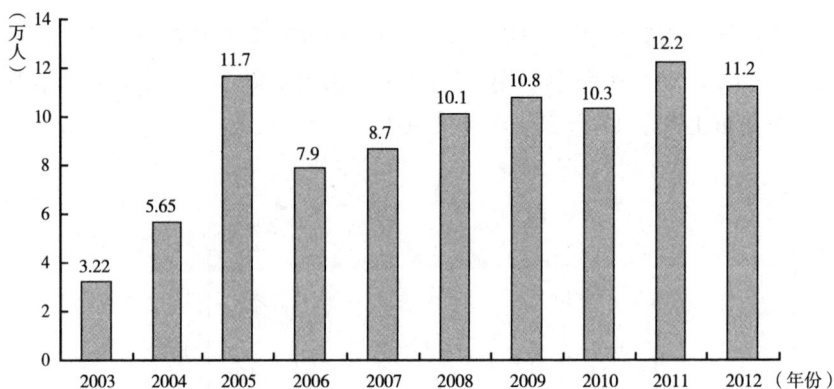

图9　2003～2012年北京市就业困难人员就业人数

三　存在的主要问题

与中央的新要求和首都的新形势、新任务相比，现行的城乡一体的促进就业政策体系尚存在一些不够完善的地方。

一是政策尚未实现城乡彻底统一，农村劳动力无法获得全面就业帮扶。北京市的促进就业政策主要有鼓励用人单位招用、扶持灵活就业、社区公益性就业组织托底安置三项主体政策，此外还有鼓励自谋职业（自主创业）、开展职业培训和职业介绍，以及困难地区倾斜等多项政策。目前，在鼓励用人单位招用就业困难人员的岗位补贴和社会保险补贴政策、鼓励自谋职业（自主创业）

的减免行政事业性收费和小额担保贷款政策、鼓励开展公共就业服务的职业培训补贴和职业介绍补贴等政策上，实现了城乡一致，但是农村劳动力仍然不能享受鼓励自谋职业、灵活就业的社会保险补贴政策和公益性托底安置专项补贴政策。

二是政策帮扶对象趋同，某种程度上影响了扩大就业规模效应的发挥。当前，北京市各项促进就业政策基本上是立足于帮扶困难人员就业，不能很好地与市场经济条件下多样化的就业形式相适应，充分发挥扩大就业的效应。比如，在鼓励用人单位招用就业困难人员的政策上，调查显示，61%的用人单位招聘人员首先考虑岗位需求，政策补贴只是附带考虑因素，而"4050"等困难人员只适合安排进入有限的后勤服务岗位，不能满足用人单位主要需求。"愿意招的没政策，有政策的不愿招"，直接导致单位就业规模很难有效扩大。再如，在公益性托底安置政策上，部分公益性就业岗位对从业人员素质的要求过高，弱化了其"托底"安置更多就业特困人员的功能。另外，在灵活就业补贴政策上，享受灵活就业社保补贴的人数虽然很多，但也有部分困难人员只将其作为延续社会保险缴费的手段，并未真正就业。

三是政策功能定位有待完善，提升就业质量的效应需进一步发挥。现行政策的重心在于帮扶失业人员或特殊群体就业，缺乏帮扶不充分就业或低质量就业人员实现更高质量就业的政策措施。从就业形式上看，登记失业人员大部分是以灵活就业的方式实现再就业，而以单位就业形式实现正规就业的比例比较低，就业稳定性亟待提高。[①] 从工资收入水平上看，据调查，2011年，享受补贴政策用人单位的月人均工资为2026元、月人均缴纳社会保险费818元、月人均福利为156元，只占当年北京市职工月平均工资的43.4%；社区公益性就业组织月人均工资只有1609元、月人均缴纳社会保险费689元、月人均福利为162元，占全市职工月均工资的34.4%。而灵活就业人员就业收入水平更是难以得到保证和提高。

四是政策间的协调不够，不利于形成促进就业的合力。从各类群体看，困难群体、高校毕业生、复退转业军人、残疾人等均享有相应的促进就业政策，这些政策既各自独立又相互交叉，政策覆盖群体、享受范围和帮扶力度各不相同，不利于营造统一、合理的促进就业环境，并且由于政策资金来源不同，监管

---

① 截至2013年一季度末，登记失业人员单位就业率仅为17.3%，而灵活就业人员所占比例达到77%。

体系缺乏共享机制，在某种程度上容易产生同类政策重复享受的问题。从各区县来看，区县及以下的就业政策仍以当地户籍作为享受的必要条件，在目前人户分离情况日趋增多、区域功能定位差异明显、促进就业的资金和岗位资源分布不均的情况下，既不利于调动全市力量整合各地资源，也不利于城乡劳动者获得就业帮扶。

五是公共就业服务体系尚不健全，服务的均等化、精细化水平有待进一步提升。首先，人力资源市场整合步伐需加快。市级公共服务平台仍需进一步完善，区县平台建设进度仍不统一，全市人力资源市场公共服务体系尚未完全贯通。其次，人力资源公共服务效能有待提升。公共服务机构的性质、规格和经费形式还没有完全统一，职能定位尚不够清晰，现有的标准化规范也需进一步整合完善。再次，基层公共就业服务平台建设亟待加强。比如，街道（乡镇）社保所承担着代办居民参保缴费、社保卡服务等72项业务，日均服务近2.8万人次，已经处于超负荷状态；社区（村）就业服务站软硬件设施滞后，8600多名劳动保障协管员业务素质也普遍偏低。总体上看，由于牵扯多个部门，协调难度大，基层公共就业服务平台场所小、环境差、编制少、经费缺的问题比较突出。最后，人力资源公共服务机构之间缺乏统一的网络信息平台。由于缺少有效的人力资源市场供求信息报送收集的约束机制，影响了政府发布人力资源市场供求信息的信度和效度；互联网服务没有得到有效整合，无法提供方便、快捷的服务；社区（村）就业服务站还没有实现就业服务信息网络全覆盖。

四　对策建议

在就业总量压力不减，结构性矛盾更加突出的就业形势下，要以促进城乡充分就业为目标，继续调整完善各项促进就业政策，加快健全城乡统一的促进就业格局，努力推动劳动者"充分就业、稳定就业、公平就业"，实现有质量的就业增长。

（一）继续完善促进就业政策，健全城乡统一的促进就业政策体系

当前，要按照城乡一体化的方向，在全面梳理、完善城镇各项就业、创业政策的基础上，加快向农村全面延伸，实现城乡促进就业政策的彻底统一。一是要完善社会（绿色）公益性就业组织政策。按照"先试点、后推广、先农

村、后城镇"的原则，在全市范围推广建立社会（绿色）公益性就业组织，逐步建立政府出资的公益性岗位开发利用机制，充分挖掘各类公益性岗位资源托底安置城乡就业困难人员。二是要研究制定鼓励农村劳动力自谋职业、灵活就业的社会保险补贴政策。对于农村自谋职业或依托农民专业合作社以灵活就业方式从事手工制作、计件加工等二、三产业工作，且按本市城镇职工缴费标准缴纳社会保险费的大龄农村就业困难人员给予社会保险补贴。三是积极探索建立城乡统一的失业保险制度，研究政策，使外地农民工与城镇职工在参保缴费、待遇享受上实现完全一致。

（二）根据不同群体特点，进一步优化各项就业政策功能

根据单位就业、自主创业（自谋职业）、灵活就业和公益性岗位托底安置等就业形式的不同特点，调整相应政策的扶持对象，进一步强化政策促进就业功能。一是调整规范灵活就业政策。在确保年龄偏大、生活困难和身体残障人员帮扶力度不减的前提下，通过调整完善灵活就业政策，引导年龄较小、竞争能力较强的劳动者积极参与人力资源市场竞争，努力实现正规就业。二是研究探索拓宽公益性岗位安置途径的可行性。在制定社会（绿色）公益性就业组织政策，建立公益性岗位开发利用机制，完善公益性就业组织"托底"安置能力的基础上，探索开辟公益性岗位的灵活就业渠道是否可行，研究能否通过给予社会保险补贴，解决城乡就业困难人员，特别是农村就业困难人员的就业问题。三是围绕都市型现代农业等绿色经济发展，研究绿色产业扶持政策，大力发展绿色产业，积极创造绿色岗位。四是建立就业促进政策正常调整机制，根据形势发展需要，不断调整完善促进就业政策的覆盖范围、帮扶对象、扶持手段和资金力度，同时，增加灵活就业政策与正规就业政策的衔接，促进城乡劳动者由非正规就业转向正规就业，由低质量就业转向更高质量的就业。

（三）发挥失业保险促进就业作用，提高城乡劳动者就业稳定性

要加快建立起就业导向的失业保险制度，充分发挥失业保险预防失业、促进就业功能。目前，北京市已经制定利用失业保险基金支持企业开展职业培训的政策，对符合条件的企业，按上年度缴纳失业保险费总额的20%给予培训补贴，鼓励企业通过开展在职职工培训，提高劳动者就业能力和就业稳定性。下一步要进一步调整失业保险基金支出结构，扩大支出范围，促进劳动者实现

更高质量就业。一是要研究稳定就业的岗位补贴政策，对与职工长期保持稳定劳动关系的用人单位，由失业保险基金给予补贴，鼓励其对稳定就业做出贡献。二是要探索研究"岗位替代"政策，选择部分技能要求低、城乡劳动者能够胜任的社区服务、居民服务、后勤服务等岗位，探索通过加强政策扶持力度，提高岗位收入水平，加大其对城乡劳动者的就业吸引力，拓宽城乡劳动者稳定就业渠道。三是要稳步实施企业在职职工培训试点工作，争取早见成效，逐步扩大试点范围，将符合条件的各类企业以及缴纳失业保险的事业单位分批纳入支持范围。四是要研究促进山区地质灾害易发区及生存条件恶劣地区搬迁农民转移就业的扶持政策。五是要研究进一步加大失业保险基金对预防失业、稳定就业支持力度的其他政策措施，充分发挥失业保险基金的作用。

（四）完善城乡一体的服务体系，推进公共就业服务均等化

按照"市级统筹一体化、区县综合专业化、街乡规范标准化、社区（村）方便个性化"的原则，合理布局市、区县、街道（乡镇）、社区（村）公共就业服务资源。

一是加快推进全市人力资源市场整合贯通。继续完善市级人力资源公共服务平台建设，推动区县人才市场和劳动力市场整合，为城乡劳动者提供完全平等的公共就业服务。二是加强城乡基层平台建设。根据常住人口规模，合理配备公共就业服务队伍，特别是研究出台加强基层平台建设的意见，解决社保所队伍建设方面的体制性问题，研究加强社区（村）就业服务站的措施，健全管理制度，统一服务标准，优化服务流程，强化人员培训，提升基层平台服务能力和水平。分步骤、分阶段地将部分管理服务职能延伸到社区（村），方便城乡劳动者就地获得动态跟踪的职业指导、职业介绍、"一对一"就业援助、政策咨询等公共就业管理服务。三是建立公共就业服务效能发挥保障机制。积极推进公共就业服务的法制化、标准化、信息化建设，制定《北京市人力资源市场条例》，全面实行统一的公共就业服务标准、服务流程、服务项目，推进人力资源市场信息系统向社区（村）延伸，加快流动人员人事档案信息化建设；对反响较好的公共就业服务机构给予补贴；打造首都公共就业和人才服务专项活动品牌。四是全面建立并实行绩效考评制度，建立动态管理服务监管信息平台和基层绩效考评机制，开展失业人员、就业困难群体促进就业满意度测评，从过程、结果和对象三个方面客观评价就业工作，努力使城乡劳动者获得实在、优质、有效的公共就业服务。

（五）进一步健全城乡就业失业管理调控制度，使城乡劳动者获得平等的就业帮扶

一是适应首都城市化进程，继续推进城乡统一的就业失业管理制度建设，推进城镇失业管理制度和农村劳动力转移就业管理制度逐步"并轨"。二是不断扩大就业失业管理制度覆盖范围，将需要政策扶持的不同特殊群体纳入统一的管理体制，建立科学的就业困难认定标准，给予特殊群体有针对性的就业帮扶。三是在推动以常住地为依托的就业失业管理制度的前提下，研究引导基层政府将地区政策实施范围逐步由户籍地调整为常住地；全市统一研究制定特殊支持政策，对有效解决其他地区就业困难的基层政府，给予一定补助。四是完善城乡就业失业统计指标体系，建立调查失业率与登记失业率统计分析机制和就业管理与社会保障的联动机制。五是健全就业失业监测预警制度，全面掌握城乡劳动者的就业失业状况，制订应对预案，加强危机情况下失业风险的预防和有效调控。

执笔：周立今 张国锋 赵金望 齐振家

2013 年 6 月 3 日

·专题报告·

第四篇

北京市城乡基础教育一体化研究

近年来，北京市的各级各类教育都得到了迅速发展，文化普及率不断提高，受教育机会逐步扩大；教育结构日趋优化，各级各类教育协调发展；城乡教育差距逐步缩小，弱势人群受教育权利得到保障；教育功能不断拓展，教育贡献能力日益增强。

教育财政性支出向农村的倾斜，使农村教育水平迅速提高，北京市农村地区的小学入学率、巩固率均达到100%，毕业合格率达99.5%，远郊初中校的入学率、巩固率和中考及格率均达到97%以上。

随着农村各级各类教育的开展，农民对教育服务的满意度也随之大大提升。在农村开展的教育服务满意度调查中，对教育服务表示满意的农村居民占60%以上，这说明近年来北京市在各种层次上提供的教育服务都得到了广大农村居民的认可。

在未来一段时期内，在确保教育财政合理、足额增长的前提下，北京市应适当调整教育支出重心，依照全市社会经济发展整体目标，在充分考虑民众需求的基础上，设立教育财政支出优先顺序，保障教育资金进一步向基础教育倾斜、向农村倾斜；优化教育支出结构，提高财政资金使用效率。此外，还应对教育资金进行绩效管理，以高效合理地利用有限的教育资金来满足各类居民对教育的多元需求。

一　北京市城乡基础教育一体化政策演变

北京虽然是世界特大城市，城市化水平居全国前列，但与此同时，北京也是一个农村面积较大的城市，全市62%的面积为山区、半山区，农村中小学的校数和在校生的人数在全市也占相当大的比重。2012年，北京10个远郊区县的中小学占全市中小学总数的52%，在校生人数占全市中小学在校生总人数的41%。

北京农村教育的改革与发展在很大程度上影响着首都教育整体现代化的进程。加快农村教育发展、缩小城乡教育差距、促进义务教育均衡发展，就成为促进北京基础教育高速发展的决定性因素。

自新《义务教育法》颁布实施以来，北京市政府就将工作重点放在农村、不发达地区、基础薄弱学校和弱势群体方面。北京市教委等部门制定了《关于完善北京市义务教育经费保障机制的通知》（京教财〔2007〕41号）、《关于进一步完善义务教育阶段"两免一补"政策的通知》（京教财〔2006〕21

号）等多个规范性文件，对促进城乡基础教育一体化起到了关键性的作用。

2002 年，为减轻农民负担，增强农村义务教育的保障能力，促进北京市义务教育高标准、高质量、均衡发展，北京市人民政府办公厅转发了《国务院办公厅关于完善农村义务教育管理体制文件的通知》（京政办发〔2002〕47号），对北京市农村义务教育实行以区县为主的分级财政管理体制，由区县政府对农村义务教育负主要责任。对 10 个远郊区县和城近郊区"享受城市居民最低生活保障待遇的家庭"接受义务教育的学生实行免交杂费的政策。按照北京市义务教育阶段学生交纳杂费的标准计算，北京市政府为此增加了 6000万元的公共财政支出。2002 年免收部分学生杂费是北京农村义务教育发展阶段的一件大事，它标志着义务教育中的"义务"一词真正得到体现。

为稳定农村教师队伍，北京市对各区县进一步采取倾斜政策，提高教师待遇。按照《北京市教育委员会、北京市财政局、北京市人事局、北京市机构编制委员会办公室关于做好中小学教师工资统一发放工作的通知》（京教财〔2001〕42 号）要求，将农村中小学教师工资全额纳入本级财政预算，通过银行按时、足额、直接拨付到教职工个人工资银行账户，由区县政府集中管理和统一发放。2005 年，北京市政府按照"限高、稳中、补低"的原则，重新核定了绩效工资，全市山区教师工资每人每月增加 600 元，平原和城区教师工资每人每月增加 300 元。

北京市政府每年还以为市民办实事的形式，优先解决农村义务教育的实际困难和问题。2002 年，为 133 所农村寄宿制中小学配备生活用车，解决山区寄宿学生上学难问题。2003 年，农村中小学全部取消明火取暖。2004 年，为农村寄宿制中小学建设医务室。2005 年，为 500 所农村中小学配备体育器材。2006 年，为 600 所农村中小学配备音乐、美术教学设备，推进农村地区的素质教育。2007 年，市政府为农村中小学改造旱厕，对义务教育阶段学生全部免除杂费，对贫困家庭及农村户籍学生，在教科书费、住宿费、助学补助等方面予以免除或补助，启动了小学规范化建设工程，重点支持 100 所小学在主要项目上达到新颁布的办学条件标准，安排资金 8000 多万元用于改善 140 所农村寄宿制中小学校的生活条件。

此外，市级财政采取倾斜政策，优先重点支持农村中小学校园网建设、设备配置和干部教师培训，近年来，为远郊区县配备计算机 36790 台，多媒体1920 套，建设电子备课室 279 个。这些措施使农村教育的薄弱环节得到加强，办学条件整体水平得到提高。

2008 年，北京市政府颁布《北京市实施〈中华人民共和国义务教育法〉办法》，提出应建立义务教育经费保障机制，保证义务教育制度的实施，取消接受义务教育学生的学费、杂费，逐步实行免费提供教科书制度，将义务教育全面纳入财政保障范围，在财政预算中单列义务教育经费，以保证义务教育财政拨款的增长比例高于财政经常性收入的增长比例，保证按照在校生人数平均的义务教育费用逐步增长，保证教职工工资和学生人均公用经费逐步增长，并将新增教育经费主要用于农村学校和城镇地区薄弱学校，教育费附加主要用于实施义务教育。在编制预算上，对农村地区和财力薄弱区、县实施义务教育的经费予以倾斜，加大义务教育转移支付规模，支持和引导区、县人民政府增加对义务教育的投入，以高于国家的标准制定学生人均公用经费标准，并按照本市实现教育现代化的要求，根据经济和社会发展状况适时调整。

2011 年 3 月，北京市政府与教育部签定了关于推进义务教育均衡发展的备忘录，承诺不断加大市级政府对义务教育的统筹和引导力度，增加对经济不发达区（县）的教育投入规模；各级财政优先保障义务教育均衡发展的经费需求，特别是保障残疾儿童义务教育经费投入，切实改善特殊教育学校的办学条件；在城市规划和建设中将义务教育学校列为重要基础性设施，优先规划，合理布局，确保质量；为来京务工人员随迁子女免费接受义务教育提供条件，促进来京务工人员子女在公办学校就读比例逐年增长；确保残疾儿童少年接受义务教育。

2012 年 7 月，北京市政府与各区县政府签署了推进义务教育均衡发展责任书，明确各区县实现义务教育基本均衡的时间，到 2015 年底，全市所有区县实现义务教育达到基本均衡的目标。

与此同时，按照《国家中长期教育改革和发展规划纲要（2010～2020年）》的部署和要求，北京市加紧颁布和实施《北京市中长期教育改革和发展规划纲要（2010～2020 年）》，提出全面落实《北京市中小学办学条件标准》，实施现代化中小学建设项目。建立城乡一体化义务教育发展机制，在财政拨款、学校建设、教师配置等方面向农村倾斜，保障农村教育发展需求。积极推进学区化管理、学校联盟、名校办分校、学校托管、优质管理输出、教师特派等办学形式和管理机制的创新试点，扩大优质教育资源覆盖面，促进区域教育协调发展。以公办学校接收为主，完善来京务工人员随迁子女接受义务教育的保障体制。

2012 年 5 月，为切实落实《国家中长期教育改革和发展规划纲要（2010～2020 年）》，北京市颁布了《北京市"十二五"时期教育改革和发展规划》，提出在"十二五"期间，要加快实施"北京市中小学建设三年行动计划"，完成全市中小学办学条件达标建设任务，完成中小学校舍安全工程；创新资源整合方式，推进义务教育阶段学校均衡发展，扩大优质教育资源辐射面；加大财政投入向农村和城市发展新区教育倾斜的力度，促进义务教育城乡一体化发展；坚持以公办学校为主，规范、扶持民办学校，切实保障来京务工人员随迁子女接受义务教育的权利。

到 2015 年，北京市将全面普及学前教育，学前三年毛入学率达到 95% 以上，建立覆盖全市 0～3 岁幼儿家庭的教育指导网络；义务教育优质均衡发展，在校生数占相应学龄人口总数（以户籍人口计算）的比例即毛入学率达到 100%，进一步增强保障来京务工人员随迁子女接受教育的能力；全面普及高水平、多样化的高中教育，高中阶段教育毛入学率达到 99% 以上；职业教育和培训更加发达，高等教育普及率稳步提高，每 10 万人口在校大学生数达到 6700 人；城乡教育一体化发展格局形成，家庭经济困难群体资助制度更加完善，民族教育和特殊教育水平不断提高；人力资源开发水平持续提高，主要劳动年龄人口受过高等教育的比例达到 40%，新增劳动力平均受教育年限达到 15 年。具体发展指标如表 1 所示。

表 1　北京市"十二五"时期教育事业发展与人力资源开发主要指标

指　标	2010 年	2015 年
学前三年毛入园率(%)	>90	>95
义务教育毛入学率(%)	100	100
高中阶段教育毛入学率(%)	98	>99
每 10 万人口在校大学生数(人)	6369	6700
中小学建网学校比例(%)	90.8	>95
外国留学生规模(万人次)	7.1	12
新增劳动力平均受教育年限(年)	14	15
从业人员继续教育年参与率(%)	50	>60
主要劳动年龄人口受过高等教育的比例(%)	35	40

资料来源：《北京市"十二五"时期教育改革和发展规划》。

二　北京市城乡基础教育服务现状分析

"十一五"时期，北京市着力提升教育质量，努力促进教育公平，持续推进教育开放，继续保持了健康稳定发展的势头，完成了"十一五"规划制定的主要目标和任务，在全国率先基本实现了教育现代化。

（一）普及水平不断提高，受教育机会逐步扩大

经过"十一五"以来的持续发展，北京市教育普及化任务基本完成，为率先基本实现教育现代化奠定了坚实的基础。2012年，首都各级各类教育协调发展，教育普及水平进一步提高，适龄青少年受教育权利得到充分保障。

"十一五"期间，北京市各级各类教育入学率进一步提高，0~3岁婴幼儿接受早期教育率达到90%，学前三年毛入园率达到90%以上，义务教育毛入学率和高中阶段教育毛入学率继续保持在100%和98%以上，教育普及水平已超过中等发达国家同期平均水平；公共教育服务体系不断完善，教育结构持续优化，义务教育均衡发展水平不断提高，普通高中优质资源覆盖范围显著扩大；教育公平迈出新的步伐，市级财政每年新增教育经费主要用于农村教育，农村学校办学条件得到明显改善，来京务工人员随迁子女接受义务教育的权利得到基本保障；教育投入显著增长，"十一五"期间国家财政性教育经费比"十五"期间增长了1.42倍，占GDP的比重提高了0.64个百分点，各级各类学校的办学条件不断改善，教育信息化水平保持全国领先。

1. 义务教育

义务教育作为教育的基础得到了北京市财政部门的大力支持，北京市的义务教育因此得以快速发展：适龄儿童入学率保持在较高水平，学校布局得以优化，生均公用经费水平不断提高，即便是北京市的农村居民也不再为上学难、上学贵所困扰。

"十一五"期间，北京市通过实施600所中小学的标准化建设、圆满完成初中建设工程、推进小学规范化建设、实施农村义务教育系列工程等举措狠抓薄弱环节建设；以教师支教、启动农村中小学教师研修工作站等举措重点加强农村教师队伍建设，推动干部教师队伍稳步发展；通过实施中小学办学条件达标行动计划、保证居民区配套教育设施建设等举措科学规划，合理布局，实现办学条件均衡配置；通过名校办分校、城乡中小学"手拉手"、学区化管理等举措扩大优质教育资源共享。自2009年起，北京市还全面免除了城区和远郊区县的所有义务教育阶段学校学生的学费、教科书和杂费等所有费用，实现了真正意义上的义务教育全面免费。

　　"十一五"期间，北京市共建设了19所名校分校，总投资13.95亿元。初中建设工程投入专项经费106.5亿元，481所学校通过达标验收；实施小学规范化建设工程，市、区两级专项经费投入约74.2亿元；支持15所城乡一体现代化学校建设，并为全市义务教育阶段学生提供21个学科9500节数字化优质同步课程资源。

　　进入"十二五"后，北京市继续加大对义务教育，特别是农村义务教育的投入，通过农村义务教育工程的实施，使每年新增教育经费的70%用于农村教育，在山区新建、改建123所寄宿制中小学。在11个郊区县建设了24所名校分校。投入20亿元加强信息化建设，农村中学实现"班班通"，学生平均10人一台计算机，教师每人一台计算机；实施高素质师资队伍建设工程，通过"绿色耕耘行动计划"，培训农村教师10000名；通过"春风化雨行动计划"，培训城区薄弱学校教师5000名。选派5000多名城镇教师到农村中小学全职任教。在城区优质学校建立40多个研修工作站，已接受1000名农村中小学教师进站研修。

　　通过这些工程的实施，全市义务教育学校建设的总体布局得到科学规划和调整，办学条件全面改善，学校干部教师队伍建设得到有效加强，为下一步全市义务教育优质均衡发展打下了坚实的基础。2012年北京市义务教育基本情况如表2所示。

表2　北京市义务教育基本情况（2012年）

项　　目		初　中		小　学	
		全市	农村	全市	农村
校　　数	（所）	342	69	1090	269
毕业生数	（人）	97587	7979	101678	9693
招生数	（人）	100636	6223	132719	11485
在校学生数	（人）	302269	20444	680457	60800
教职工数	（人）	—	—	54781	7022
代课、兼任教师	（人）	—	—	961	38
体育运动场馆面积达标校数	（所）	281	58	731	197
建立校园网校数	（所）	320	63	1013	247
计算机	（台）	64789	9645	158553	17913
图书藏量	（册）	9163929	1450598	24285849	3375383
电子图书藏量	（千兆字节）	34653	5383	116671	4359
固定资产总值	（万元）	535044	73488	981733	97545

　　资料来源：北京市教育委员会。

2. 学前教育

人生百年，立于幼学。学前教育是国民教育的组成部分，是重要的社会公益事业，关系到千家万户的幸福和千百万儿童的健康成长。近年来，北京市的学前教育发展遇到了前所未有的困难：大量外来人口涌入，加之"70 后"和"80 后"进入育龄阶段，北京婴儿出生率逐年走高，外来人口婴儿出生率已超户籍人口。人口总量的增加，使城市新生儿的数量增大，而前些年被撤销的街道园、单位园较多，① 加之小区配套幼儿园没有及时建好和使用，使得"入园难"问题短时间内凸显。如何化解"入园难"问题，无疑是摆在我们面前的一个现实而又紧迫的任务。

针对人口增长造成学前教育资源不足的现状，北京市提出了新的学前教育目标，根据《北京市中长期教育改革和发展规划纲要（2010～2020 年）》，2011～2015 年，北京市将投入 50 亿元，新建 300 所、扩建 300 所幼儿园，增加学位 7.5 万个。

2011 年，北京市把学前教育发展列入国民经济整体发展规划，制订了《北京市学前教育三年行动计划（2011～2013 年）》，实施学前教育三年行动计划。三年内规划建设和改造 769 所幼儿园，使全市幼儿园达到 1530 所左右，全市公办性质幼儿园所占比例达到 65% 以上。2011～2013 年分别增加学前教育学位 26901 个、23879 个、23280 个，满足户籍适龄儿童入园需求，学前三年学位供给实现全覆盖，入园率由 85% 提高到 95% 以上，努力提高常住适龄儿童入园的比例，学前三年学位供给覆盖率和入园率由 80% 提高到 90% 以上。为此，三年内市区两级财政将安排 20 亿元基本建设资金和 18 亿元财政专项经费，用于 370 所新建、改扩建公办幼儿园的建设和设施设备的购置；接收 147 所小区配套幼儿园，扶持开办小规模幼儿园、小学附属幼儿园和扩班等；投入 7 亿元资金用于对 250 所左右部门、集体办园进行达标改造。三年间共计投资 45 亿元，是"十一五"时期的 9 倍。

北京市还实施了幼儿园教师培养培训工程。三年内共计培养和输送 5000余名幼儿教师和 4000 余名保育员。95% 以上的幼儿园园长和 85% 的幼儿教师

---

① 据北京市政协教文卫体委员会一项调查显示，北京市幼儿园在 1996 年有 3056 所，其中城市 927 所、县镇 471 所、农村 1658 所；目前减至 1266 所，其中城市 780 所、县镇 147 所、农村 339 所，幼儿园总量下降了 58.57%。全市注册登记的 1266 所合法幼儿园中，教育部门办园（即公办园）330 所，社会力量办园 936 所。根据北京市"完善学前教育体制"专题调研组发布的数据显示，全市没有正式注册的非正规幼儿园已经达到 1298 所，数量超过全市注册的 1266 所幼儿园。

达到专科及以上学历。鼓励社会多渠道办园，形成以公办为主导、社区为依托、民办为补充的学前教育服务网络，以满足学前儿童的入园需求。一是新建、改扩建一批公办幼儿园；二是利用中小学布局调整后的富余教育资源建设小学附属幼儿园；三是鼓励、支持中央及地方各部门办园；四是扶持并稳定街道、乡镇集体办园；五是鼓励优质公办幼儿园举办分部；六是在农村地区每个乡镇建设 1~2 所乡镇中心幼儿园，同时根据本市村庄规划标准的要求建设乡镇中心幼儿园附属分园，覆盖到每个村。

在行动计划的三年内，北京市还将不断加大生均经费补贴力度，实施奖励补贴政策。一是提高教育部门办园生均经费标准，由每生每年 200 元提高到每生每年 1200 元，2013 年将达到生均 2000 元；二是对中央及地方各部门办园、街道及乡镇集体办园生均补贴 3000 元以上；三是对接受政府委托、办成普惠性幼儿园的民办幼儿园，采取减免租金等补贴政策。

2011 年，北京市投入 6 亿元支持改善办园条件，提高公用经费定额标准，新增入园名额 3.3 万个，比计划的 2.7 万个高出 22%。2012 年，北京市继续推进学前教育三年行动计划，财政投入学前教育经费 15 亿元，加强幼教师资培养培训，新建、改扩建 50 所公办幼儿园，采取多种形式扩大学前教育资源，新增入园名额 2.4 万个，顺利完成计划。2012 年北京市学前教育基本情况如表 3 所示，2013 年，北京市继续加大学前教育投入，增加幼儿园学位 3 万个，将户籍儿童学前三年入园率提高到 95%，将常住适龄儿童学前三年入园率提高到 90% 以上，使"入园难"问题得到根本缓解。

表 3 2012 年北京市学前教育基本情况

项 目	全市	城区	镇区	农村
园数（所）	1305	919	188	198
班数（个）	11213	9113	1269	831
在园幼儿数（人）	311417	256765	35711	18941
教职工数（人）	44458	39195	3757	1506
专任教师（人）	24170	20994	2192	984
保健医生（人）	1615	1454	121	40

资料来源：北京市教育委员会。

（二）城乡教育差距逐步缩小，弱势人群受教育权利得到保障

北京市把教育放在优先发展的战略地位，农村教育投入逐年增加，办学条

件不断改善，教师队伍日趋稳定，农村各级各类教育的发展在不同程度上都取得了一定成效，主要表现在以下几个方面：

1. 实现基本普及义务教育和基本扫除文盲两个目标

近年来，北京市的义务教育普及率保持在99%以上，农村地区的小学入学率、巩固率均达到100%，毕业合格率达99.5%，远郊初中校的入学率、巩固率和中考及格率均达到97%以上。①

2. 中小学布局结构不断优化调整

北京市按照"小学就近入学，初中相对集中"的原则，"十五"期间共撤并规模小、效益低的村小和乡以下初中600余所，进入"十一五"以来，每年调整撤并农村中小学60所，在县城和重点乡镇建设了一批高标准、规范化的中小学，优化了教育资源的配置，提高了办学质量。到2012年，北京市农村小学从1999年的1121所减少到269所，农村初中从1999年的175所调整为69所。

3. 农村中小学信息技术水平超出全市平均水平，实现了多种形式的远程教育和网络教育

北京市对农村中小学的设备配置、校园网建设、干部教师培训等给予优先重点支持，"十五"期间对中小学信息化投入的8亿元中，有6亿元投到远郊区县，为10个远郊区县的中小学校建设校园网近千个，配备教师用计算机3万台，学生机5万台。

目前，北京市所有远郊区县均开通了远程教育站点和信息技术中心，北京市农村中小学信息化建设已经有了一个良好的开端。

4. 农村中小学教师队伍整体水平在不断提高

目前，农村中学教师的学历合格率达到95%，小学教师学历合格率接近100%，取得大专及大专以上学历的教师约占50%。② 同时，北京市努力改善山区教师待遇，基本做到了山区教师平均收入不低于本区县教师平均收入水平。

针对农村教师聘用中存在的"学非所用"现象（学非所用的情况在地理、化学、生物、历史等学科比较严重），北京教育学院在通州区开设了历史教师培训班，在房山区开设了物理学教师培训班，这是北京市远郊农村义务教育培训——"绿色耕耘"项目的一个子项目。培训以教师们现任的学科为主线，进一步扩展学员的学科知识，使学员学到相对系统的学科知识，学员的学习积

---

① 中国教育和科研计算机网，http：//www.media.edu.cn/20020115/3017557.shtml。
② 中国教育和科研计算机网，http：//www.media.edu.cn/20020115/3017557.shtml。

极性都很高。

此外，从 2005 年开始，北京市每年从城镇中小学选派 1000 名城镇优秀教师到农村中小学全职支教一年，同时，还选派 2000 名左右的城镇中小学教师到农村中小学兼职支教，力争为每个农村中小学配备一名城镇教师。从 2006 年起，北京市教委要求没有农村工作经历的特级教师到农村中小学或城镇一般中小学兼职支教，完成不低于 480 课时的支教工作。此外，北京市还组织包括示范高中、中小学名校在内的 103 所城市学校与 103 所农村学校开展"手拉手"活动，签定了对口支援五年的协议书。

北京市教委积极采取措施，为农村师资和城镇优质教育资源搭建交流平台，组织优秀教师利用网络对农村教师进行备课辅导、在线答疑，为密云、延庆等区县的 200 多所学校配备多媒体授课平台，组织东城区将优质网上课程资源与昌平、延庆、平谷等区县的师生共享，依托北师大、首师大、北京教育科学研究院等在农村中小学开展了"农村中小学信息化应用模式与策略研究""信息技术与学科教学整合研究""面向教育信息化教师专业发展"等实验，通过课题研究促进应用。

此外，包括清华、北大在内的 10 所高校，分别与 10 个远郊区县开展对口支援，帮助开展教师培训，改善办学条件，提高农村中小学的教育质量。

2008 年，北京市在城镇优质中小学设立了 40 个农村教师研修工作站，接收 1000 名农村骨干教师进站研修。目前，北京农村中小学教师学历合格率基本与城区持平，教师队伍相对稳定，教师素质不断提高。

2010 年，北京市加强新城教育设施和农村寄宿制学校建设，推动居住区配套学校建设机制改革，确保新建学校达到办学标准并及时交付使用。扎实推进校舍安全工程建设，完成 300 所中小学校舍抗震加固改造，确保工程质量。落实"市属高校基本建设三年规划"，加快推进重点项目建设。完善建设机制，加快推进亦庄职教园区和良乡、沙河高教园区建设。加大政府统筹和调控力度，重点推进义务教育均衡发展，进一步优化中小学结构布局，加快推进中小学达标工程。大力推进城乡教育一体化发展，新增教育经费主要向农村地区、薄弱学校倾斜，优先支持农村保留学校办学条件达标。推进名校办分校、学区化管理、学校联盟、对口合作、教师交流等改革试点，推动优质教育资源的共享、辐射和带动。开展教师特派、管理输出、学校托管等试点，探索区域教育协调发展机制。

"十二五"以来，北京市继续完善中小学校舍安全工程，深化教师交流、学区化管理等改革，推动优质教育资源向农村地区、薄弱学校配置，促进义务教育均衡发展。主要有以下措施：实施中小学校舍安全工程；深化教师交流、学区化管理等改革，推动优质教育资源向农村地区、薄弱学校配置，促进义务教育均衡发展；实施城乡新区学校建设等七项工程，提高中小学建设现代化水平；严格管理、规范发展校车服务，保障学生出行安全；启动中小学三年行动计划，为义务教育阶段中小学校学生和家长提供全科（21 个学科、9500 节）数字化名师授课资源；支持在城乡接合部和郊区建设 15 所中小学校等。

　　一系列惠及农村教育政策的出台，逐年加大的投入，不仅为农村基础教育的快速发展提供了强有力的保障，使得农村学生享受到优质的教育资源，也同时为北京市教育迅速发展，在全国率先基本实现教育现代化提供了保障，注入了动力。2012～2013 学年北京市基础教育情况如表 4 所示。

表 4　2012～2013 学年北京市基础教育情况

单位：人

项目 类别	学生情况			教师情况	
	毕业生数	招生数	在校生数	教职工数	专任教师
高中阶段教育	129156	146657	426714	94433	66537
初中阶段教育	95782	108133	305510	—	—
小学教育	109492	141738	718655	55710	46783
工读学校	294	299	728	300	212
特殊教育	1747	1190	8118	1231	898
学前教育	79131	115248	331524	48080	26330

　　资料来源：北京市教育委员会。

（三）外来务工人员随迁子女就学环境显著改善

　　《北京市中长期教育改革和发展规划纲要（2010～2020 年）》（以下简称《纲要》）把来京务工人员随迁子女接受义务教育工作纳入公共财政体系保障范畴，强调"以公办学校接收为主，完善来京务工人员随迁子女接受义务教育的保障体制"。《纲要》指出，要加强来京务工人员随迁子女融入首都生活的教育，在确保来京务工人员随迁子女平等享受义务教育权利的同时，注重他们学习能力、心理素质、生活习惯的培养，以使来京务工人员随迁子女能较快地融入新的学习和生活环境。

北京市对来京务工人员随迁子女接受义务教育做出了明确规划，并将其纳入北京市公共财政体系保障范畴，市级财政每年投入 10 余亿元，保障随迁子女接受义务教育的权利。

截至 2012 年底，北京市义务教育阶段来京务工人员子女共有 52.9 万人，其中 83.6% 的人在公办中小学就读，53.4% 的人在公办幼儿园就读。随迁子女在接受教育、参加团队组织、评优选先方面，与本市学生同等对待，并全部免除了学费、杂费和课本费。2012 年外省市学生、外籍学生在北京就读情况如表 5 所示。

表 5　2012 年外省市学生、外籍学生在北京就读情况

项　目	非户籍学生（人）		外籍学生（人）	
	全市	民办学校	全市	民办学校
初　中	80763	10696	1279	288
高　中	17217	5016	1448	282
小　学	289132	29062	2582	897
特殊教育	711	35	6	—
幼儿园	79056	36891	1653	1167
中等职业教育	62416	6246	97	—
合　计	529295	87946	7065	2634

资料来源：北京市教育委员会。

三　北京市教育财政支持现状分析

随着财政支出总量的不断增长，北京在迈向知识经济的进程中，公共教育支出总量不断增长。

（一）北京市教育支出总量不断增长

2011 年，北京市地方国家财政性教育经费达 520.08 亿元（见表 6、图 1），比 2007 年增长 97.7%，约为全市地区生产总值 14113 亿元的 3.7%，比上年略有提高。预算内教育经费投入为 400.6 亿元（包括教育事业费投入、基建投入、科研投入及其他投入），比上年的 351.8 亿元增加 48.8 亿元，增长 13.9%；财政预算内教育拨款（含教育费附加）占地方财政支出比重为 18.6%，超额完成预算任务，保障了学前教育和义务教育均衡发展。具体情况

是，投入基础教育经费49.0亿元，支持幼儿园改扩建，基本完成中小学校舍安全工程，促进基础教育办学条件达标。

表6　2007～2011年北京市预算内教育支出情况

年份	教育支出（亿元）	教育支出增长速度（%）	年份	教育支出（亿元）	教育支出增长速度（%）
2007	263.00	25.8	2010	450.22	23.3
2008	316.30	20.2	2011	520.08	15.6
2009	365.67	15.5			

资料来源：历年《北京财政统计年鉴》。

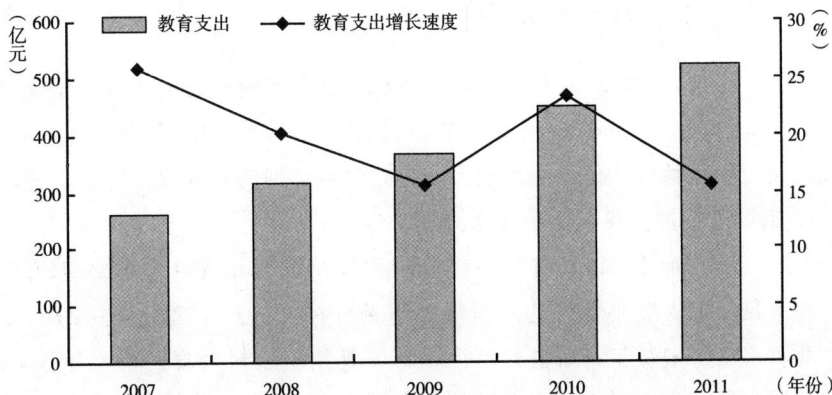

图1　2007～2011年北京市预算内公共教育支出情况

2012年，北京市圆满完成国家下达的财政性教育经费支出占国内生产总值比例为4%的分解任务。具体情况为：投入基础教育经费96.3亿元，支持实施学前教育、中小学建设三年行动计划，改善中小学、幼儿园办学条件，开展国家教育改革试点，落实基础教育阶段各项教育资助政策等；投入中等职业教育经费22.5亿元，重点支持中等职业学校实训基地建设，提高职业教育教师素质等。

财政性教育经费支出的不断提高，使全市人均教育经费和各级各类教育生均教育经费显著增长。2012年，北京市小学生均教育事业费已达1.8万余元，比2009年的1.2万元增长了50%，生均初中教育事业费为2.6万余元，比2009年的1.6万元增长了62%；小学生均公用经费为8700元，比2009年的5000元增长了74%；初中生均公用经费为11000元，比2009年的6000元增长了83%，几项指标均为全国最高。同时，北京市各级各类学校的基础设施、教学条件和校园环境也得到不断改善，详见表7所示。

表7 2012年北京市学校基本办学条件

指标 类别	占地面积 （平方米）	学校产权 建筑面积 （平方米）	图书 （万册）	固定资产总值(万元)	
				合计	其中：教学、科研 仪器设备
普通中学	21985020	11512899	2661.26	2046251.03	464333.44
小　学	13670667	5891766	2560.05	1083194.25	343086.50
幼儿园	4866599	2832682	362.27	—	—

资料来源：北京市教委网站。

（二）公共教育支出向农村倾斜

农村中小学、城区落后校、特殊教育校等，在各地都是义务教育领域中的"短板"。近年来，针对这些薄弱环节，北京市加大投入改善学校硬件，进行机制创新，优化教师队伍，缩小城乡、校际差距，推动义务教育均衡发展。

1. 远郊区县加大投入改善基本办学条件

"十一五"期间，北京市初中建设工程和小学规范化工程投入157.5亿元，初中校和近半数小学已达到新颁办学条件标准。对于郊区农村的义务教育，北京市近年来每年新增教育经费的70%都用于农村教育。2006年投向10个远郊区县的教育费附加达4.5亿元，安排2500万元为680多所农村中小学配备音乐、美术教学设备。近几年来，市级财政优先重点支持农村中小学校园网建设、设备配置和干部教师培训，为远郊区县配备计算机36790台，多媒体1920套，建设电子备课室279个。这些措施使农村教育的薄弱环节得到改善，办学条件整体水平得到提高。

2007年，北京市政府投入2.24亿元，改善了远郊农村地区100所中小学办学条件，进一步缩小了城乡差距，使教育向均衡发展迈进。自2007年秋季开学起，在公办中小学就读的有北京户口的义务教育阶段中小学生全部免交杂费，其中有北京农村户口的学生免交教科书费。此项政策惠及东城、西城、崇文、宣武、朝阳、海淀、丰台、石景山八个区近40万名中小学生，市级财政为此支付近9000万元专项经费。至此，除对公办义务教育阶段学校有北京户口的学生做到了全部免收杂费，对有北京农村户口的学生全部免收教科书费外，还对山区学生、城乡低保家庭学生、特殊教育学生（含随班就读）、工读学校学生做到"三免两补"，即免收杂费、教科书费、寄宿生住宿管理费，发放学习补助（每人每年 300 元）和寄宿生活补助（每人每年 1000元）。

2008 年，北京市投入 1.5 亿元重点支持 100 所小学达到新颁办学条件标准，集中改善了农村寄宿制中小学生活条件，为 180 所农村寄宿制中小学改造了食堂、浴室和活动室，并为 140 所农村寄宿制中小学校分别配备一部生活用车。进一步完善义务教育阶段"两免一补"政策，市级投入补助经费 2.3 亿元，对 10 个远郊区县和朝阳、海淀、丰台三个区农村中小学中非农户籍的学生免收教科书费，对全市民办学校义务教育阶段学生和经审批合格自办学校的学生补助杂费。为远郊区县 518 所有饮水困难的中小学配备"可口饮水机"，为学生营养餐定点单位配备食品卫生快速检测箱，以确保校园食品安全。

2009 年，为健全教育经费保障机制，北京市继续将新增教育经费重点投向农村及薄弱学校，全年共投入 33.5 亿元，落实义务教育减免政策，全面免收义务教育学生和高中残疾学生学杂费，促进教育公平；支持 200 所农村小学办学条件达标，改造 300 所农村教师集体宿舍；累计在 10 个远郊区县创办 24 所名校分校，促进基础教育均衡发展。实施义务教育学校绩效工资改革，所需经费由财政预算予以保障。投入 0.7 亿元，用于学前教育扩班等，缓解入园难问题。健全政府助学体系，投入资金 4.2 亿元，资助家庭困难学生 15.2 万名，实现助学贷款政策全覆盖。市级投入 9.0 亿元，启动各级各类学校既有建筑抗震排查加固工作，切实保障师生生命财产安全。

2010 年，北京市财政安排教育支出 450.2 亿元，比上年增长 23.3%，其中 42.5 亿元用于推进基础教育发展，主要支出项目为：支持中小学校舍抗震加固 16.0 亿元；改善农村基础教育办学条件 11.0 亿元；落实基础教育减免政策 4.3 亿元。

2011 年，北京市预算内教育经费为 520.1 亿元，比上年增长 15.5%。在各级教育生均教育事业费执行情况方面，普通小学、普通初中、职业高中、中等职业学校的生均预算内教育事业费支出增长幅度基本都在 20% 以上；在各级教育生均公用经费执行方面，增幅最大的为普通小学，比上年的 5836.99 元增长 49.38%，而远郊区县的生均教育事业费和生均公用经费增幅均超过城六区。

2. 远郊区县生均教育经费水平不断提高

通过"有步骤地实施，分层次地推进"，北京农村义务教育事业不断推进。2010 年，北京市普通小学教育经费总计 1037877 万元，其中农村小学教育经费总计381559万元（见表8），约占36.8%，所占比重不断提高；北京市农村小学财政性教育经费总计373084万元，占农村小学全部经费来源的97.8%，其中预算内事业性经费拨款为257930万元，基建拨款为19741万元。[①]

表8　2010年北京市农村义务教育财政性教育经费情况

单位：万元

	教育经费总计	财政性教育经费	预算内事业性经费拨款	基建拨款
农村小学	381559	373084	257930	19741
农村初中	228024	220522	201944	18775

资料来源：《中国教育经费统计年鉴2011》。

2010年，北京市普通初中教育经费总计736929万元，其中农村初中教育经费收入总计228024万元，占30.9%。北京市农村初中财政性教育经费总计220522万元，占农村初中全部经费来源的96.7%，其中预算内事业性经费拨款201944万元，基建拨款18775万元。[②] 2010年北京市农村义务教育财政性教育经费情况如图2所示。

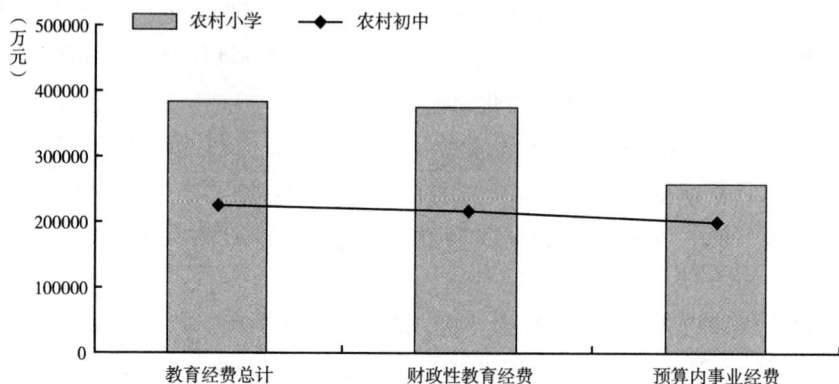

图2　2010年北京市农村义务教育财政性教育经费情况

教育财政支出向农村的倾斜，使北京市农村中小学的生均教育经费得到迅速提高，已连续几年超出全市平均水平。2010年，北京市普通小学生均教育

[①] 《中国教育经费统计年鉴2011》，中国统计出版社，2012。

[②] 《中国教育经费统计年鉴2011》，中国统计出版社，2012。

经费为 16061 元，其中生均预算内教育经费为 12255 元（见表 9）；北京市农村小学生均教育经费为 17583 元，其中生均预算内教育经费为 14011 元，高出北京市普通小学生均预算内教育经费 14.3%。[①]

表 9　2010 年北京市义务教育及农村义务教育投入指标比较

单位：元

指标	普通小学	农村小学	普通初中	农村初中
生均教育经费	16061	17583	23172	25782
生均预算内教育经费	12255	14011	17349	21052

资料来源：《中国教育经费统计年鉴 2011》。

2010 年，北京市普通初中生均教育经费为 23172 元，其中生均预算内教育经费为 17349 元（见表 9）；北京市农村初中生均教育经费为 25782 元，其中生均预算内教育经费为 21052 元，高出北京市普通初中生均预算内教育经费 21.3%[②]。2010 年北京市义务教育经费情况如图 3 所示。

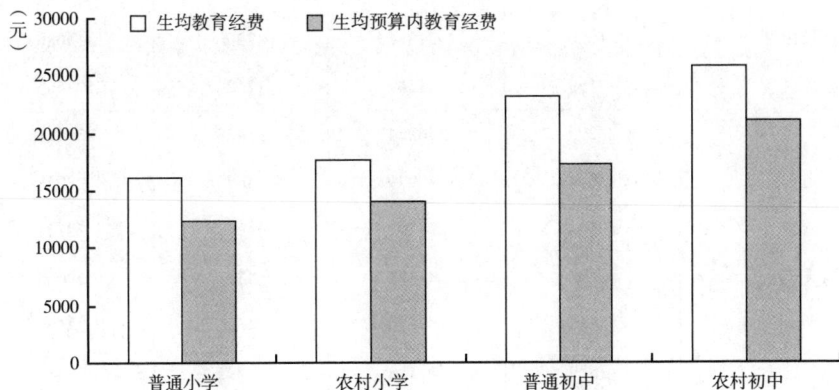

图 3　2010 年北京市义务教育经费情况

教育财政性支出向农村倾斜，使北京市农村教育水平迅速提高：北京市农村地区的小学入学率、巩固率均达到 100%，毕业合格率达 99.5%，远郊初中

①　《中国教育经费统计年鉴 2011》，中国统计出版社，2012。
②　《中国教育经费统计年鉴 2011》，中国统计出版社，2012。

校的入学率、巩固率和中考及格率均达到97%以上。

3. 远郊区县师生比明显改善

2011 年，朝阳区、海淀区、丰台区、石景山区、东城区和西城区在校小学学生合计为 419755 人，教职工 29417 人，师生比为 1:14.3（见表10）；远郊十个区县在校小学学生合计为 256224 人，教职工 26293 人，师生比为 1:9.7，城六区小学师生比是远郊区县的 1.5 倍。

表 10 2011 年北京市分区县中小学基本情况

单位：人

区 域	小 学		中 学	
	教职工数	学生人数	教职工数	学生
城六区	29417	419755	43242	297594
东城区	4280	46721	6324	43139
西城区	4514	55636	8162	52794
朝阳区	7241	98530	9074	54899
丰台区	4583	65935	5166	28611
石景山区	1600	21386	2390	14686
海淀区	7199	131547	12126	103465
远郊十区县	26293	256224	35488	201421
房山区	3644	41979	4678	28938
通州区	3584	54212	4788	28751
顺义区	2763	35858	4397	29065
昌平区	3388	50670	4606	24599
大兴区	3529	42418	4792	27462
门头沟区	1506	11106	1285	7330
怀柔区	1775	15483	2529	12205
平谷区	2501	1735	3372	13986
密云县	2092	1510	2653	17212
延庆县	1511	1253	2388	11873
总 计	55710	675979	78730	499015

资料来源：北京市教育委员会。

从普通中学情况来看，远郊区县的师生比状况也远好于城区。2011 年，城六区普通中学在校学生为 297594 人，教职工为 43242 人，师生比为 1：6.9，远郊区县普通中学在校学生为 202411 人，教职工为 35488 人，师生比为 1：5.7。城六区普通中学师生比高于远郊区县。

四　农村居民对农村教育服务现状评估

为了解农村居民对农村教育的真实看法和感受，我们运用问卷和入户两种方式，对北京市农民进行了实地调查。共发放问卷 600 份，回收有效问卷 556 份，有效率达 96%。其中平原 126 份，半山区 162 份，山区 288 份。

（一）农村教育满意度分析

从收集到的调查问卷来看，600 份调查问卷中共有 556 份有效问卷，其中 137 人对教育服务满意，占总数的 24.6%；比较满意的有 275 人，占总数的 49.5%；不满意的有 116 人，占总数的 20.9%；很不满意的有 28 人，占总数的 5.0%。总体来看，对教育服务满意人数占总数的 74.1%，而对教育服务不满意的人数比例仅为 25.9%，这表明对教育服务满意的人数远远多于不满意的人数。

对全部问卷进行的统计分析表明，北京市农村居民对教育服务的满意度相对较高，对农村教育服务满意度的排序依次为：小学、初中、高中、职业中学、成人培训，如表 11 和图 4 所示。

表 11　北京市农村居民教育服务满意度情况调查

类别	问卷数（人）	项目	满意	比较满意	不满意	很不满意	满意度得分	满意度排序
小学	530	人数（人）	213	205	93	19	78.9	1
		占比（%）	40.2	38.7	17.5	3.6		
初中	560	人数（人）	180	245	120	15	75.9	2
		占比（%）	32.1	43.8	21.4	2.7		
高中	555	人数（人）	129	269	137	20	71.7	3
		占比（%）	23.2	48.5	24.7	3.6		
职业中学	522	人数（人）	80	255	165	22	64.2	4
		占比（%）	15.3	48.9	31.6	4.2		
成人培训	538	人数（人）	86	239	181	32	60.4	5
		占比（%）	16.0	44.4	33.6	5.9		

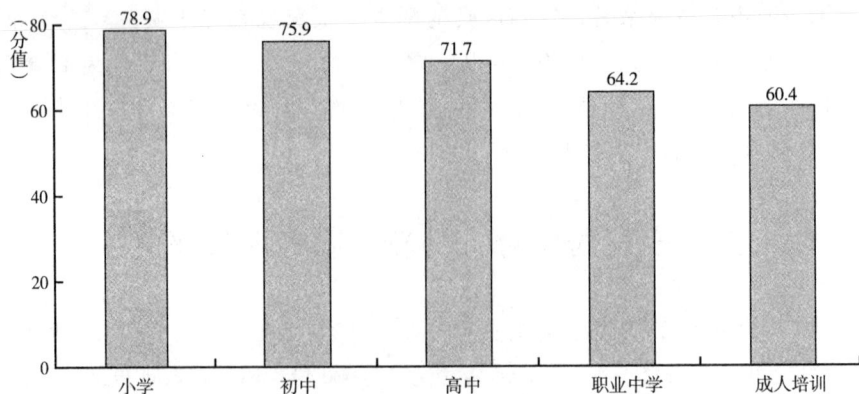

图4　北京市农村居民教育服务满意度得分情况

（二）　不同地区农村教育满意度分析

平原地区农村居民对小学、初中和高中的满意度较高，分别有72.00%的人、72.70%的人和72.80%的人表示"满意"和"比较满意"，对职业中学和成人培训的满意度偏低，分别有58.9%的人和56.10%的人表示"满意"和"比较满意"，具体如表12和图5所示。

表12　平原地区农村居民教育服务满意度

类别	项目	满意	比较满意	不满意	很不满意
小　学	人数（人）	32	58	31	4
	占比（%）	25.6	46.4	24.8	3.2
初　中	人数（人）	32	59	32	2
	占比（%）	25.5	47.2	25.6	1.6
高　中	人数（人）	24	67	32	2
	占比（%）	19.2	53.6	25.6	1.6
职业中学	人数（人）	14	59	46	5
	占比（%）	11.3	47.6	37.1	4.0
成人培训	人数（人）	15	54	47	7
	占比（%）	12.2	43.9	38.2	5.7

半山区与平原地区相似，农村居民对小学、初中和高中的满意度较高，表示"满意"和"比较满意"的人分别占84.80%、81.20%、70.50%；对职业中学和成人培训的满意度偏低，表示"满意"和"比较满意"的人分别占65.70%和56.50%（见表13）。

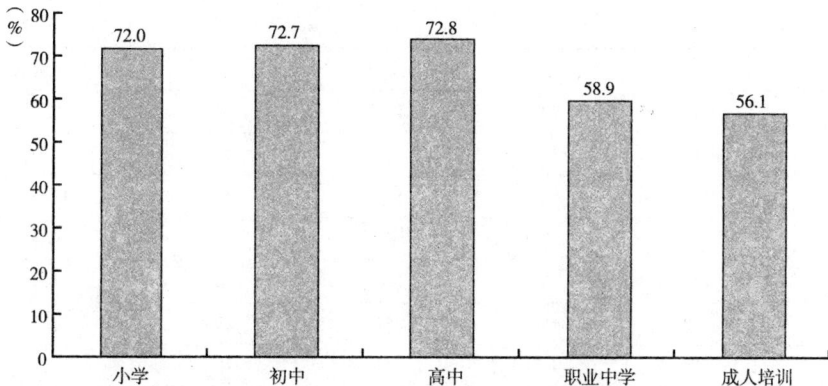

图5　平原地区农村居民教育满意度情况

表13　半山区农村居民教育服务满意度

类别	项目	满意	比较满意	不满意	很不满意
小　学	人数（人）	67	56	17	5
	占比（%）	46.2	38.6	11.7	3.4
初　中	人数（人）	59	66	24	5
	占比（%）	38.3	42.9	15.6	3.2
高　中	人数（人）	40	68	39	6
	占比（%）	26.1	44.4	25.5	3.9
职业中学	人数（人）	29	61	41	6
	占比（%）	21.2	44.5	29.9	4.4
成人培训	人数（人）	25	58	55	9
	占比（%）	17.0	39.5	37.4	6.1

　　山区农村居民的教育服务满意度与半山区、平原地区相似，山区农村居民对小学、初中、高中的满意度较高，分别有78.80%的人、74.40%的人、71.90%的人表示"满意"和"比较满意"；对职业中学和成人培训的满意度相对低一些，分别有65.90%的人和64.60%的人表示"满意"和"比较满意"。具体如表14所示。

表14　山区农村居民教育满意度分析

类别	项目	满意	比较满意	不满意	很不满意
小　学	人数（人）	114	91	45	10
	占比（%）	43.8	35.0	17.3	3.8

续表

类别	项目	满意	比较满意	不满意	很不满意
初 中	人数（人）	89	120	64	8
	占比（%）	31.7	42.7	22.8	2.8
高 中	人数（人）	65	134	66	12
	占比（%）	23.5	48.4	23.8	4.3
职业中学	人数（人）	37	135	78	11
	占比（%）	14.2	51.7	29.9	4.2
成人培训	人数（人）	46	127	79	16
	占比（%）	17.2	47.4	29.5	6.0

我们将不同地区的农村居民教育满意度情况加以比较，发现半山区农村居民对小学和初中教育服务满意度最高，平原地区农村居民对高中教育服务满意度最高，对职业中学满意度最高的是山区农村居民，对成人培训满意度最高的也是山区农村居民。具体如表15所示。

表15 不同地区农村居民满意度比较

类别	平原（%）	排序	半山区（%）	排序	山区（%）	排序
小 学	72.00	3	84.80	1	78.80	1
初 中	72.70	2	81.20	2	74.40	2
高 中	72.80	1	70.50	3	71.90	3
职业中学	58.90	4	65.70	4	65.90	4
成人培训	56.10	5	56.50	5	64.60	5

五 北京市城乡基础教育存在问题及差距分析

近年来，北京市政府在推进城乡基础教育服务均等化方面做了大量工作，使北京市农村基础教育条件得到明显改善，城乡间基础教育差异明显缩小。但由于教育资源分布不均衡，农村基础教育仍然是全市教育的薄弱环节。例如，在师资方面，北京市共有182名特级教师，其中在远郊区（县）的仅有9名，且集中在县城或市级高中示范校。远郊区（县）骨干教师及学科带头人共计

369 人，而真正在农村中小学任教的不到 50 人。城乡学校在办学条件、经费投入、管理水平和教育质量等方面仍存在不均衡，严重影响了农村基础教育的发展以及城乡基础教育服务的均等化。

（一）对农村基础教育投入不断增加，但有待进一步加强

近年来，北京市的教育投入不断扩大，但教育经费在初等教育、中等教育和高等教育之间分布的层次结构不尽合理，在重视高等教育快速发展的同时，对初等教育和中等教育的投入仍有待进一步增强和提高。2010 年，北京市教育经费总支出额为 935.20 亿元，用于高等教育的支出就达 495.68 亿元，占总投入的 53%，虽然已有一定幅度的下降，但在全部教育支出中仍占绝大部分比重。初等教育、中等教育和高等教育人均经费之比为 1∶1.2∶4.8，相比来说，基础教育的支出比重仍然偏低。在 2010 年北京市教育财政支出中，普通小学的经费支出增长速度最快，远远超过其他支出类别的增长速度，是教育经费平均增长速度的 1.75 倍，充分体现了北京市政府对基础教育的重视。但就农村基础教育经费投入规模来说，仍显不足。2010 年北京市农村中学和农村小学的经费增长速度均低于教育经费的平均增长速度，这使得农村中学、农村小学教育经费在教育经费总支出中的比重出现下降。

基础教育支出比重偏低、农村基础教育支出比重下降，表明北京市的公共教育支出还应进一步向基础教育、农村教育倾斜。

（二）农村中小学教学条件改善，教学成本提高，经费保障困难

农村税费改革以后，北京市取消了农村教育费附加和乡统筹费，由此带来了农村义务教育经费投入能否得到保障的问题。北京市实行以"四取消、两调整、一改革"为内容的农村税费改革后，县（区）、乡政府不再拥有征收农村教育费附加与捐资的权力，农村义务教育失去了一个重要的经费来源。尽管中央与北京市财政加大了转移支付的力度，但还是无法完全弥补税费改革带来的经费缺口。特别是在北京农村中小学办学条件大幅改善之后，公用经费需求明显增加。例如，在农村中小学冬季煤炉取暖改为暖气取暖之后，燃煤费用直线上升；信息化建设让农村中小学拥有了更多的电脑、机房等软硬件设备，随之而来的是电话费、电费、上网费的大量增加；校园绿化面积扩大之后，水费支出也随之增加；随着生源的变化，有些乡镇所在地的

中小学布局需要进一步调整，寄宿规模进一步扩大，所需费用更是一笔不小的数目。公用经费的迅速膨胀，使北京市山区中小学重新陷入经济难以为继的困境之中。

（三）农村教师待遇偏低，青年教师队伍不够稳定

从国家发放的工资来说，北京市城乡中小学教师的待遇没有很大的差异，但自2003年北京市教育系统实行内部管理体制改革后，由于规定部分教师工资由学校自筹，使得城乡教师工资待遇出现了较大差距。例如，条件好的城区教师的平均工资可能是延庆县的一倍或者更多，因为这部分自筹教师工资是以校为单位，谁能创收谁就可以多发。因此，产生城乡教师工资差距的主要原因不是政府财政划拨的经费有多大差距，甚至在很多情况下政府拨给农村学校的还更多一些，但是一旦加上学校的创收收入就产生了差异。例如，昌平的老师调到海淀山后月工资收入就从1500元变为3000元，如果再调到山前地区，月工资收入就从3000元变为5000元。目前，部分工资经费自筹已成为影响北京市基础教育发展的一个非常严重的制约因素。

此外，山区教师的生活待遇有待提高，主要原因：一是政策性补贴标准过低，山区津贴仅有20元左右；二是物价较高，北京的山区和半山区由于交通不便，各种生活必需品如蔬菜、副食甚至粮食的价格均比平原地区高出30%~50%，形成了低收入、高消费现状，增加了教师的生活支出；三是住房困难，住房问题成为北京山区及边远平原地区教师生活的后顾之忧。一方面，学校无法解决住房，另一方面，教师如果没有私房，只能到县城购买商品房，而经济能力的制约使他们根本买不起商品房。在当地盖房，乡镇又不批房基地，这给山区教师生活带来了很大的困难；四是农村医疗条件差，教师的医疗费标准偏低，个人负担比例高，使部分农村教师因病致贫。

北京山区及边远平原地区的青年教师已占教师总数的60%以上，他们已成为当地教师队伍中的骨干力量。由于山区教师工作条件艰苦，信息封闭，业余文化生活单调，青年教师择偶较难，个人生活问题难以解决，造成部分青年教师不安心本职工作，迫切希望向城镇地区流动。

从《2009年北京市义务教育均衡发展状况专项督导报告》也能发现类似问题（见表16）。

表16　2009年北京市义务教育均衡发展状况

指　标	城镇	农村	指　标	城镇	农村
生均占地面积(平方米)	29.47	71.96	校级干部具有高级职务比例(%)	89.16	89.59
生均建筑面积(平方米)	13.17	13.86	具有合格学历教师比例(%)	99.83	99.72
生均运动场地面积(平方米)	11.52	29.51	具有高于规定学历教师比例(%)	91.57	89.06
专用教室达标率(%)	76.25	60.73	专业对口教师比例(%)	95.83	93.00
生均教学仪器设备总值(元)	4829.73	4911.61	具有高级职务教师比例(%)	45.71	44.63
生均音乐教学器材值(元)	176.98	184.19	市级骨干教师比例(%)	1.34	0.47
生均体育教学器材值(元)	255.28	296.22	区级骨干教师比例(%)	11.02	8.44
生均美术教学器材值(元)	71.24	113.24	教师与学生人数比例	1:9.19	1:11.69
图书达标率(%)	98.92	92.45	应届小学、初中按时完成率(%)	99.22	94.24
每台学生机使用人数(人)	8.63	8.67	体质健康合格率(%)	90.68	90.50
每台专任教师用机使用人数(人)	0.85	1.16	初中毕业率(%)	99.74	99.75
专用教室达标率(%)	85	85			

资料来源：《2009年北京市义务教育均衡发展状况专项督导报告》。

通过对城镇和农村两类学校二级监测指标的具体数值进行对比，可以发现，北京市农村义务教育学校有9项指标高于城镇学校，有6项监测指标与城镇学校持平。在经费保障的5项指标中，农村学校有3项指标高于城镇学校；在办学条件的11项监测指标中，农村学校有6项指标高于城镇学校，2项持平；在干部教师配置的8项监测指标中，农村学校有6项指标低于城镇学校，2项持平；在普及水平的3项监测指标中，农村学校有1项指标低于城镇学校，2项持平。

其中，特别引人注目的就是与教师相关的几项数据，如具有高于规定学历的教师比例、具有高级职务的教师比例、市级骨干教师的人数比例、区级骨干教师的比例以及教师与学生人数比例，农村学校均低于城镇学校，这也从侧面反映了农村中小学教师待遇问题已成为制约北京城乡基础教育服务均等化发展的重要瓶颈，亟须政府的关注和倾斜。

（四）学前教育，特别是农村学前教育普及程度亟待提高

近年来，尽管北京户籍新生人口减少，但总的新生人口却突然膨胀，总人口逼近16万人，直逼北京市出生人口的最高峰。但是，北京市幼儿园的数量不仅没有增加，反而因为撤销企业办园、街道办园等导致幼儿园总数大

幅度减少。目前，全市户籍儿童共 37.4 万人，其中 3 岁以上的为 15.8 万人，3 岁以下的为 21.6 万人。全市注册登记合法幼儿园共 1266 所，再加上 1298 所未登记注册的"自办园"，现有幼儿园仅能满足一半适龄幼儿入园的需求。

幼儿园"学位难求"直接催生了"天价"幼儿园。据反映，由于幼儿园招生没有"划片招生"，要想进入知名幼儿园必须"找关系拼费用"，有的仅"择园费"就超过 10 万元。知名公办幼儿园尽管公开交费低，但"择园费"却相当昂贵，民办幼儿园相对好进，但每月交纳的费用却在 3000~5000 元，一些国际性的私立幼儿园还有每月交纳费用上万元的情况。

城市孩子入园难，农村孩子的状况更令人担忧。在农村，尤其是山区、半山区，有近 2/3 的农村幼儿没有机会接受学前教育。在有的村镇没有一所公办幼儿园，私人开办的幼儿园只有几所，能容纳的幼儿极为有限，远远不能满足农村家庭对幼儿教育的需求。在仅有的学前班中，也极度缺乏规范的教室和配套的幼儿教育设施、活动器材。而这些农村孩子的父母多半常年在外打工，学前教育对于他们来说更为重要。

2011 年，朝阳区、海淀区、丰台区、石景山区、东城区和西城区城六区幼儿园入园幼儿合计 192469 人，教职工为 31615 人，师生比为 1∶6.1；远郊十个区县在园幼儿为 139055 人，教职工为 16465 人，师生比为 1∶8.4，远郊区县师生比是城六区的 1.4 倍（见表 17）。

表 17　2011 年北京市幼儿园情况

单位：人

	教职员工人数	幼儿入园人数		教职员工人数	幼儿入园人数
城六区	31615	192469	顺义区	1652	15199
东城区	2114	12061	昌平区	2835	19885
西城区	2764	16522	大兴区	2187	21661
朝阳区	10448	56171	门头沟区	539	5470
丰台区	5859	40252	怀柔区	886	9534
石景山区	1933	12393	平谷区	714	7760
海淀区	8497	55070	密云县	1554	10433
远郊区县	16465	139055	延庆县	690	6655
房山区	3421	25953	总　计	48080	331524
通州区	1987	16505			

资料来源：北京市教育委员会。

六　推进北京市城乡基础教育一体化的对策建议

随着人类社会的不断进步与文明程度的不断提高，基础教育作为一项最基本的公共服务，在促进社会经济发展方面的重要性也日益显现。因此，保障一定的教育服务不仅是公共财政的内在要求，也是现代民主国家的重要责任。

（一）明确各级政府的支出管理责任

基础教育是社会公共需要性教育事业，是为提高全民族的文化素质而提供的教育，这类教育不一定会直接为受教育者增加收入，但对于全民族文化素质的提高和长远利益的获得却是极有必要的，并且也有助于社会公平的实现，即让全体公民都能享受到大致均等的基本教育。这类教育涉及全社会的共同利益和长远利益，如果由市场来提供，私人部门往往并不考虑教育的外部效益，而只是根据私人边际成本与私人边际收益的原则提供产品和服务，从而导致教育的供给量和质量低于社会最优水平，造成社会福利的净损失。因此，这类教育理应由政府提供，属于公共教育支出的范围。

（二）加大基础教育财政支出

政府提供教育是不以创造利润和盈利为目的的。因此，教育事业的发展离不开政府的财政支持。当今社会，人们已经具备较好的教育条件，人们的教育需求在不断提高。政府对教育的供给也应该根据政府的财力和区域的实际需求而行，以实现教育和经济的和谐发展，实现财政对教育民生的可持续支撑。

教育财政作为政府投资项目，其在成本分析与微观主体，尤其是在衡量净效益方面存在巨大差异。首先，政府投入是以社会效益最大化为目标，而不是单纯的利润；其次，政府投入除了要考虑有形的成本和效益外，还要考虑无形的外部成本和效益。北京市的教育财政在适当考虑边际成本分析外，更应当考虑社会效益。应根据北京发展规划的要求，增加各种形式的基础教育供给、成人教育供给，建立与产业调整和就业结构变化相适应、结构合理、灵活开放、机会均等的教育财政投入体系。

目前，北京市财政面临一系列支出压力，如财政支出快速增长，收支缺口趋于扩大等，但是涉及教育这个具有强正外部性的支出项目时，我们完全有理由应该将有限的资源优先投到这一更为重要的领域。为此，在北京市今后的公共支出中，应将教育视为重中之重，不断加大教育的投入总量。

（三）推动基础教育均衡发展，新增经费向农村薄弱中小学倾斜

义务教育投入配置失衡问题的存在，将严重损害教育公平的实现。因此，为满足经济社会发展对教育提出的新要求，实现"十二五"教育发展总目标，北京市还应在坚持科学发展观的基础上，在未来的教育规划、教育发展中对义务教育投入做出进一步的改进与调整，以逐步消除城乡之间、区县之间、学区之间、学校之间过大的差距，使中小学的办学条件、办学水平和教育质量得到不断提升，努力为人民群众提供办学条件和办学水平基本均衡的义务教育，以体现义务教育的公平、公正。为此，北京市有关部门应积极采取措施，继续加大教育经费投入力度，提高财政性教育经费占 GDP 的比重，完善教育经费投入机制，调动各方面的积极性，使教育投入持续稳定快速增长。

第一，保障义务教育投入的和谐均衡。应坚持教育的公益性本质，强化教育服务的公平性，推进基本教育服务的均等化；实现义务教育阶段城乡和校际办学条件和教育质量的基本均衡；统筹规划各类教育发展，合理配置教育资源，实现规模、布局、结构、效益和质量的统一。

第二，进一步加大市财政转移支付力度，继续对农村、远郊和财政困难地区实行倾斜政策，进一步改善这些地区义务教育学校的办学条件。根据《义务教育法》关于省级政府加强统筹规划实施的要求，市教委、市财政局、市人事局等部门应根据建立农村义务教育保障机制的有关要求，制定公用经费基本标准、校舍维修改造经费定额标准和教师收入标准，以此作为推进义务教育均衡发展的重要依据。市财政应在实施义务教育预算单列的基础上，建立市级义务教育专项转移支付资金，确保以上标准的落实，并通过按以上基本标准拨款，保障学校正常运转和教师队伍稳定，促进义务教育投入达到基本均衡。按照新标准实施城乡学校建设，实现区域内教育设备配置基本无差别。

第三，推进教师流动，促进城区教师团队去远郊学校服务，提高郊区教师生活待遇，提升郊区教育质量。硬件的建设通过政府投入在短时间内就可以见效，但是软件的建设不是一朝一夕的，要通过一系列的措施去推动，才能达到教师资源均衡合理的配置。首先，应建立一个教师合理流动的制度。目前已推出教师和校长轮岗制度，但教师轮岗制度的推行必须在一些前提的保障下进行。教师轮岗应在收入上保障平等，在收入平均的基础之上才能够真正地流动

起来。地区间的贫富差异在短时间内是不可能消除的，有关部门可根据北京市各区县的经济社会发展水平，将教师津贴、补贴设计成若干等级，在不同等级区域工作的教师，可按等级系数领取相应级别的津贴，越是条件艰苦的地区，其等级系数越高，相应的津贴也越高。其次，北京是一个特大型城市，教师轮岗不一定是从一个区跨到很远的区流动，还应考虑教师生活、工作的便利。可在区域内进行轮岗，即跨校，在学校与学校之间轮岗。还可以以支教的形式促进教师资源的均衡配置。北京市每年都约有1000名城镇教师到农村支教，这也是一种师资力量的均衡方式。

第四，为了消除一些地方农村优秀教师的流失，还应该出台相应的措施以规范管理。对于农村教师被条件优越的地区吸引走，引入人才的单位应该予以一定的补偿。例如，建立相应的补偿制度，使流入地对流出地进行补偿，使流出地可用补偿金再聘用其他合适的教师，或者为在岗的教师提供进修和提高的机会，以保护农村义务教育师资队伍的稳定和教学水平的不断提高。

（四）对教育资金进行绩效管理

随着我国市场经济体制的建立、政府职能的转变和公共财政框架的构建，财政资金绩效管理成为财政改革的重要内容。教育资金的绩效管理，就是对教育财政资金的支出不仅要"视其所以、观其所由"，而且要"察其所安、考其所为"，对公共教育资金实行追踪问效，实现公共教育资金的"3E"原则，即经济性（Economy）、效率性（Efficiency）和有效性（Effectiveness）。

目前，我国教育财政资金管理中实施的收付实现制主要是以现金实际收付确认交易和事项，仅能体现某个期间内收到现金与付出现金之间的差额，而不能很好地核算非现金资产存量的价值（固定资产、无形资产等）和承担的责任（拖欠的费用、积欠的长期债务等），而且也不能反映政府公共服务的成本和长期损耗情况。其生成的会计信息自然也不能揭示教育的财政状况和财政绩效。因此，财务报告既不真实，也不透明。而权责发生制是以交易和事项是否实际发生为确认标准的，主要计量主体在某个期间内取得经济收益与消耗经济资源之间的差额。这一方法不但能全面、准确地反映政府所拥有的经济资源价值及其使用状况和使用效果，更有利于对所拥有资产的持续管理。

权责发生制能完整地反映学校提供公共产品和服务的成本，信息透明、翔实，有利于政府做出合理的预算安排，也有助于政府对各部门实施绩效考核，提高学校财务使用效率与政府部门的工作质量和工作效率。

此外，在教育资金的投向方面，还应对资金的来源、使用以及资金的效果实行政务公开，让广大居民都参与对学校资金绩效的管理。

（五）多渠道融资，吸引社会资金投入教育

由于教育属于公共产品和准公共产品，政府具有不可推卸的责任，所以，要加强政府对教育的财政供给。但是，对于企业开办的学校，无论是义务教育方面的学校，还是非义务教育方面的学校，政府都应给予一定的优惠政策，支持教育事业发展，这是极有必要的。

早在1997年，日本公立学校中捐助收入就占学校总收入的15%，而私立学校竟高达50%以上。2005年，美国的高校收入来源中，捐助收入占8.3%，其中公立高校为4.7%，私立高校高达14.3%。我国教育历来受到社会各界人士的广泛关注和支持，如"希望工程""春蕾计划"及其他一些社会助学，已经具有一定的规模，为我国农村教育事业的发展立下了汗马功劳。社会资助不仅在物质方面部分缓解了农村教育的物资短缺问题，同时也在精神方面对贫困家庭的孩子起到了很好的鼓舞作用，提高了他们自强、自立的信心。然而，由于捐助资金往往存在使用不够规范和经常被挪用的现象，极大地影响了捐助者的积极性，近几年来捐助收入呈明显的递减趋势，教育捐赠占全国教育经费来源的比重由2004年的6.7%降为2005年的3.03%。因此，有效扩大农村教育资金的来源具有极其重要的意义。

发行教育彩票筹资也是方法之一。目前全世界有110多个国家发行彩票，近几年彩票业以17%左右的速度增长，已成为世界第六大产业。彩票业在我国的发展前景看好，尤其是近年来销量增长较快。1987年，新中国发行彩票第一年，全国彩票销量仅为1739.50万元，2001年全国彩票销量达181亿元，2002年达385.72亿元，2003年达401.4亿元，2004年虽然回落到380.57亿元，但是2005年又迅速上涨至713.85亿元，2006年达819.3亿元，到2007年，全国累计发行福利彩票和体育彩票突破1000亿元。应该说，彩票市场在我国还有很大的潜力。可以预料，教育彩票一旦发行，人们一定会踊跃购买。

在地方设立专项基金会用于企业对本地教育的捐赠。这些基金可以用来投资实业，由捐赠企业组成监事会，运用现代企业管理办法，产权清晰，管理科学，通过投资实业盈利，使资金越来越多。

（六）重视发展学前教育事业

学前教育事关亿万儿童的健康成长，是促进人终身发展的奠基工程。发展学前教育事关国家和民族的未来，是建设人力资源强国的必然要求。对学前教育的重视程度反映着一个国家的现代化程度，是衡量社会发展水平的重要标志。强国必先强教，强教必重基础。我国教育家陶行知先生早在 20 世纪 20 年代就强调："小学教育是建国之根本，幼稚教育尤为根本之根本"。

学龄前阶段是人生最重要的启蒙时期，是为后继学习和终身发展奠定坚实基础的重要阶段。相关研究成果表明，在人的一生中，这一阶段发展最快、可塑性最强。接受科学的学前教育，对于幼儿形成强健的体魄，养成健康的生活习惯，培养良好的思想品德，激发学习兴趣、创新意识和合作能力具有不可替代的作用，对人的健康、学习和社会行为等方面产生终身可持续的影响。大力发展学前教育，为儿童创造良好的人生开端，是坚持以人为本的教育的必然要求和具体体现。

自 20 世纪 60 年代以来，无论美、英等发达国家，还是巴西、墨西哥、印度等发展中的人口大国，都把普及学前教育作为提高国家竞争力的重要组成部分，作为国家基础教育和人力资源投入的重点，加大财政投入，实施普惠性的学前教育国家行动计划。把学前教育纳入政府公共服务体系，大力推进普及，已成为当前国际教育发展的新趋势，成为世界各国的共同行动。

发展学前教育事关千家万户的切身利益，是保障和改善民生的重要举措，是国民教育的第一阶段，也是十分重要的社会公益事业，直接涉及人民群众最关心、最直接、最现实的利益。特别是随着经济社会的快速发展和人民生活水平的提高，家长对教育的需求进一步向早期教育延伸，学前教育已成为人民群众对教育公平的新诉求，成为事关千家万户利益的重大民生问题；随着工业化、城镇化的推进，人口流动带来留守儿童、流动儿童大幅度增加，学前教育需求出现了新的变化。每一个孩子的健康成长都寄托着几代人的期盼，每一个家庭都希望孩子享有公平的机会，接受科学的学前教育。大力发展学前教育，对于保障和改善民生、促进社会和谐稳定具有重大现实意义。

发展学前教育的重点和难点在农村，必须采取有力措施破解农村"入园难"的问题。在城乡公办资源短缺的地区，应尽快新建和改扩建一批公办幼儿园，中小学布局调整的富余资源也要优先用于改扩建幼儿园，促进公办幼儿园合理布局。鼓励优质幼儿园举办分园或合作办园，支持街道、农村集体举办的幼儿园面向社区、面向社会，承担学前教育公共服务。

参考文献

北京市人民政府教育督导室：《关于对海淀等六区县小学规范化建设工程专项督导检查报告》，2012。

北京市教育委员会：《北京市"十二五"时期教育改革和发展规划》，北京教育网，2013。

北京市人民政府教育督导室：《北京市义务教育均衡发展状况专项督导报告》，北京市人民政府网站，2010。

《义务教育将全部纳入财政保障》，人民网，2011年8月31日。

执笔：童　伟

2013 年 5 月 11 日

第五篇

北京市城乡社会保障一体化研究

社会保障权是公民的基本权利，是保障公民在年老、患病、工伤、失业、生育等情况下依法获得物质帮助的权利，是现代国家最基本的职能之一。当今时代，世界上绝大多数国家和地区都建立了比较完善的社会保障制度。一般认为，社会保障体系主要包括社会保险、社会救助、社会福利、社会优抚和社会互助等内容，其中，社会保险是社会保障的核心部分。

与全国一样，北京的社会保障制度也曾深深地打上城乡二元化的烙印。在相当长的时期里，农民基本被排除在社会保障之外。党的十六大以来，北京市坚持以科学发展观为统领，加快统筹城乡发展力度，着力推进城乡一体化进程，社会保障制度迅速向包括农民在内的全体居民覆盖，城乡社会保障制度的差距不断缩小，并逐步实现城乡并轨。但由于历史和现实多重因素的影响，北京城乡社保制度仍存在某些差距，需要在城乡一体化进程中尽快加以解决。本报告即对此问题进行专题讨论和研究。

一 北京市社会保障一体化的发展与政策演变

近年来，北京市努力改善民生，实现了社会保障事业的跨越式发展。截至2012年底，北京市参加基本养老保险、基本医疗保险、失业保险、工伤保险的人员分别达到1206.4万人、1279.7万人、1006.7万人和897.2万人，分别比上年末增加117万人、91.7万人、125.7万人和34.7万人。2012年末，参加城乡居民养老保险的农村居民为167万人，比上年末增加3.3万人；参加新型农村合作医疗的人员达到267.4万人，参合率为98.1%，高于上年末0.4个百分点。全市享受城市最低生活保障的居民为11万人，享受农村最低生活保障的农民为6.3万人。①

（一）城乡社会保险

社会保险是指国家对劳动者在因年老、失业、患病、工伤、生育而减少劳动收入时给予经济补偿，使他们能够享有基本生活保障的一项社会保障制度。社会保险具有强制性、共济性和普遍性等特征，主要包括养老保险、医疗保险、工伤保险、失业保险和生育保险等项目。作为社会保障体系核心的社会保

---

① 赵鹏：《北京社保覆盖率已超95% 提前达到小康社会标准》，《京华时报》2012年11月9日。

险，其保障对象主要是全体劳动者，目的是保障基本生活，具有补偿收入减少的性质。社会保险的资金主要来源于政府、单位或集体和劳动者本人，政府承担最终责任。在世界各国，社会保险的一些项目已覆盖全体国民。

我国社会保险制度建设比较滞后，城乡社会保险差距较大，且各类人群的社会保险办法各不相同，长期没有出台全国统一的社会保险制度。直到2010年10月28日，第十一届全国人大常委会第十七次会议通过了《中华人民共和国社会保险法》（以下简称《社会保险法》）。北京的社会保险制度与全国一样，长期存在城乡分割、职业差异等方面的问题。近年来，北京市加快了统筹城乡社会保险制度建设步伐，成效显著。

1. 养老保险

我国已进入快速老龄化社会，养老问题成为日益严重的社会问题。北京市早在20世纪90年代就进入了老龄化社会，养老问题相当突出。北京市在逐步建立与完善机关事业单位养老保险、城镇企业职工养老保险、新型农村养老保险、城乡居民养老保险等不同类型养老保险事业的基础上，于2012年构建起城乡劳动者、城乡居民统一的养老保险体系，在全国率先实现了养老保障制度的城乡全覆盖与城乡基本一体化。

（1）机关事业单位养老保险。机关事业单位养老保险由公务员养老保险和事业单位职工养老保险两大部分组成。公务员养老保险实行的是公务员退休金制度。2006年1月施行的《中华人民共和国公务员法》第77条第一款规定："国家建立公务员保险制度，保障公务员在退休、患病、工伤、生育、失业等情况下获得帮助和补偿。"《社会保险法》规定："公务员和参照公务员法管理的工作人员养老保险的办法由国务院规定。"这引起学界的不同争论，有的学者认为应将公务员养老保险纳入全国统一的社会保险框架中去，不应再单独规定。总之，我国公务员养老保险（退休金）的保障性相对较高。北京市按照国家有关规定实行公务员退休金制度，公务员退休前的职级和参加工作年限不同，其退休金也有差异。

事业单位可分为财政全额拨款、差额拨款事业单位和自收自支事业单位，财政全额拨款和差额拨款的事业单位的养老保险与机关单位养老保险大致相同，实行退休金制度。自收自支事业单位养老保险有所不同。2003年1月实行的《北京市自收自支事业单位基本养老保险制度改革暂行办法》规定，自收自支事业单位缴纳的基本养老保险费与全市企业基本养老保险统筹基金实行统一管理、统一核算，基本养老金实行社会化发放，并按单位所在区县实行属地化管理。

（2）城镇企业职工养老保险。长期以来，城镇企业根据不同所有制性质实行不同的职工养老保险办法，非公有制企业职工则没有被纳入养老保险范围。近年来，国家加大了城镇企业职工基本养老保险的建设力度。2009年12月28日，国务院办公厅转发人力资源和社会保障部、财政部《城镇企业职工基本养老保险关系转移接续暂行办法》，从2010年1月1日起，参加城镇企业职工基本养老保险的所有人员包括农民工的基本养老保险关系可跨省转移接续。

北京在统一城镇企业养老保险方面迈的步子较大。2007年1月，《北京市基本养老保险规定》开始实行，该规定将全市行政区域内的企业和与之形成劳动关系的城镇职工、城镇个体工商户和灵活就业人员均纳入城镇职工基本养老保险范围。城镇职工以本人上一年度月平均工资为缴费工资基数，按照8%的比例缴纳基本养老保险费，全额计入个人账户。城镇个体工商户和灵活就业人员以本市上一年度职工月平均工资作为缴费基数，按照20%的比例缴纳基本养老保险费，其中8%计入个人账户。

2011年，北京市人保局发布规定，自2011年1月1日起，北京市城镇企业退休人员养老金最低标准涨至1100元，北京市城镇企业退休人员基本养老金上调210元，由2010年的2058元/月调整至2268元/月，增幅达到历史最高。缴费年限不满10年的（不含建设征地农转工人员），每人每月再增加30元；建设征地农转工人员，每人每月再增加35元。

2013年2月，北京市人力资源和社会保障局发布《关于北京市2013年调整企业退休人员基本养老金的通知》（京人社养发〔2013〕34号），自2013年1月1日起对企业退休人员养老金进行调整，月人均增加260元。调整后的月人均养老金水平从2513元提高到2773元。这是北京市第21次连续调整退休人员的养老金，待遇水平逐年提高，位居全国前列。

2013年，北京市继续加大对低于养老金平均水平的退休人员的养老金调整力度，在按缴费年限普调的基础上，先向低于养老金平均水平的人员进行政策倾斜，再按绝对额普调，最大限度地提高退休人员的养老金水平。此次调整共惠及北京市200余万名退休人员，投入资金约63亿元。

一是按缴费年限普遍调整养老金，每月至少增加35元。北京市缴费年限满10年及其以上的企业退休人员，缴费年限每满1年，每月增加3.5元；缴费年限不满10年的退休人员，每人每月增加35元；缴费年限不满15年的建设征地农转工退休人员，每人每月增加 52.5 元。

二是继续向养老金低于平均水平的人员倾斜，确保调整额度最大。本次调整充分考虑到养老金低于 2012 年平均水平（2513 元/月）的人员，继续实行先按政策倾斜，再按绝对额普调的方式，最大限度地提高低收入人员的待遇水平。

具体调整方式是，按照其相对应的缴费年限，每月增加 30 元到 45 元的养老金，缴费年限越长，增加额度越大，但按缴费年限普调和政策倾斜后的基本养老金水平不应超过 2773 元/月（见表 1）。

表 1 2013 年北京市对养老金偏低人员的政策倾斜标准

单位：元/月

项目 缴费年限	30 年及以上	20～30 年	10～20 年	10 年以下（不含征地农转工人员）	10 年以下征地农转工人员
标准	45	40	35	30	35

资料来源：北京市人力资源和社会保障局。

三是将养老金绝对额分为四档，再次普增养老金。在按上述方式调整基本养老金的基础上，北京市还根据 2012 年退休人员的基本养老金水平，按绝对额再次普增养老金。2012 年，北京市首次将养老金绝对额设立了三个档次，2013 年在此基础上，将档次继续细分，划分为四档，分别为：30 元/月、50 元/月、70 元/月、90 元/月（见表 2），低于养老金平均水平人员每月增加 90 元。这一养老金调整方法更加有利于提高低收入人员的养老金水平。

表 2 按绝对额普遍增加养老金保障

单位：元/月

人员范围	调整前养老金水平	增加绝对额标准
参加 2013 年养老金调整人员	＜2513	90
	2513～3500	70
	3500～4500	50
	＞4500	30

资料来源：北京市人力资源和社会保障局。

四是政策向高级专业技术人员、军转干部倾斜。北京市自 2001 年开始，基本养老金调整已连续 12 年向高级专业技术人员倾斜。此次按照国家规定，继续执行倾斜政策，在按缴费年限和绝对额普遍调整的基础上，高级专业技术人员、高级政工师及高级技师，每人每月再增加120元。正高级专业技术人员，每人每月再增加220元。

高级专业技术人员（不含退职的）、退休军转干部和原工商业者（不含退职的）养老金调整后低于平均水平的，补足到平均水平（2773元/月）。

五是政策向65岁及以上所有退休人员倾斜。企业退休人员在按照上述养老金调整办法进行调整，并向特定人群倾斜后，如果其年龄在65岁及以上，还能再次享受到倾斜政策，而且倾斜的力度为历年最高，每人每月能再多拿90~150元养老金（见表3）。

表3　65岁以上退休人员倾斜标准

单位：元/月

年龄段	65~69岁	70~74岁	75~79岁	80岁以上
倾斜标准	90	110	130	150

资料来源：北京市人力资源和社会保障局。

六是调整新中国成立前参加革命工作的老工人的退休待遇。对于新中国成立前参加革命工作的特殊群体，国家规定他们享受100%的退休待遇，北京市对这部分人的养老金调整标准也是历年都高于其他退休人员，此次仍按参加革命工作的时间进行调整：1937年7月7日~1945年9月2日参加革命工作的，每人每月增加420元；1945年9月3日~1949年9月30日参加革命工作的，每人每月增加440元。此外，这部分人如果符合65岁及以上退休人员年龄条件的，继续享受该项政策倾斜。

另外，此次对养老金最低标准也进行了调整，在目前的基础上，企业退休人员、退职人员、退养人员的最低标准分别增加了120元、110元、100元，调整后，这三类人员的养老金最低标准每月分别达1330元、1210元、1100元。如按照上述调整后，基本养老金仍未达到最低标准的，补足到最低标准。

（3）新型农村养老保险。中国农民自古以来靠家庭养老和土地保障，国家从未将农民养老纳入议事日程。从20世纪80年代开始，一些地方试点探索农村养老保险。1989年，民政部选择北京市大兴县、山西省左云县进行县级农村社会养老保险试点。1992年1月，民政部颁布《县级农村社会养老保险基本方案（试行）》，这是我国第一次出台全国性的农民社会养老政策。这种依靠农民个人缴费为主的"老农保",由于缺乏公共财政的投入,农民参保积极性并不高。

2009年9月,国务院发布《关于开展新型农村社会养老保险试点的指导意见》(国发〔2009〕32号),明确提出建立新型农村社会养老保险制度(简称"新农保"),逐步解决农村居民老有所养问题,以保障农村居民老年基本生活。2009年我国在全国范围内选择10%的县(市、区、旗)进行试点,以后逐步扩大试点,在全国普遍实施后,2020年之前基本实现对农村适龄居民的全覆盖。缴费标准目前设为每年100元、200元、300元、400元、500元5个档次,地方可以根据实际情况增设缴费档次。中央确定的基础养老金标准为每人每月55元。地方政府可以根据实际情况提高基础养老金标准,中央财政对中西部地区按中央确定的基础养老金标准给予全额补助,对东部地区给予50%的补助。以国家的公共财政为支撑,建立农民养老保险制度,被认为是中国几千年历史中开天辟地的大事。

作为经济发达地区,北京市于2007年12月出台了《北京市新型农村社会养老保险试行办法》,自2008年1月起实行"新农保"制度,基础养老金标准全市统一为每人每月280元,基础养老金所需资金由市、区(县)财政共同筹集,分别列入市、区(县)财政预算。2009年1月,北京"新农保"并入城乡居民养老保险框架,北京城乡养老保险实现了并轨。

(4)农民工养老保险。在农民工养老保险问题上,北京市劳动和社会保障局于2001年8月27日发布了《北京市农民工养老保险暂行办法》,将农民工纳入社会保险范围。农民工养老保险费由用人单位和农民工共同缴纳,用人单位以上年本市职工月最低工资标准的19%,按招用的农民工人数按月缴纳养老保险费。农民工本人以上年本市职工月最低工资标准为基数,2001年按7%的比例缴纳养老保险费,其个人缴费由用人单位在发放工资时代为扣缴。农民工参加本市养老保险社会统筹后,与用人单位终止、解除劳动关系时,经本人申请,单位同意,可以一次性领取养老保险费,终止其养老保险关系。今后再次参加本市养老保险社会统筹的,按新参加人员办理。

从2010年1月起,北京市落实《城镇企业职工基本养老保险关系转移接续暂行办法》,实行农民工与城镇职工平等的养老保险制度,外地农民工、本市农民工和本市城镇职工履行同样的缴费义务,享受同等的养老待遇。

(5)北京市城乡居民养老保险的融合。2009年1月1日,北京实行《北京市城乡居民养老保险办法》,将具有本市户籍,男年满16周岁未满60周岁、女年满 16 周岁未满 55 周岁（不含在校生），未纳入行政事业单位编制管理或不符合参加本市基本养老保险条件的城乡居民，纳入城乡居民养老保险。同时，也将"新农保"并入城乡居民养老保险，实现了城乡居民养老保险的一体化。

为确保北京市居民能够持续缴费并保持一定的待遇水平，结合本市农民人均纯收入增长较快但发展又不平衡的实际情况，自 2009 年起，北京市城乡居民养老保险开始实行定额缴费机制，参保人员可根据自身经济承受能力，在最低缴费标准和最高缴费标准之间自由选择额度作为本年度的缴费标准。城乡居民到达退休年龄时，将根据缴费年限核算养老金，多缴多得。

2010 年 12 月，北京市发布《关于调整 2011 年城乡居民养老保障相关待遇标准的通知》（京人社居发〔2010〕303 号），决定从 2011 年 1 月 1 日起，调整城乡居民养老保险基础养老金和城乡居民老年保障福利养老金标准，基础养老金从每人每月 280 元提高到每人每月 310 元；福利养老金从每人每月 200 元提高到 230 元。

2011 年 2 月 11 日，北京市人力资源和社会保障局出台了《关于发布 2011 年城乡居民养老保险缴费标准的通知》（京人社居发〔2011〕29 号），规定 2011 年北京市城乡居民养老保险的最低缴费标准为 960 元，最高缴费标准为 7420 元。参保人员可根据自身经济承受能力确定缴费标准。同期，北京市人力资源和社会保障局、北京市财政局发布了《关于对参加城乡居民养老保险的人员给予缴费补贴的通知》，对符合享受缴费补贴的参保人员给予每年 30 元的补贴。考虑到物价上涨原因，自 2011 年 7 月 1 日起，北京市对城乡居民养老保险基础养老金和城乡居民老年保障福利养老金标准进行了调整，基础养老金从每人每月 310 元提高到每人每月 330 元；福利养老金从每人每月 230 元提高到每人每月 250 元。

2012 年，北京市居民养老金每人每月增加 47 元。其中基础养老金每人每月为 357 元，福利养老金每人每月为 277 元。

2013 年 4 月，北京市人力资源和社会保障局发布了《2013 年城乡居民养老保险缴费标准》，最低缴费标准为每人每年 1000 元，比 2012 年增加了 40 元，最高缴费标准不变，依然为每人每年 7420 元，此轮标准调整共涉及约 150 万人。

2013 年，北京市居民养老金每人每月增加 32.5 元。其中基础养老金由每人每月 357.5 元调整为 390 元，福利养老金由每人每月 277.5 元调整为 310

元，增幅分别为 9.1% 和 11.7%，此次调整惠及 85.8 万人。其中，享受基础养老金的居民为 30.8 万人，享受福利养老金的居民为 55 万人，增加的 3.35 亿元资金由区县财政负担。

据统计，北京市城乡居民养老保险参保人数逐年递增，2009 年参保人员为 162.1 万人，2010 年底为 168.5 万人，2011 年底达 173.4 万人。2012 年底，城乡居民养老保险累计参保人员达 177.3 万人，其中农村居民为 167 万人，城镇居民为 10.3 万人，城乡居民参保率达到 94%。目前，城乡居民中已有 28.1 万人领取了养老金，养老金月平均达 480 元左右。

2. 医疗保险

医疗保险关系民众的健康和幸福，攸关每个人的权益，是重大的民生问题。20 世纪 50 年代，我国根据干部、工人和农民三种主要职业身份，分别建立了城乡有别和职业有别的三种医疗保险制度，即针对干部建立公费医疗制度，针对工人建立劳保医疗制度，针对农民建立农村合作医疗制度。20 世纪 90 年代后，市场化取向的医疗改革，造成了普遍的"看病难、看病贵"问题。

2009 年 3 月 17 日，中共中央、国务院发布《关于深化医药卫生体制改革的意见》，对改革以来奉行的泛市场化医疗改革进行了重大调整，明确提出以"人人享有基本医疗卫生服务"为目标，把基本医疗卫生制度作为公共产品向全民提供，实现全体人民病有所医，建立全面覆盖城乡居民的基本医疗保障制度。

近年来，北京市加快了医疗体制改革，已建立以公费医疗、城镇职工基本医疗保险、城镇居民基本医疗保险、新型农村合作医疗为主要内容的医疗保险体系，并朝着城乡一体化的方向迈进。

（1）公费医疗制度。1952 年 6 月 27 日，中央人民政府政务院发布《关于全国各级人民政府、党派、团体及其所属单位的国家机关工作人员实行公费医疗预防的指示》和《国家工作人员公费医疗预防实施办法》，从此建立了公费医疗制度。公费医疗的保障对象主要是国家机关和全民所有制事业单位工作人员、离退休人员以及二等乙级以上革命残废军人和高等院校在校学生。从 1998 年起，全国已有 90% 左右的省份完成了公费医疗制度向城镇职工基本医疗保险制度的转轨。

当前，北京市公费医疗制度主要依据 1990 年 2 月发布的《北京市公费医疗管理办法》。2009 年 5 月起，北京市在平谷区开展公费医疗并入基本医疗保险改革试点，平谷区两万多名行政机关、事业单位在职职工和退休人员全部纳入基本医疗保险范围，不再享受公费医疗。从 2010 年起，北京市全面启动公费医疗改革，全市 16 个区县率先进行了区县级公费医疗的并轨。截至 2010 年底，区县级约 45 万公费医疗人员并入职工医疗保险。从 2012 年 1 月 1 日起，北京市级公费医疗人员全部并入职工医保，市属公务员、事业单位、公立医院、高校教职工 22 万人结束了公费医疗的历史，全部并入医保后，他们和职工一样，缴纳医保费，持社保卡就医。

（2）城镇职工基本医疗保险。2001 年 2 月，北京市政府颁布《北京市基本医疗保险规定》，同年 4 月实施。职工基本医疗保险覆盖了全市行政区域内所有城镇用人单位的职工和退休人员。2006 年 4 月起，北京实施全市退休人员统一补充医疗保险政策，规定退休人员个人按比例负担费用可以再报销 50%。截至 2010 年，全市参保职工达到 911 万人，其中退休人员达到 189 万人。

2008 年 5 月，北京市劳动和社会保障局发布《关于调整基本医疗保险参保人员待遇标准有关问题的通知》，自 7 月 1 日起调整基本医疗保险参保人员待遇标准，在职职工门（急）诊报销起付线由 2000 元下调为 1800 元，在职职工在社区就医的门诊报销比例提高到 70%。同时，包括支架、导管等在内的贵重医用材料的报销比例、安装体内人工器官的报销标准都提高了 20%。

2010 年，北京市政府颁布《关于调整职工基本医疗保险和城镇居民大病医疗保险最高支付限额有关问题的通知》，将参加城镇职工基本医疗保险的在职职工和退休人员基本医疗保险统筹基金最高支付限额调整为 10 万元，住院大额医疗互助资金最高支付限额调整为 20 万元；对参加城镇职工基本医疗保险的人员，住院（包括门诊特殊病）发生的超过基本医疗保险统筹基金最高支付限额以上，大额医疗互助资金最高支付限额以下的医疗费用，在职职工报销比例调整为 85%，退休人员报销比例调整为 90%（含退休人员统一补充医疗保险，其中住院大额医疗互助资金报销比例调整为 80%）；在职职工在本市社区卫生服务机构就医，门诊大额医疗互助资金报销比例调整为 90%，在本市社区卫生服务机构以外的其他定点医疗机构就医，门诊大额医疗互助资金报销比例调整为 70%；70 岁以下退休人员在本市社区卫生服务机构就医，门诊医疗费用报销比例调整为 90%（含退休人员统一补充医疗保险，其中门诊大额医疗互助资金报销比例调整为 80%）；参加城镇居民大病医疗保险的老年人和无业人员，住院（包括门诊特殊病）发生的医疗费用，一个年度内大病医疗保险基金最高支付限额调整为 15 万元。

（3）城镇居民基本医疗保险。城镇职工基本医疗保险覆盖的对象只是城镇就业人员，而城镇非就业居民的医疗保险长期被忽视。2007年7月10日，国务院发布《关于开展城镇居民基本医疗保险试点的指导意见》，开始试点建立城镇非就业居民基本医疗保险制度。根据该意见，全国城镇居民医疗保险改革于2007年启动试点，2008年扩大试点，2009年试点城市达80%以上，2010年在全国全面推开，逐步覆盖全体城镇非就业居民。

北京市为了给没有条件纳入基本医疗保险范围的城镇居民提供基本医疗保险，先后出台了灵活就业人员、破产企业退休人员、农民工参加基本医疗保险办法，建立了"一老一小"和"无业居民"医疗保险制度。

一是灵活就业人员与破产企业退休人员参加基本医疗保险办法。所谓灵活就业人员，是指具有本市城镇户籍、在法定劳动年龄内从事个体劳动或者自由职业，并在市、区（县）劳动保障部门开办的职业介绍服务中心、人事部门开办的人才交流服务中心和市社会保险经办机构委托的社会保险代理机构以个人名义存档的人员。

2002年3月，北京开始实行《北京市个人委托存档人员参加基本医疗保险暂行办法》，在全国率先建立灵活就业人员基本医疗保险制度。2009年1月，《北京市灵活就业人员参加职工基本医疗保险办法》正式实行，4月1日起，灵活就业人员可以报销门诊费用。2002年4月，北京市劳动和社会保障局等部门联合发布《关于破产企业实行社会化管理的退休人员参加基本医疗保险有关问题的通知》，规定自当年5月1日起，对全市破产企业实行社会化管理的退休人员建立基本医疗保险和大额医疗互助，享受相应的医疗保险待遇。

二是"一老一小"大病医疗保险制度。2006年6月7日，北京市发布《关于建立北京市城镇无医疗保障老年人和学生儿童大病医疗保险制度的实施意见》，在全国率先实施城镇居民"一老一小"大病医疗保险制度。

根据"一老一小"大病医保制度划定的城镇老年人参保范围："一老"指的是凡具有本市非农业户籍、没有纳入城镇职工基本医疗保险范围，且年满60周岁（含）以上的居民；其中，女性年满50周岁（含以上）的城镇居民也可参保。"一小"指的是北京市城镇没有医疗保障的学生、儿童，具体标准是具有本市非农业户籍，且在本市行政区域内的各类普通高等院校（全日制学历教育）、普通中小学校、中等职业学校（包括中等专业学校、技工学校、职业高中）、特殊教育学校、工读学校就读的在册学生，以及非在校少年儿童，包括托幼机构的儿童、散居婴幼儿和其他年龄在 16 周岁以下非在校少年儿童都可参保。

城镇无医疗保障老年人大病医疗保险筹资标准为每人每年 1400 元，其中个人缴纳 300 元、财政补助 1100 元。学生儿童大病医疗保险筹资标准为每人每年（按学年）100 元，其中个人缴纳 50 元、财政补助 50 元。学生儿童大病医疗保险自 2007 年 9 月 1 日起实施，城镇无医疗保障老年人大病医疗保险自 2007 年 10 月 1 日起实施。2009 年 1 月，北京开始实施"一老"的门诊费用报销，起付标准为 200 元，起付标准以上部分报销 50%，在一个医疗保险年度内累计支付的最高数额为 500 元。2010 年，北京建立了"一小"的门诊报销制度。

三是"无业居民"医疗保险制度。2008 年 6 月，北京市政府发布《关于建立北京市城镇劳动年龄内无业居民大病医疗保险制度的实施意见》，自 7 月 1 日起实行，从而将无业居民纳入大病医疗保险范围。城镇无业居民的筹资标准为每人每年 700 元，其中个人缴纳 600 元、财政补助 100 元。城镇无业居民中残疾人员的筹资标准为每人每年 1400 元，其中个人缴纳 300 元、财政补助 1100 元，补助资金由市和区县财政各负担 50%。这一制度的实施，标志着北京市率先在全国实现了医疗保险制度的全覆盖。

2013 年，北京市城镇老年人个人医疗保险缴费金额为每人每年 300 元；学生儿童个人缴费金额为每人每年 100 元；城镇无业居民个人缴费金额为每人每年 600 元，其中残疾的无业居民个人缴费金额为每人每年 300 元。同期，北京市参加城镇居民基本养老保险的城镇老年人和无业人员，住院报销比例由 60% 提高到 70%，一年之内，住院报销最高支出限额由 15 万元提高到 17 万元。该政策惠及参加城镇居民基本医疗保险的全部"一老"和无业居民，约 25 万人，减轻群众负担约 1 亿元。

自 2011 年 1 月 1 日起，《北京市城镇居民基本医疗保险办法》开始实施，该办法整合了城镇居民医疗保险，但城镇老年人、学生儿童、无业居民的个人缴费标准和相关待遇尚未统一。

（4）新型农村合作医疗。20 世纪 50 年代建立的农村合作医疗制度在改革进程中迅速解体，农民陷入空前的"看病难、看病贵"困境。2003 年 1 月，国务院办公厅转发卫生部等部门联合下发的《关于建立新型农村合作医疗制度的意见》，提出从 2003 年起在全国开展新型农村合作医疗试点。新型农村合作医疗制度（简称"新农合"）是由政府组织、引导、支持，农民自愿参加，个人、集体和政府多方筹资，以大病医疗统筹为主要内容的农民医疗互助共济制度。

2003年6月27日，北京市政府办公厅转发《北京市建立新型农村合作医疗制度的实施意见》，全面实施新型农村合作医疗制度。新型农村合作医疗重点解决农民因患大病出现的因病致贫和因病返贫问题，首先保证对农民大额医疗费用的补助。从2007年开始，北京市13个涉农区县统一了人均筹资标准，即2008年为220元，2009年为320元，2010年为420元，2011年为520元，2012年为640元，2013年为680元。在每年增加的筹资额中，以政府投资为主的格局已基本形成。2013年北京市新型农村合作医疗人均筹资标准为每人每年不低于680元，其中，个人筹资标准为不低于每人每年100元，财政补助标准为不低于每人每年580元。

2004年"新农合"住院补偿率为29%，2008年提高到48.4%，2009年达到50%。2010年，北京"新农合"住院补偿率提高到60%，门诊补偿率由2009年的32%提高到40%。

2013年，北京市对"新农合"参合人员实行社区首诊制试点，即由社区和乡镇家庭医生首诊。首诊预约制为居民就医搭建了一个信息联络平台，社区患者可以通过社区健康通、信息平台等方式向社区医生提前预约。"新农合"参合人员就诊须经社区、乡镇首诊治疗，因病情需要转诊的，由社区医院为患者办理预约转诊手续。参合人员未经社区卫生服务机构办理转诊手续而发生的住院医疗费用，"新农合"基金将不予支付。因急诊、抢救直接住院治疗的人员，应在住院7日内到本人定点社区卫生服务机构补办转诊手续。

北京市农民参合率从2004年的74.69%提高到2012年的98.1%，267.4万人参加了农村新型合作医疗保险，人均筹资标准由100元增长到680元，门诊补偿率由6%提高到40%，住院补偿率由29%提高到60%，门诊特殊病补偿比例为70%，并实现了实时报销。

（5）农民工医疗保险。2004年7月28日，北京市劳动和社会保障局发布了《北京市外地农民工参加基本医疗保险暂行办法》，自9月1日起实行。这是北京市首次针对外地农民工制定的医疗保险政策。农民工医疗保险有两大特点：一是保大病，农民工在患大病时和城镇职工享受的待遇一样，但门诊未纳入其中。二是保当期，即仅提供农民工在北京打工期间的医疗保障，退休之后不纳入管理范围。

2012年4月，北京市人力资源和社会保障局发布《关于本市职工基本医疗保险有关问题的通知》，该通知打破参保人员的身份和地域界限，将农民工纳入北京市城镇职工医保制度。从 2013 年 4 月 1 日起，凡与用人单位建立劳动关系的农民工，全部纳入北京市城镇职工基本医保体系，与城镇职工在缴费标准、建立个人账户、享受统一医保待遇、持卡就医上实现"四统一"。

3. 工伤保险、失业保险和生育保险

（1）工伤保险。工伤保险是劳动者在劳动和工作中遭受意外伤害或因职业病导致暂时或永久丧失劳动能力以及死亡时，劳动者或其遗属获得物质帮助的一种社会保险制度。我国工伤保险始于 1951 年 2 月 26 日政务院颁布的《中华人民共和国劳动保险条例》。长期以来，我国工伤保险存在明显的城乡差别，传统的工伤保险只覆盖城镇国有企业和集体企业。

2003 年 4 月 27 日，国务院颁布《工伤保险条例》，自 2004 年 1 月 1 日施行，《工伤保险条例》首次扩大了工伤保险的范围，明确规定各类企业和有雇工的个体工商户都应当参加工伤保险。但是，农民没有被纳入工伤保险。

2004 年 6 月 1 日，劳动和社会保障部发布《关于农民工参加工伤保险有关问题的通知》，明确提出农民工参加工伤保险、依法享受工伤保险待遇是《工伤保险条例》赋予包括农民工在内的各类用人单位职工的基本权益，各类用人单位招用的农民工均有依法享受工伤保险待遇的权利。但事实上，因种种原因，农民工参加工伤保险的比例相当低。根据人力资源和社会保障部的数据，2008 年底，农民工参加工伤保险的人员为 4942 万人，只占全国 2.25 亿名农民工的 22%。

2003 年 11 月 25 日，北京市政府审议通过了《北京市实施〈工伤保险条例〉办法》。2004 年 7 月 28 日，北京市劳动和社会保障局印发《北京市外地农民工参加工伤保险暂行办法》，进一步明确了农民工参加工伤保险的具体政策。但据调查，北京有超过 90% 的农民工没有参加工伤保险。

2013 年，北京市继续调整工伤保险待遇。工伤职工伤残津贴标准由 2012 年的月人均 2799 元调整为 3092 元，增加 293 元，增幅为 10.5%。供养亲属抚恤金由月人均 1626 元调整为 1776 元，增加 150 元，增幅为 9.2%。生活护理费人均每月为 1776 元。

据统计，目前全市享受伤残津贴、供养亲属抚恤金、护理费待遇人员共 1.2 万人。三项待遇调整后，北京市社保基金 2013 年支出增加 2400 万元左右。

（2）失业保险。1986 年，国务院颁布《国营企业职工待业保险暂行规定》，开始建立失业保险制度，保险对象只限国营企业职工。20 世纪 90 年代开始的国企改革，造成了数千万的下岗工人。1993 年 4 月 12 日，国务院发布《国有企业职工待业保险规定》，当时使用的是"待业"而不是"失业"的概念。1998 年 6 月 9 日，国务院发布《关于切实做好国有企业下岗职工基本生活保障和再就业工作的通知》，确立下岗职工基本生活保障制度。1999 年 1 月 22 日，国务院颁布《失业保险条例》，将失业保险的覆盖范围扩大到所有类型的企业及事业单位职工。从 2006 年起，下岗职工生活保障制度实现了与失业保险制度并轨。

1986 年 9 月 15 日，北京市政府发布《北京市执行〈国营企业职工待业保险暂行规定〉的实施细则》。1994 年 6 月 6 日，北京市政府发布《北京市企业职工失业保险规定》，将国有企业职工、城镇集体所有制企业（包括股份合作制企业）职工、股份制企业及各类联营企业职工、外商及港澳台商投资企业的中方职工、私营企业和个体工商户雇佣的城镇职工等纳入失业保障。1999 年 9 月 14 日，北京市政府发布《北京市失业保险条例》，城镇企业、事业单位的失业人员依照规定享受失业保险待遇。

2007 年 6 月 14 日，北京市政府第 190 号令对《北京市失业保险条例》进行了修改，但失业保险仍只覆盖城镇职工，农业劳动者则始终未纳入失业保险框架，城镇职工中实际享有失业保险的人数也偏少。《北京市失业保险条例》规定，用人单位招用的农民合同制工人，劳动合同期满未续订或者提前解除劳动合同的，由社会保险经办机构根据用人单位为其连续缴费的时间，对其支付一次性生活补助，每满 1 年发给 1 个月生活补助，最长不得超过 12 个月。2008 年 12 月 26 日，北京市劳动和社会保障局发布《关于调整失业保险金发放标准的通知》，自 2009 年 1 月 1 日起执行。失业保险金调整后，城镇职工失业保险金月发放标准从 562 元到 671 元不等，农民合同制工人一次性领取的生活补助费从原来的 338 元调整到 398 元。2009 年，北京市将失业保险金标准平均提高了 70 元。

2010 年 6 月，为保障失业人员在失业期间的基本生活，根据《北京市失业保险规定》（1999 年北京市人民政府第 38 号令修改），结合北京市实际，经市政府批准，失业保险金月发放标准每档增加 70 元，失业保险金月发放最低标准为 632 元，农民合同制工人一次性生活补助费由 398 元调整到 468 元。

2011 年 6 月，北京市人力资源和社会保障局发布《关于调整失业保险金发放标准的通知》，将失业保险金月发放标准在 2010 年的基础上每档增加 120 元。从第 13 个月起，失业保险金月发放标准一律按 752 元发放，农民合同制工人一次性生活补助费由 468 元调整到 588 元。

2012 年，为保障失业人员在失业期间的基本生活，根据《北京市失业保险规定》（1999 年北京市人民政府第 38 号令），结合北京市实际情况，经市政府批准，失业保险金月发放标准在 2011 年的基础上每档增加 60 元。此外，农民合同制工人一次性生活补助费由 618 元调整到 678 元。

2013 年，北京市继续提高失业保险金标准，在 2012 年基础上平均每档上调 50 元，增长 5.6%。其中，农民工一次性生活补助标准由每月 678 元调整为 728 元，增加 50 元，增幅为 7.4%（见表 4）。据统计，目前，全市每月领取失业保险金待遇人员约 2.5 万人，此次调整社保基金将增加支出 0.15 亿元。

表 4　北京市失业保险金发放标准

单位：元

类别＼年份	2010	2011	2012	2013
累计缴费时间满 1 年不满 5 年	632	752	842	892
累计缴费时间满 5 年不满 10 年	659	779	869	919
累计缴费时间满 10 年不满 15 年	686	806	896	946
累计缴费时间满 15 年不满 20 年	713	833	923	973
累计缴费时间满 20 年以上	741	861	951	1051
农民工一次性生活补助费	468	588	678	728

资料来源：根据北京市相关材料整理。

（3）生育保险。生育保险是国家通过立法，在妇女怀孕和分娩时由国家和社会提供医疗服务、生育津贴和产假的一种社会保险制度。1986 年 5 月，卫生部、劳动人事部、全国总工会、全国妇联联合印发《女职工保健工作暂行规定》。1988 年 7 月，国务院发布《女职工劳动保护规定》，其主要内容是对女职工的就业、劳动工作时间、产假假期和产假待遇、孕期保护及其他福利等作了详细规定。此规定适用于中国境内一切国家机关、团体、企事业单位的女职工，军队系统的单位可参照执行。

1994 年 12 月，劳动部颁发《企业职工生育保险试行办法》，生育保险费用实行社会统筹。《企业职工生育保险试行办法》规定，参加生育保险社会统筹的用人单位，应向当地社会保险经办机构缴纳生育保险费，女职工个人不缴费。参保单位女职工生育或流产后，其生育津贴和生育医疗费由生育保险基金支付。生育津贴按照本企业上年度职工月平均工资计发；生育医疗费包括女职工生育或流产的检查费、接生费、手术费、住院费和药费（超出规定的医疗服务费和药费由职工个人负担）以及女职工生育出院后，因生育引起疾病的医疗费。

2004年12月28日，北京市政府发布《北京市企业职工生育保险规定》，自2005年7月1日起施行。该规定适用于本市城镇各类企业和与之形成劳动关系的具有本市常住户口的职工。生育保险待遇主要包括由生育保险基金支付生育津贴、生育医疗费用、计划生育手术医疗费用、国家和本市规定的其他费用以及相应的产假。2005年5月，北京市劳动和社会保障局发布《关于贯彻实施〈北京市企业职工生育保险规定〉有关问题的通知》，明确了有关政策实施细则。2009年5月，北京市人力资源和社会保障局发布《关于进一步完善企业职工生育保险有关问题的通知》，提高了生育保险自然分娩医疗费用的定额支付标准。

目前，北京市生育保险面临的最大问题，一是农业劳动者没有纳入生育保险的制度框架；二是农民工没有充分享有生育保险待遇。

（二）城乡社会救助

社会救助是国家和社会对因各种原因无法维持最低生活水平的公民给予无偿救助的一项社会保障制度。社会救助是人类社会对弱势群体基本生存权予以的基本保障，是最基础、最低层次的社会保障。社会救助的对象有三类：一是无依无靠、没有劳动能力又没有生活来源的人，主要包括孤儿、残疾人以及没有参加社会保险且无子女的老人；二是有收入来源，但生活水平低于法定最低标准的人；三是有劳动能力、有收入来源，但由于意外的自然灾害或社会灾害，而使生活一时无法维持的人。我国社会救助体系主要包括五保供养、最低生活保障、医疗救助、灾害救助、教育救助、住房救助、流浪乞讨人员救助、法律援助、临时救助等内容。

目前，北京已建立起以城乡低保为基础，以医疗救助、教育救助、住房救助等专项救助相配套，以灾害救助、临时救助等应急救助为补充的社会救助体系。

1. 农村五保供养

农村五保供养是我国农村对丧失劳动能力和生活没有依靠的老、弱、孤、寡、残的农民实行保吃、保穿、保烧、保教、保葬的一种社会救助制度。农村五保供养制度形成于20世纪50年代的农业合作化时期。《1956~1967年全国农业发展纲要》提出对缺乏劳动力、生活没有依靠的鳏、寡、孤、独的社员，应当在生活上给予适当照顾，做到保吃、保穿、保烧（燃料）、保教（儿童和少年）、保葬，使他们生、养、死、葬都有指靠。随着人民公社的解体，农村五保制度受到一定的冲击。

1994年1月23日，国务院发布《农村五保供养工作条例》，规定五保供养的主要内容是"保吃、保穿、保住、保医、保葬（孤儿保教）"，供养标准为当地村民一般生活水平，所需经费和实物，从村提留或者乡统筹费中列支。2006年1月11日，国务院颁布新的《农村五保供养工作条例》，自3月1日起施行。该条例实现了农村五保供养从以往的农民供养向政府供养转变。

2008年3月24日，北京市政府审议通过《北京市实施〈农村五保供养工作条例〉办法》，自5月1日起施行。2008年6月30日，北京市民政局等部门联合发布《北京市农村五保供养制度实施细则》（京民救发〔2008〕270号），明确农村五保供养标准主要根据统计部门公布的上年度本行政区域内农村居民家庭人均生活消费支出确定。2008年，全市共有农村五保供养对象4288名，其中60岁及以上老人3044名，平均供养标准为每人每年6961.54元，标准最高的为朝阳区，年人均9872元，最低的为延庆县，年人均5003元。

2009年6月，北京市民政局公布北京市2009年各区县农村五保供养最低标准，自7月1日起施行。各区县农村五保新标准分别是，朝阳11260元，大兴6541元，丰台9385元，房山6889元，海淀11400元，平谷6329元，门头沟7444元，怀柔6960元，昌平8667元，密云7008元，顺义6906元，延庆5536元，通州6766元。

2013年，北京市民政局发布《关于调整2013年本市农村五保供养最低标准的通知》（京民社救发〔2013〕226号）。该通知指出，2013年，北京市有关区县农村五保供养最低标准按照市统计局公布的上年度区县农村居民人均消费支出确定，并于2013年7月1日起实施。对于集中供养的农村五保供养对象所需经费，在扣除15%的医疗救助资金预算后，由区县财政部门按照部门预算管理要求拨付至五保供养服务机构。对于按月领取生活费的分散供养五保对象，生活费发放标准为本区县农村低保标准（按月计算）的115%。2012年北京市农村居民人均纯收入和生活消费支出情况如表5所示。其中，根据北京市政府办公厅转发市农委《关于进一步促进山区经济社会发展若干政策措施的通知》（京政办发〔2008〕53号）精神，农村分散供养五保对象中重残人的生活费发放标准参照城市低保标准执行；已实行城乡低保标准并轨的区县，按分类救助系数1.15的标准享受待遇。

表 5 2012 年北京农村居民人均纯收入和生活消费支出

单位：元

区　　县	人均纯收入	人均生活消费支出
朝 阳 区	22152	18381
丰 台 区	18502	15340
海 淀 区	22364	18172
门头沟区	15715	9750
房 山 区	15192	10934
通 州 区	15936	10623
顺 义 区	15960	10830
昌 平 区	14971	11932
大 兴 区	15329	9703
怀 柔 区	14585	9046
平 谷 区	15067	10708
密 云 县	14590	9962
延 庆 县	14078	9017
全市平均	16476	11879

资料来源：北京市民政局。

根据该规定，自 2013 年 7 月 1 日起，北京市各区县对农村五保户供养最低标准进行了调整，其中，朝阳、海淀、丰台、顺义、大兴和通州均已实现城乡低保标准统一，其农村五保户集中供养标准为 580 元，分散供养标准为 667 元。其余区县均按照农村低保标准 460 元执行，分散供养的农村五保对象领取的月生活费为 529 元。

2. 城乡低保制度

城乡低保制度是改革开放以来我国最重要的社会救助制度。在城乡低保制度建立以前，在农村主要实行五保供养和特困户生活救济，在城镇实行困难户救济制度。长期以来，我国困难救助人群比例及救助标准都相当低。据统计，1992 年，全国得到定期定量救济的城镇困难户人员只有 19 万人，占城镇人口比重的 0.06%。救济经费为 8740 万元，救济对象人均月救济额仅为 38 元，是当年城镇居民人均生活费收入的 25%。1992 年，全国城镇社会救济费用（包括临时救济）总共只有 1.2 亿元，仅占当年国内生产总值的 0.05‰，不到国家财政收入的 0.03%。

　　城乡低保制度的建立，打开了我国社会救助的新局面。1993 年 6 月 1 日，上海市在全国率先建立城市居民最低生活保障制度，确立了城镇居民最低生活保障线，以此取代传统的城镇困难户救济。1994 年，第十次全国民政工作会议肯定了上海的经验，提出对城市社会救济对象逐步按当地最低生活保障线标准进行救济。1997 年 9 月 2 日，国务院发布《关于在全国建立城市居民最低生活保障制度的通知》，开始在全国城镇建立最低生活保障制度。1999 年 9 月 28 日，国务院正式颁布《城市居民最低生活保障条例》。到 1999 年底，全国普遍建立了城市低保制度。

　　随着城市低保制度的建立，农村低保也逐渐进入地方、民政部门和国家公共政策视野。2007 年 7 月 11 日，国务院发布《关于在全国建立农村最低生活保障制度的通知》，农村低保制度从此在全国建立起来。到 2007 年底，全国普遍建立了农村最低生活保障制度。

　　北京市自 1996 年开始建立城市居民最低生活保障制度。2000 年 6 月 27 日，北京市政府颁布《北京市实施〈城市居民最低生活保障条例〉办法》。2000 年 12 月 25 日，北京市民政局等部门印发《北京市城市居民最低生活保障制度实施细则》。2002 年 6 月 26 日，北京市政府印发市民政局《关于完善城市居民最低生活保障制度若干意见的通知》。2005 年 7 月 13 日，北京市政府批转市民政局《关于建立本市城市居民最低生活保障标准调整机制的意见》。北京自建立城市低保制度以来，逐步形成了低保标准动态调整机制。1996～2013 年北京市城市低保标准如表 6 所示。

表 6　1996～2013 年北京市城市低保标准

年份	低保标准（元/人/月）	年份	低保标准（元/人/月）
1996	170	2006	310
1997	190	2007	330
1998	200	2008	390
1999	210	2009	410
1999	273	2010	430
2000	280	2011	480
2001	285	2012	520
2002～2004	290	2013	580
2005	300		

资料来源：北京市人力资源和社会保障局。

从 2006 年起，北京开始对有特殊困难的城市低保对象实施分类救助，着重照顾城市"三无"人员、重残人、老年人、未成年人、重症病患者等群体。

2002 年 4 月 27 日，北京市政府批转市民政局《关于建立和实施农村居民最低生活保障制度的意见》，决定从 2002 年度起在北京市建立并实施农村居民最低生活保障制度。凡具有本市农业户口、上年家庭年人均收入低于户籍所在区县当年农村居民最低生活保障标准的农村居民，均纳入当地农村居民最低生活保障范围。农村居民最低生活保障标准由各区县政府自行确定。农村居民最低生活保障待遇分为全额享受和差额享受两种。其中：农村五保对象；孤老烈军属等特殊优抚对象困难户；原民政部门管理的 60 年代初精减退职老职工，国民党起义投诚、宽释及特赦人员等特殊救济对象；无劳动能力的重残人员以及其他特殊生活困难人员等，按照当地农村居民最低生活保障标准全额享受低保待遇。其他符合农村居民最低生活保障范围的对象，均按照其上年家庭年人均收入低于户籍所在区县当年农村居民最低生活保障标准的差额享受低保待遇。农村五保对象除享受当地农村居民最低生活保障待遇外，再附加保障金的 10% 作为生活补助费，并按国务院颁布的《农村五保供养工作条例》的要求，确保其供养标准不低于当地上年家庭年人均收入的 65%，不足部分由区县和乡镇财政予以补足。2002 年 4 月 29 日，北京市民政局等部门发布《北京市农村居民最低生活保障制度实施细则》，就相关问题做了具体规定。

2006 年 4 月 25 日，北京市政府批转市民政局《关于建立本市农村居民最低生活保障标准调整机制的意见》，建立农村低保动态调整机制。2008 年 12 月 30 日，北京市民政局会同市财政局出台《关于调整我市城乡社会救助相关标准的通知》，2009 年全市农村居民低保最低保障标准从 2008 年家庭年人均收入 1780 元调整为 2040 元。各区县政府根据实际情况在全市规定的农村低保最低标准的基础上适度提高。2009 年，朝阳区、海淀区、丰台区已实施城乡低保标准并轨，农村低保标准与城市低保标准统一上调为年人均 4920 元，其他区县调整为年人均 2040 ~ 2530 元。

2009 年，北京城市低保标准为家庭月人均收入 410 元，农村低保标准为家庭月人均收入 170 ~ 410 元，其中，朝阳区、海淀区、丰台 3 个区已实现城乡低保标准并轨，即低保标准统一为家庭月人均收入 410 元。其他 10 个郊区县城乡低保标准还存在一定的差距，如顺义区农村低保标准为家庭月人均收入 211 元，昌平区农村低保标准为家庭月人均收入 210 元，大兴、门头沟 2 个区农村低保标准为家庭月人均收入 200 元，房山、通州、平谷、怀柔、密云、延庆 6 个区县农村低保标准为家庭月人均收入 170 元。

为更好地保障困难群众基本生活，确保城乡低收入群众的生活水平随着首都经济社会的发展而得到提高，2010 年 6 月，北京市民政局对全市城乡社会救助标准进行了调整，城市低保标准由家庭月人均收入 410 元调整为 430 元；农村低保标准由年人均收入 2040 元（月人均 170 元）调整为年人均收入 2520 元（月人均 210 元）。

自 2013 年 1 月 1 日起，北京市再次上调城乡居民最低生活保障标准，其中城市低保标准增至家庭人均收入 580 元/月，农村低保标准增至家庭人均收入 460 元/月。

此举旨在确保低收入群众的生活水平随着经济社会的发展得到提高，调整主要以统计部门提供的此间居民基本食品费用支出和其他生活必需品费用支出为基础进行测算，进一步考虑了天然气等能源价格上涨等因素，并综合考虑了与其他社会保障标准的关系。

截至 2012 年 10 月底，北京市共有城乡低保对象 17.83 万人，其中城市低保对象 11.09 万人，农村低保对象 6.74 万人。本次城乡低保标准调整后，预计全年增加低保金支出约 1.45 亿元，总计全年城乡低保金支出约 10.66 亿元。

3. 医疗救助

医疗救助是对缴费型医疗保险制度的重要补充，是保障困难人群病有所医的重要社会救助制度。长期以来，我国医疗救助制度建设明显滞后，同时，还存在城乡二元医疗救助格局。2000 年 12 月，国务院颁布《关于完善城镇社会保障体系的试点方案》，提出要积极探索建立医疗救助制度，帮助城镇困难人群解决医疗救助问题。2003 年 7 月 9 日，民政部下发《关于建立城市医疗救助制度有关事项的通知》，要求各地探索城市医疗救助制度。

2005 年 2 月 26 日，民政部等部门发布《关于建立城市医疗救助试点工作的意见》，提出从 2005 年起，用 2 年时间在全国部分县（区、市）进行试点，之后再用 2~3 年时间在全国建立城市医疗救助制度。医疗救助的对象主要是城市居民最低生活保障对象中未参加城镇职工基本医疗保险人员、已参加城镇职工基本医疗保险但个人负担仍然比较重的人员和其他特殊困难群众。2007 年 7 月 10 日，国务院发布《关于开展城镇居民基本医疗保险试点的指导意见》（国发〔2007〕20 号），推进城镇居民基本医疗保险试点工作。2007 年 10 月 24 日，民政部、财政部等部门联合发布《关于做好城镇困难居民参加城镇居民基本医疗保险有关工作的通知》（民发〔2007〕156 号），推动城镇困难居民参加城镇居民基本医疗保险,并要求试点地区抓住建立城镇居民基本医疗保险制度的契机,加快建立和完善城市医疗救助制度。已开展城镇居民基本医疗保险但尚未建立城市医疗救助制度的地方,要同步建立城市医疗救助制度,做好城市医疗救助和城镇居民基本医疗保险的衔接工作。开展城镇居民基本医疗保险试点的地区,要结合城镇居民基本医疗保险制度的建立,完善医疗救助实施方案,对困难居民在城镇居民基本医疗保险支付之外个人难以负担的医疗费用,按照有关规定给予适当补助。未参加城镇居民基本医疗保险的困难居民,符合条件的要按照规定及时给予救助。

我国农村长期没有建立正式的医疗救助制度。2002年10月29日,中共中央、国务院联合发布《关于进一步加强农村卫生工作的决定》,首次提出国家将对农村贫困家庭实行医疗救助。2003年11月18日,卫生部等部门联合发布《关于实施农村医疗救助的意见》,提出农村医疗救助制度是政府拨款和社会各界自愿捐助等多渠道筹资,对患大病的农村五保户和贫困农民家庭实行医疗救助的制度。各省、自治区、直辖市在全面推行农村医疗救助制度的同时,可选择2~3个县(市)作为示范点,通过示范指导推进农村医疗救助工作的全面开展,力争到2005年,在全国基本建立起规范、完善的农村医疗救助制度。这是我国第一次建立专门面向农民的医疗救助制度。救助对象主要是农村五保户和贫困农民家庭,医疗救助的主要方式是资助医疗救助对象参加农村合作医疗,对患大病的救助对象给予适当的医疗费用补助。

2005年8月15日,民政部等部门联合发布《关于加快推进农村医疗救助工作的通知》,提出2005年底以前,各省、自治区、直辖市所辖有农业人口的县(市、区)的农村医疗救助工作方案务必全部出台。

2009年3月17日,中共中央、国务院发布《关于深化医药卫生体制改革的意见》,提出到2011年建立覆盖城乡居民的基本医疗保障体系。城镇职工基本医疗保险、城镇居民基本医疗保险、新型农村合作医疗和城乡医疗救助共同组成基本医疗保障体系,分别覆盖城镇就业人口、城镇非就业人口、农村人口和城乡困难人群。2009年6月15日,民政部等部门联合发布《关于进一步完善城乡医疗救助制度的意见》,提出用3年左右的时间,在全国基本建立起资金来源稳定,管理运行规范,救助效果明显,能够为困难群众提供方便、快捷服务的医疗救助制度。该意见扩大了医疗救助的范围,提出在将城乡低保家庭成员和五保户纳入医疗救助范围的基础上,逐步将低收入家庭重病患者以及当地政府规定的其他特殊困难人员纳入医疗救助范围。坚持以住院救助为主,兼顾门诊救助，并逐步降低或取消医疗救助的起付线，合理设置封顶线，进一步提高救助对象经相关基本医疗保障制度补偿后需自付的基本医疗费用的救助比例。2010年1月，全国民政工作会议提出城乡医疗救助将尽快取消病种限制和起付线，扩大救助范围，简化救助手续。

近年来，北京市不断加大医疗救助工作力度。2001年12月19日，北京市人民政府办公厅印发市民政局、财政局、卫生局等部门制定的《北京市城市特困人员医疗救助暂行办法》，自2002年1月1日起施行。医疗救助对象主要是城市低保人员；家庭月人均收入高于本市城市低保标准但低于本市最低工资标准的本市城镇职工基本医疗保险对象；其他特殊生活困难人员。医疗救助待遇主要有：（1）城市低保对象就诊时，减收基本手术费和CT、核磁共振大型设备检查费20%，减收普通住院床位费50%。（2）城市低保对象患危重病时发生的医疗费用，全年个人负担累计超过1000元以上，可申请享受医疗救助。其中，享受医疗保险人员在扣除各项医疗保险可支付部分、所在单位承担部分及失业人员在失业保险期内享受的有关医疗待遇后，全年个人负担医疗费用累计仍超过1000元以上且影响其基本生活时，也可申请享受医疗救助。医疗救助的额度按照个人负担医疗费用的50%支付，全年个人累计医疗救助支付额度原则上不超过1万元。确属特殊困难人员，经向户口所在地街道办事处（乡镇人民政府）申请、区县民政部门审批后，可适当增加医疗救助比例。（3）城市低保对象中无生活来源、无劳动能力又无法定赡养人或者抚养人的人员（简称"三无"人员）和因公致残返城知青及60年代初精减退职老职工的医疗费，按原有政策规定执行。北京市社会福利医院对"三无"人员和因公致残返城知青免收门诊挂号费和诊疗费，减收基本手术费和普通检查费30%，减收普通住院床位费60%。（4）参加本市城镇职工基本医疗保险的企业和事业单位应当建立补充医疗保险。参保职工和退休人员中家庭月人均收入高于本市城市低保标准但低于本市最低工资标准者，患危重病时发生的医疗费用按照有关规定报销符合医疗保险支付范围内的医疗费用后，个人负担部分仍超过家庭年收入50%的，所在单位应当通过补充医疗保险或者其他途径给予医疗救助，救助额度应不低于个人负担医疗费用的50%。停产、半停产等特殊困难企业确实无力支付医疗救助资金时，职工或退休人员可通过所在单位向所在区县劳动保障部门申请医疗救助，报经市劳动保障部门批准后，按照个人负担医疗费用50%的额度给予救助，全年个人享受的医疗救助金额原则上不超过1万元。确属特殊困难人员，经所在单位向所在区县劳动保障部门申请、市劳动保障部门审批后，可适当增加医疗救助比例。

2002 年 4 月 6 日，北京市民政局等部门发布《关于实施〈北京市城市特困人员医疗救助暂行办法〉的意见》，进一步明确了医疗救助的有关标准和程序。2004 年 11 月 1 日，北京市民政局等部门发布《关于调整本市城市特困人员医疗救助政策有关问题的通知》，适当提高医疗救助比例。个人自负医疗费仍然过高且影响家庭基本生活的，可申请享受临时救助。

2004 年 11 月 12 日，北京市人民政府办公厅转发市民政局、市财政局等部门制定的《北京市农村特困人员医疗救助暂行办法》，明确了农村特困人员医疗救助政策。农村医疗救助对象为享受本市农村居民最低生活保障（简称农村低保）待遇的人员；家庭收入高于当地农村低保标准，经农村合作医疗以及各种互助帮困措施救助后，个人自负医疗费仍有困难且影响家庭基本生活的困难人员；民政部门规定的其他困难人员。医疗救助待遇为：（1）农村低保对象就医时，减收基本手术费和 CT、核磁共振大型设备检查费 20%，减收普通住院床位费 50%。（2）农村低保对象参加当地合作医疗的个人缴费部分，由区县政府资助。到户籍所在区县农村合作医方管理机构指定医院就医后，按规定报销住院费用、门诊医疗中的大病治疗费用，以及合作医疗办事机构组织的体检费用。报销起付标准、报销比例和最高报销限额应按照本区县合作医疗规定执行。对农村低保对象中的五保对象、重残人及特困人员可适当放宽条件，提高救助标准。具体办法由各区县政府自行制定。农村低保对象家庭收入增加，不再享受低保待遇后，其个人缴费及费用报销等按一般合作医疗对象对待。（3）农村五保对象和由民政部门管理、享受定期定量救济的 60 年代初精减退职老职工等民政对象发生的医疗费用经合作医疗报销后，剩余部分的报销办法，按原有政策规定执行。（4）农村低保人员以及其他困难人员因患急重病，经农村合作医疗报销后，个人医疗费用负担仍然过重且影响家庭基本生活的，可申请享受临时救助。

2007 年 3 月 28 日，北京市政府办公厅转发市民政局等部门制定的《关于进一步完善农村特困人员医疗救助制度的意见》，完善了医疗救助待遇。2007 年 4 月 3 日，北京市民政局、市财政局、市卫生局等部门印发《进一步完善农村特困人员医疗救助制度实施办法》。

2008 年 12 月 26 日，北京市民政局等部门联合发布《关于规范和统筹本市城乡医疗救助制度的通知》，自 2009 年 1 月 1 日起，进一步规范和促进城乡医疗救助政策与城镇大病医疗保险、新型农村合作医疗制度的有效衔接。主要内容：（1）规范城乡医疗救助名称。将社会救助对象患常见病、慢性病的医疗救助定义为"门诊救助"；将社会救助对象患危重病且经过各项城镇大病医疗保险和新型农村合作医疗报销有关费用后的医疗救助定义为"住院救助"。（2）提高门诊救助报销比例。将原慢性病、常见病门诊医疗救助的报销比例由 50% 提高到 60%，每年累计报销额度仍为 2000 元。民政部门管理的城市"三无"对象、农村五保供养对象和因公致残返城知青的医疗救助仍按"实报实销"办法实施；60 年代初 40% 救济精减退职老职工的医疗救助仍按"三分之二"享受待遇。（3）取消住院救助报销起付线。即在 2007 年取消慢性病、常见病医疗救助每年 500 元报销起付线的基础上，进一步取消危重病（大病）医疗救助每年 500 元的报销起付线。（4）提高住院救助报销比例及额度。将原危重病（大病）住院医疗救助的报销比例由 50% 提高到 60%，报销额度最高标准由 1 万元提高到 3 万元，以进一步缓解特困群众因患大病给家庭生活带来的沉重负担。

2012 年，北京市财政投入 3000 万元引导资金，组建北京市慈善医疗救助基金。慈善医疗救助基金的重点救助对象包括因患重大疾病须门诊、住院治疗或因患特殊病种需长期服药治疗，经社会基本医疗保险、新农合、商业保险等保险报销，以及政府（民政部门）医疗救助后，个人负担部分仍然较重，严重影响家庭基本生活的北京市城乡低收入人员、其他城乡困难人员。此外，在本市工作、生活 5 年以上，且有良好纳税记录和参保记录的非京籍特困人员，也可以申请慈善救助。

4. 教育救助

教育救助是国家和社会为贫困地区和贫困家庭学生提供帮助和支持以保障其受教育权的实现。教育救助既是社会救助体系的重要组成部分，也是实现教育公平的重要内容。我国历来重视教育事业的发展，但因种种原因，一些贫困家庭的孩子面临上学困难，或因经济困难而辍学。20 世纪 80 年代以来，我国在普及九年义务教育的同时，也开始积极探索建立教育救助体系。现在，我国已初步建立以"两免一补"、经常性助学、农民工子女就学、高等学校困难毕业生救助、特殊困难未成年人教育救助为主要内容的教育救助制度。

"两免一补"是国家为解决义务教育阶段贫困家庭学生上学难而实施的一项资助政策，主要内容是对义务教育阶段贫困家庭学生免杂费、免书本费、补助寄宿生生活费。"两免一补"最初是对农村贫困地区实施的一项教育救助。2001 年秋，中央开始对中西部地区农村义务教育阶段学生试行免费提供教科书制度。从 2005 年起，国家免除扶贫开发工作重点县农村义务教育阶段贫困家庭学生的书本费、杂费，并补助寄宿学生生活费。2006 年 6 月 29 日，第十届全国人大常委会第 22 次会议审议通过新修订的《义务教育法》，明确规定"实施义务教育，不收学费、杂费"。2007 年，我国农村全部免除义务教育阶段学杂费。2008 年，我国全面实现城乡免费义务教育。

1997 年 8 月 22 日，北京市教委、市财政局联合发布《北京市中小学学杂费减免办法（试行）》及《北京市义务教育阶段人民助学金制度（试行）》，对全市经济困难家庭的中小学学生，可视其实际情况减免学杂费。同时，北京市建立了人民助学金制度，全市普通初级中学、普通小学（含特殊教育学校）因家庭经济贫困就学困难的学生都可享受人民助学金。人民助学金分为甲等人民助学金和乙等人民助学金两种。城镇地区家庭人均收入低于最低生活保障线（当时标准为人均月收入 190 元）的学生和农村地区家庭人均年收入低于本区、县制定的特困户标准的学生享受甲等人民助学金，甲等人民助学金的发放标准：城镇地区普通中学学生平均每人每月 40 元，普通小学学生平均每人每月 30 元；农村地区普通中学学生平均每人每月 30 元，普通小学学生平均每人每月 20 元。城镇地区家庭人均月收入低于 210 元的学生和农村地区家庭人均年收入低于本区、县制定的贫困户标准的学生享受乙等人民助学金，乙等人民助学金的发放标准：城镇地区普通中学学生平均每人每月 30 元，普通小学学生平均每人每月 20 元；农村地区普通中学学生平均每人每月 20 元，普通小学学生平均每人每月 10 元。山区寄宿制学生平均每人每月发放伙食补助 30 元。革命烈士子女、享受社会优抚待遇家庭的学生和残疾学生，享受人民助学金的条件可适当放宽。

2002 年 6 月 27 日，北京市教委、市财政局、市物价局印发《关于九年义务教育阶段学生免交杂费的通知》，自 2002 年 9 月 1 日起，对全市九年义务教育阶段学生实行免交杂费政策。从 2006 年秋季开学开始，北京在远郊农村地区全面实行"两免一补"政策，对 10 个远郊区县公办义务教育学校就读的有北京市农村户籍的学生免交教科书费；对有北京市农村户籍的山区学生、城乡低保家庭学生、残疾学生（含随班就读）每人每年提供 300 元助学补助；对10 个远郊区县公办义务教育学校中农村户籍的住宿生、特教学校住宿生、城乡低保家庭的住宿生免交寄宿费，每人每月发放 100 元伙食补助。

2007 年 9 月 4 日，北京市教委等部门发布《关于进一步完善义务教育阶段"两免一补"政策的通知》，决定从当年秋季开学始，在城八区公办义务教育学校就读的有本市户籍的学生免收杂费，其中本市农村户籍学生免交教科书费。

在对义务教育阶段实行相关教育救助的同时，北京市也先后制定有关政策，对高等学校特困学生给予困难补助。1998年11月14日，北京市教委、北京市财政局印发《北京市属普通高等学校特困生补助办法》，对学生家庭人均收入低于最低生活保障线者，给予每生每月100元（全年按10个月计算，共计1000元）的困难补助。2001年4月9日，北京市教委、北京市财政局印发《北京市属（市管）普通高等学校特困生补助办法的通知》，将特困生补助标准提高到每生每月平均190元（全年按10个月计，共计1900元）。

2007年6月25日，北京市民政局等部门联合发布《关于实施高等教育新生入学救助办法的通知》，决定从当年起在全市范围内实行高等教育新生入学救助办法。根据此办法，凡享受本市城乡居民最低生活保障待遇家庭和享受生活困难补助的重残人家庭中，当年参加全国普通高等教育入学考试、在本市高等教育招生计划内、经北京教育考试院高等学校招生办公室正式录取、考入普通高等学校接受全日制本科、专科或高等职业教育的学生，可申请入学救助。考取普通高等院校接受本科、专科或高等职业教育的学生，当年救助4000元，学费低于上述救助标准的，按实际发生金额救助。

从2009年起，北京市将高校新生入学教育救助范围扩大到城乡低保边缘家庭，获录取的高校新生持录取通知书、居民身份证、户籍册及家庭收入证明等相关材料到户籍所在地民政部门办理相关手续，即可领取一次性临时救助金4000元。

自2011年起，对于家庭月人均收入不超过731元的困难单亲女职工子女，从学前教育阶段一直到高等教育阶段，北京市都将给予一定数额的资助。其中，学前教育阶段，每人每年给予3000元资助；义务教育阶段，每人每年给予300元资助；高中阶段每人每年给予2000元资助。同时，对于家庭月人均收入不超过731元的困难职工家庭子女（不含困难单亲女职工子女），从2011年9月开学起，在大学二年级至四年级就读的，以及新考入普通高中（含职高、中专、技校）的，工会将给予每人2000元的一次性救助。如果子女考上大学，除民政部门给予的4500元助学金之外，工会还将给予每人2000元的一次性救助。

在补助资金的发放方面，北京市总工会要求，对于符合上述工会救助条件的困难职工子女，原则上由职工所在单位工会按照上述标准进行帮扶救助。如职工所在单位工会无力承担全额救助款的，可按市总工会专项帮扶资金负担1000元，职工所在单位负担1000元的方式进行救助。其中，职工所在单位负担的1000元救助款可以通过捐赠方式捐入北京市温暖基金会，由温暖基金会开具捐赠发票。如职工所在单位确实无力负担任何帮扶救助款的，可向市总工会申请专项帮扶资金全额救助。

另外，北京市还建立了住房救助、灾害救助、临时救助、流浪乞讨人员救助、残疾人救助等相关救助政策。

（三）城乡社会福利

社会福利有广义和狭义之分。广义的社会福利是指政府和社会为全体社会成员提供有助于提高生活质量的各种社会性津贴、公共基础设施和社会服务，主要包括各种文化教育、公共卫生、公共娱乐、市政建设、家庭补充津贴、教育津贴、住宅津贴等。狭义的社会福利是指政府和社会向老人、儿童、残疾人等社会中特别需要关怀的人群，提供必要的社会援助，以提高他们的生活水准和自立能力，主要包括老人福利、残疾人福利、妇女福利、儿童福利、职工福利等。国际上，社会福利主要有补救性模式和普惠模式。

改革以前，我国社会福利主要有民政部门负责提供的民政福利、单位提供的职工福利以及面向城镇居民提供的价格补贴等福利。当前，我国的社会福利制度除了各单位为职工提供的各种福利外，主要是国家和社会为老年人、残疾人、妇女儿童以及经济贫困家庭等特殊社会弱势群体提供生活供养、疾病康复和文化教育等补救式社会福利。

1. 老人福利

我国传统的老人福利主要分三大块：一是城镇单位职工在各单位享受职工福利；二是城镇孤寡老人由政府举办的福利院收养；三是农村孤寡老人享有集体经济提供的五保供养。此外，我国绝大多数老人没有享受社会福利。1996年8月29日，第八届全国人大常委会第二十一次会议通过《中华人民共和国老年人权益保障法》，为保障老年人权益、弘扬中华民族敬老养老美德提供了法律依据。

改革开放以来，我国老年人福利事业取得了重大成就，在实践中形成了以老人院、福利院等收养"三无"老人（无家可归、无依无靠、无生活来源的老人）的收养性福利，以老年活动中心等为老年人提供各种文化娱乐性服务的文化福利，以老年康复中心、老人交友中心等为老年人提供健康生活服务等福利，以及向老年人提供福利津贴及其他政策优惠性福利。

北京是继上海之后我国第二个步入人口老龄化的大城市。在老人福利事业上，北京市除了与全国一样提供传统的老人福利外，在为老人提供福利性养老津贴制度建设上取得了重大突破。2007年12月29日，北京市政府印发《北京市城乡无社会保障老年居民养老保障办法》，规定年满 60 周岁以上的城乡无保障老年人，每月可领取 200 元福利性养老金。该办法自 2008 年 1 月 1 日起实行。这是全国第一个统筹城乡、标准一致的福利性养老保障制度，是老人福利事业的重大举措。

2008 年 7 月 29 日，北京市民政局、市财政局印发《北京市特殊老年人养老服务补贴办法（试行）》，对年满 90 周岁的老人和生活不能自理的老人，提供养老服务补贴，补贴资金以服务券形式发给符合条件的老年人。

2009 年 1 月 1 日，北京市实行《关于加强老年人优待工作的办法》，全市城乡老年人可享受 11 项政策优待福利。比如，65 周岁及以上老年人免费乘坐市域内地面公交车，免费游览公园、免费参观博物馆等公益性场馆，建立了高龄津贴制度，对 90 ~ 99 周岁的老年人每月发给 100 元的高龄津贴，对百岁及以上老年人每月发给 200 元的高龄津贴。

2009 年 11 月 12 日，北京市政府办公厅印发《北京市市民居家养老（助残）服务（"九养"）办法》，建立"九养"制度，自 2010 年 1 月 1 日起施行。在已有养老保障的基础上，让更多的高龄老人和部分残疾人享受政府发放的居家养老（助残）券，补贴标准为每人每月 100 元，全市大约有 38 万人享受每月 100 元的补贴。具体标准：60 ~ 79 周岁的重度残疾人每人每月发放 100 元养老（助残）券，16 ~ 59 周岁无工作的重度残疾人每人每月发放 100 元养老（助残）券，80 周岁及以上的老年人每人每月发放 100 元养老（助残）券，对 100 周岁及以上的老年人，在本市定点医疗机构门诊及住院发生的，且符合本市有关医疗报销规定的医疗费用中的个人按比例负担部分给予补助。

2010 年，居家养老"九养"政策对百岁老人实行免费医疗，百岁老人在正常社保、医保之外自付部分，开始由民政部门实报实销。2011 年，老人医疗补助范围进一步扩大，95 周岁以上的老人群体也可享受医疗费用 100% 报销的免费医疗待遇。扩大范围后，享受这一惠民政策的老年人从原先的 430 余人增加到 5000 多人。

据统计，2012 年，北京市通过高龄津贴、医疗补助、养老（助残）服务券等方式，共为全市老年人发放了超过 6.3 亿元的"福利"。其中，为 28603 名 90 ~ 99 周岁高龄老年人发放高龄津贴（每月 100 元）共 3238.37 万元，为 533 名 100 周岁以上老年人发放高龄津贴（每月 200 元）共 118.04 万元。全年向 52 万名符合条件的老年人（残疾人）每人每月发放 100 元养老（助残）券，全年发放 5.9 亿元。此外，还为 2238 人次高龄老年人补助医疗费用 650

万元。与 2011 年和 2010 年相比，2012 年北京市各项补贴的力度都有所增加。例如，高龄津贴分别增加了 265 万元和 192 万元；服务券分别增加了 0.8 亿元和 1.6 亿元；医疗补助分别增加了 335 万元和 615 万元。

2009 年 3 月，北京市民政局发布《北京市城乡无丧葬补助居民丧葬补贴办法》，自 2009 年 1 月 1 日起，在全市实行城乡统一的丧葬补贴，凡具有本市户籍的居民均可享受 5000 元的一次性丧葬补助。占全市人口 43% 的农业户口居民及无工作、无保险居民约 680 余万人被纳入丧葬补贴群体中，在全国第一个实现丧葬补助待遇城乡同标准、全覆盖。

2. 残疾人福利

残疾人是指在心理、生理、人体结构上，某种组织、功能丧失或者不正常，全部或者部分丧失以正常方式从事某种活动能力的人。残疾人包括视力残疾、听力残疾、言语残疾、肢体残疾、智力残疾、精神残疾、多重残疾和其他残疾的人。残疾人福利是国家和社会专门为身体功能障碍的人群提供的福利。我国残疾人是一个规模庞大的特殊群体，据 2006 年第二次全国残疾人抽样调查，全国各类残疾人总计达 8296 万人，占全国总人口的 6.34%。

改革以来，我国残疾人事业获得了巨大的进展，得到了全社会的广泛关注。1984 年 3 月 10 日，我国成立了中国残疾人福利基金会。1988 年 3 月 11 日，中国残疾人联合会成立。1990 年 12 月 28 日，第七届全国人大常委会第十七次会议通过《中华人民共和国残疾人保障法》。每年 5 月的第三个星期日为全国助残日。1994 年 8 月 23 日，国务院颁布《中华人民共和国残疾人教育条例》。2007 年 2 月 14 日，国务院颁布《残疾人就业条例》。2008 年 3 月 28 日，中共中央、国务院发布《关于促进残疾人事业发展的意见》；4 月 24 日，第十一届全国人大常委会第二次会议通过了第二次修订的《中华人民共和国残疾人保障法》，充实了有关残疾人福利保障的内容；6 月 24 日，第十一届全国人大常委会第三次会议批准了《残疾人权利国际公约》，自 2008 年 8 月 31 日起在中国正式生效。2006 年 12 月 13 日，第六十一届联合国大会以协商一致的方式通过《残疾人权利国际公约》，全球约 6.5 亿名残疾人的权利受到该公约的保障。2008 年 9 月，第十三届残疾人奥运会在北京举行，进一步促进了残疾人事业与残疾人福利的发展。我国残疾人福利主要包括就业、救助、教育和康复四个方面的主要内容。

北京市共有 99.9 万名残疾人，涉及 260 万家庭人口。2008 年北京残奥会成功举办，为首都残疾人事业发展注入了新的活力。2009 年 6 月 18 日，中共北京市委、北京市人民政府发布《关于促进残疾人事业发展的实施意见》，提出到 2010 年，初步构建起残疾人社会保障和服务体系的政策制度框架，做到残疾儿童少年义务教育"零拒绝"，残疾人基本养老、基本医疗、基本康复"全覆盖"，残疾人社会救助"无盲点"，残疾人就业有岗位，贫困残疾人基本住房有保障；到 2015 年，残疾人社会保障和服务体系更加完备，残健之间、城乡残疾人之间"两大差距"明显缩小，实现残疾人"康复有条件、在家有照料、出行无障碍"，努力建设残疾人工作的首善之区。该意见规定，对参加城乡居民养老保险的重度残疾人给予个人缴费全额补贴，对参保的轻度残疾人给予 50% 补贴；对无业的轻度残疾人按月给予 100 元补助；2009 年完成农村低保残疾人家庭危房翻建维修任务；从 2009 年到 2011 年，对招用残疾人一年以上的各类用人单位，签订固定期限劳动合同的，给予每人每年 3000 元的岗位补助；签订无固定期限劳动合同的，给予每人每年 5000 元岗位补助；对超比例安排残疾人就业的用人单位，在现有奖励政策基础上，按照规定比例每超过 1 人再给予 3000 元岗位补助；2010 年为全市有需求的残疾人家庭免费进行无障碍改造，全市每个街道、乡镇建设一个示范温馨家园；到 2015 年，通过拓展机构托养服务、社区综合服务和居家助残服务，实现全市生活不能自理的重度残疾人照料、养护服务全覆盖。2009 年 9 月 6 日，在庆祝残奥会成功举办一周年庆典仪式上，北京市残疾人福利基金会正式成立，这为北京市残疾人福利的发展提供了新的契机。

自 2013 年起，北京市残疾人入住社会福利机构，每人每月最高可获 1000 元补贴，福利机构每托养一名残疾人，每月最高可享 300 元的运营补贴。2013 年 1 月 8 日，北京市残联、市民政局、市财政局联合制定出台《北京市残疾人入住社会福利机构补贴办法》，帮助解决残疾人入住社会福利机构托养问题。该办法的适用对象：具有本市户籍，持有中华人民共和国残疾人证，年满 16 周岁未满 60 周岁，失业且无稳定性收入的残疾人。享受该办法补贴的残疾人不能同时享受民政部门给予的类似补贴。年满 60 周岁及以上的残疾人入住社会福利机构的，享受老年人入住社会福利机构相关待遇。

《北京市残疾人入住社会福利机构补贴办法》的适用范围为开展寄宿制残疾人托养服务并取得社会福利机构设置批准证书的社会福利机构，或取得北京市养老服务机构执业许可证的养老服务机构。该办法对入住社会福利机构的残疾人的补贴标准为残疾程度为一级的视力、肢体、智力和精神残疾人，每人每月补贴 400 元；残疾程度为二级的视力、肢体残疾人，残疾程度为二级、三级的智力、精神残疾人，每人每月补贴 200 元。对享受本市城乡最低生活保障待遇的残疾程度为一级、二级的视力、肢体残疾人，残疾程度为一级、二级、三级的智力、精神残疾人，在上述补贴的基础上，每人每月再补贴 600 元。

《北京市残疾人入住社会福利机构补贴办法》对社会力量兴办社会福利机构的补贴标准为对收住残疾程度为一级、二级的视力、肢体残疾人，一级、二级、三级的智力和精神残疾人的社会福利机构，每人每月给予运营补贴 300 元；对收住残疾程度为三级、四级的视力、肢体残疾人，四级的智力、精神残疾人，一级、二级、三级、四级的言语残疾人和听力残疾人的社会福利机构，每人每月给予运营补贴 200 元。另外，该办法还规定，对收住残疾人达到一定规模的社会福利机构购置康复器材的，在市残联规定购置康复器材目录范围内按比例给予一次性补贴。具体标准：收住残疾人 20 名以上的，按照购置康复器材总额 50% 的比例给予补贴，最高补贴不超过 20 万元；收住残疾人 50 名以上的，按照购置康复器材总额 60% 的比例给予补贴，最高补贴不超过 30 万元。

残疾人申请入住社会福利机构的，应由本人或监护人持残疾人证、失业且无稳定性收入证明等相关证件，向户籍所在地的街道、乡镇残联提出申请，补贴资金由残疾人就业保障金列支。个人补贴和运营补贴按季度核算，统一补贴给社会福利机构，社会福利机构收费时应等额核减残疾人可享有的个人补贴费用；社会福利机构购置康复器材补贴一次性发放。

3. 其他福利

（1）妇女福利。妇女福利是基于妇女不同于男性的性别差别基础上的福利，其目标是照顾妇女的身体特征和减轻其生育负担，维护妇女的合法权益。妇女福利一般包括特殊津贴、劳保福利和社会服务等内容。1992 年 4 月 3 日，第七届全国人大常委会第五次会议通过了《中华人民共和国妇女权益保障法》，此后，妇女福利有一定的发展，但相对来说，中国妇女福利事业的发展仍相对滞后，除了国有单位女职工享有一定的福利外，其他妇女特别是农村妇女基本上没有什么福利待遇，只有一些妇女享受相关的计划生育补贴。

（2）儿童福利。1991 年 9 月 4 日，第七届全国人大常委会第二十一次会议通过《中华人民共和国未成年人保护法》，对未成年人的保护做了具体规定。在儿童福利上，传统的政策支持主要体现在建立福利机构收养孤残儿童。近年来推行的免费义务教育，是提高儿童教育福利的重要举措。

从总体上说，近年来老人福利和残疾人福利事业发展较快，其他人群的福利事业发展相对滞后。对社会各种群体来说，生活福利、健康福利、教育福利、住房福利等社会福利都有待进一步发展。

在社会保障体系中，城乡社会优抚和社会互助也非常重要。社会优抚是一种与军人有关的特殊社会保障，它是国家和社会对军人等特殊工作者及其家属予以优待、抚恤和妥善安置的福利制度，主要包括向烈属、军属、复员退伍军人、残废军人提供抚恤金、优待金、补助金；兴办荣誉军人疗养院、光荣院；安置复员退伍军人；为军队离退休干部提供服务等。2004 年 10 月 1 日，我国实行新的《军人抚恤优待条例》。2005 年 12 月 30 日，北京市政府第四十六次常务会议审议通过《北京市实施〈军人抚恤优待条例〉办法》，对社会优抚做了具体规定。

社会互助是指社会组织和社会成员自愿举办和参与的社会扶弱济困活动，其主要形式包括工会、妇联等群众团体组织的群众性互助互济，民间公益事业团体组织的慈善救助以及城乡居民自发组织的各种形式的互助组织等。特别是慈善组织对社会互助事业的发展意义重大。

二　北京市城乡社会保障一体化成效与趋势

从 1995 年到 2012 年的十几年间，北京市基本养老保险参保人数、基本医疗保险参保人数、失业保险参保人数、工伤保险参保人数、生育保险参保人数，以及农村社会养老保险参保人数都呈现平稳增长的态势（见图 1）。

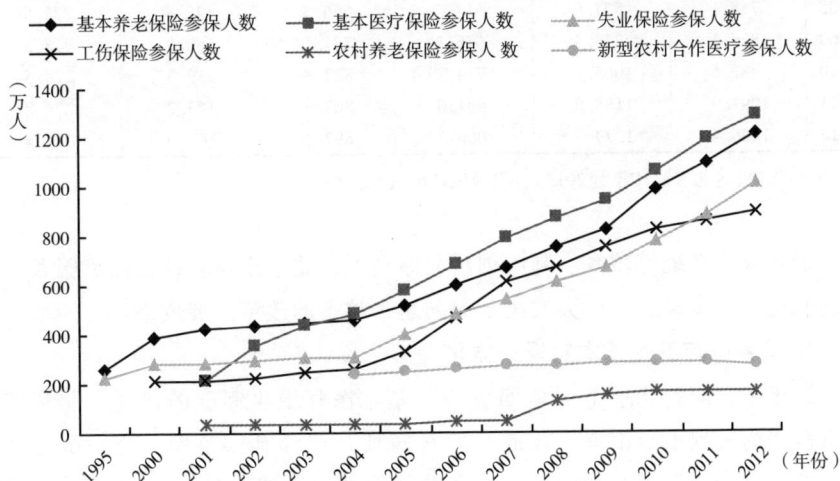

图 1　历年北京市社会保险参保人员情况

（一）北京市城乡社会保障服务一体化成效

2012 年末，北京市基本养老保险、基本医疗保险、失业保险、工伤保险参保人员分别为1206.4 万人、1279.7 万人、1006.7 万人和897.2 万人（见表7），分别比上年末增加114.5 万人、91.7 万人、125.7 万人和34.8 万人。2012 年，参加农村居民养老保险的农村居民为 167 万人，比上年末增加3.3 万人；参加新型农村合作医疗的人员达到 267.4 万人，参合率为98.1%，高于上年末0.4 个百分点。全市享受城市最低生活保障的居民为 11 万人，享受农村最低生活保障的农民为 6.3 万人。

表7　历年来北京市社会保险参保情况

单位：万人

年份	基本养老保险参保人数	基本医疗保险参保人数	失业保险参保人数	工伤保险参保人数	农村居民养老保险参保人数	新型农村合作医疗参保人数
1995	261.1	—	219.8	—	—	—
2000	391.6	—	287.8	212.0	—	—
2001	425.9	210.2	287.2	212.7	34.7	—
2002	436.2	353.8	299.5	221.0	32.0	—
2003	448.5	436.1	306.6	242.9	33.6	—
2004	460.0	484.0	308.0	259.0	36.8	234.0
2005	520.0	574.8	394.6	328.9	40.6	250.4
2006	604.1	679.5	482.2	465.3	44.8	261.0
2007	671.7	783.0	535.3	609.2	49.1	268.5
2008	758.1	871.0	614.3	666.5	127.5	272.5
2009	826.3	938.4	675.7	747.1	153.0	278.5
2010	982.5	1063.7	774.2	823.8	159.3	278.5
2011	1091.9	1188.0	881.0	862.4	163.7	276.8
2012	1206.4	1279.7	1006.7	897.2	167.0	267.4

资料来源：《北京统计年鉴2013》，中国统计出版社，2013。

近年来，在统筹城乡、制度创新的原则下，北京市城乡社会保障服务一体化的制度进一步确立，广大农民享受到越来越多的改革发展成果。

1. 城乡医疗卫生基本实现一体化

近年来，随着北京市"新四统一"基本医疗卫生制度的建立，北京市在全市范围内实现了全市统一规范"特殊病种"门诊补偿范围、统一试行乡镇卫生院"零起付"补偿政策、统一住院补偿"封顶线"18 万元、统一"出院即报和随诊随报"制度。

2. 城乡养老保障基本实现一体化

《北京市城乡居民养老保险办法》出台后，新制度打破了北京市城乡的户籍界限，将符合参保条件的本市城镇居民和农村居民统一纳入城乡居民养老保险制度中，并实现了缴费、待遇等标准上的城乡一致，在全国率先实现了养老保障制度的城乡全覆盖和一体化。参保率由 2007 年底的 36.6% 提高到 2012 年的 90%；累计参保人员达到 167 万人，人均养老金水平由 2007 年底的 100 元左右提高到 2012 年的 390 元。

3. 城乡低保和社会救助基本实现一体化

从 2009 年起，具有北京市正式农业户口、享受农村低保待遇且无劳动能力的重度残疾人，直接按城镇低保标准发放补贴。2012 年，朝阳、海淀、丰台已经实现低保待遇的城乡并轨，标准达到 6960 元/年，10 个远郊区县的低保标准由 2008 年的 1780 元/年调整到 5520 元/年。全市享受城市最低生活保障的农村居民约为 6.74 万人。同时北京市还出台了城乡低保分类救助政策，进一步加大了对低保对象中特殊困难群众的救助力度。

（二）北京市城乡社会保障一体化发展趋势

2013 年，经北京市委、市政府研究同意，北京市人力资源和社会保障局集中发布了调整企业退休人员基本养老金、城乡居民基础养老金和福利养老金、工伤保险定期待遇、企业最低工资标准与失业保险金六项社会保障待遇标准。自 2013 年 1 月 1 日起开始执行，这些措施将惠及全市 299.7 万人。2011～2013 年北京市社会保障补助标准变化趋势如图 2 所示。

1. 企业退休人员基本养老金上调

2013 年 1 月 1 日，北京再次提高企业退休人员基本养老金标准，由 2011 年的每月 2268 元提高到 2013 年的 2773 元/月（见表 8）。

2. 城乡居民基础养老金调整为 390 元

自 2010 年起，北京市建立了基础养老金和福利养老金的正常调整机制，随企业退休人员基本养老金等其他社会保障相关待遇标准同步调整。基础养老金和福利养老金每人每月增加 32.5 元。基础养老金由每人每月 357.5 元调整为每人每月 390 元，福利养老金由每人每月 277.5 元调整为每人每月 310 元，增幅分别为 9.1% 和 11.7%。2013 年，全市享受基础养老金的人员为 30.8 万人，享受福利养老金的人员为 55 万人，需增加资金 3.35 亿元。所需资金由区县财政承担。

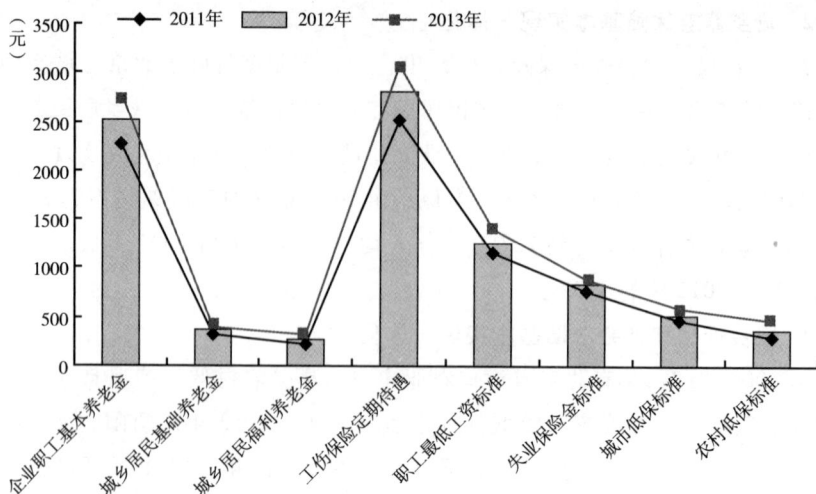

图2　2011～2013年北京市社会保障补助标准变化趋势

表8　北京市社会保障补助标准调整

单位：元/月

项　目		2011 年	2012 年	2013 年
企业职工基本养老金		2268	2513	2773
城乡居民基础养老金		310	357.5	390
城乡居民福利养老金		230	277.5	310
工伤保险 定期待遇	伤残津贴	2504	2799	3092
	供养亲属抚恤金	1412	1626	1776
职工最低工资标准		1160	1260	1400
失业保险 金标准	1～5 年	752	842	892
	5～10 年	779	869	919
	11～15 年	806	896	946
	15～20 年	833	923	973
	20 年以上	861	951	1001
城市低保标准		480	520	580
农村低保标准（最低）		300	380	460

3. 伤残津贴人均月增 293 元

2013 年，北京市继续调整工伤保险定期待遇。调整标准为：工伤职工伤残津贴标准由此前的月人均 2799 元调整为 3092 元，增加 293 元，增幅为 10.5%；供养亲属抚恤金由目前的月人均 1626 元调整为 1776 元，增加 150 元，增幅为

9.2%；生活护理费目前为人均每月 1674 元，按 2012 年全市职工平均工资进行调整。目前全市享受伤残津贴、供养亲属抚恤金、护理费待遇人员共 1.2 万人。三项待遇调整后，社保基金全年预计增加支出 2400 万元左右。

4. 失业保险金标准平均每档上调 50 元

依据《北京市失业保险规定》关于"失业保险金标准应低于本市最低工资标准、高于城镇居民最低生活保障标准"的原则，考虑到 2013 年北京市城镇居民最低生活保障标准和最低工资标准调整的实际情况，2013 年北京市失业保险金标准在 2012 年的基础上平均每档上调 50 元，增长 5.6%。农民合同制职工一次性生活补助标准由此前的每月 678 元调整为 728 元，增加 50 元，增幅为 7.4%。累计缴费时间满 1 年不满 5 年的，失业保险金月发放标准为 892 元；累计缴费时间满 5 年不满 10 年的，失业保险金月发放标准为 919 元；累计缴费时间满 10 年不满 15 年的，失业保险金月发放标准为 946 元；累计缴费时间满 15 年不满 20 年的，失业保险金月发放标准为 973 元；累计缴费时间满 20 年以上的，失业保险金月发放标准为 1001 元。

2013 年，全市每月领取失业保险金的人员约为 2.5 万人，此次调整社保基金将增加支出 0.15 亿元。

5. 企业最低工资标准调整为 1400 元

调整最低工资标准是提高劳动者特别是低收入劳动者劳动报酬的重要手段。根据中央"努力实现居民收入增长和经济发展同步、劳动报酬增长和劳动生产率提高同步，低收入者收入明显增加"的精神，2013 年，北京市将最低工资标准由每月 1260 元调整为 1400 元，增加 140 元，增幅为 11.1%。同时，相应提高非全日制从业人员最低工资标准，非全日制从业人员小时最低工资标准由每小时 14 元提高到每小时 15.2 元，非全日制从业人员法定节假日小时最低工资标准由每小时 33 元提高到每小时 36.6 元。

北京市上述措施的实施对保障社会弱势群体、困难群体的生存和发展，缩小城乡之间、区域之间、群体之间的基本公共服务差距，促进城乡社会保障服务均等化，使全市人民共享改革发展成果等方面发挥了巨大作用。

三 城乡社会保障一体化中的
财政支出变化分析

由于政策导向明显、重点扶持领域清晰，北京市财政支出向社会保障事业、农村、农民等薄弱环节倾斜的趋势不断加大,用于社会保障的财政支出增速明显,有力地促进了城乡社会保障服务一体化的协调发展。

(一)北京市社会保障支出的总量分析

从绝对数量来看,北京市财政用于社会保障方面的支出逐年增长。在政府收支分类改革前,社会保障支出由抚恤和社会福利救济、行政事业单位离退休经费和社会保障补助支出三部分组成。北京市社会保障支出由 2001 年的 43.61 亿元,增长到 2006 年的 134.71 亿元,共增长了 209%;其占财政支出的比重也在不断上升,由 2001 年的 7.1% 上升到 2006 年的 9.5% (见表 9)。

表 9 2001~2006 年北京市社会保障支出总量

年份	地方财政支出 (亿元)	社会保障支出 (亿元)	社会保障支出占 财政支出比重(%)
2001	614.92	43.61	7.1
2002	683.98	57.13	8.3
2003	809.39	69.55	8.6
2004	974.17	95.19	9.8
2005	1137.28	110.97	9.8
2006	1411.58	134.71	9.5

资料来源:历年《北京统计年鉴》。

在政府收支分类改革后,社会保障支出的内容发生了较大变化,其名称正式更改为社会保障和就业支出,主要内容包括社会保障和就业管理事务支出、民政管理事务支出、财政对社会保险基金的补助、行政事业单位离退休经费、就业补助、抚恤、社会福利、残疾人事业、城市居民最低生活保障、城镇社会救济、农村最低生活保障、农村社会救济、自然灾害生活补助等。

社会保障支出内涵的拓展,使北京市社会保障支出规模不断扩大(见图3)。2007 年,北京市社会保障和就业财政支出为 179.28 亿元(见表 10)。其后几年间,随着民生服务规模的不断深入和扩大,北京市社会保障和就业支出也不断提高,2011 年,北京市社会保障和就业支出为 354.88 亿元,比 2007 年提高了 97.95%。

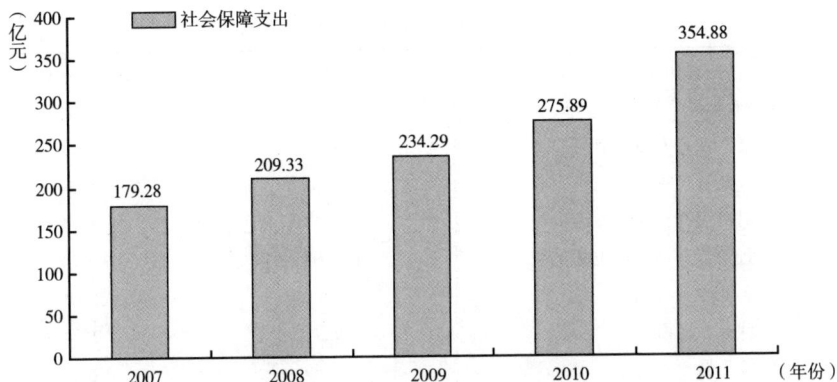

图3　2007～2011年北京市社会保障支出

表10　2007～2011年北京市社会保障支出

单位：亿元，　%

年份	社会保障支出	增长速度	年份	社会保障支出	增长速度
2007	179.28	—	2010	275.89	17.76
2008	209.33	16.76	2011	354.88	28.63
2009	234.29	11.96			

资料来源：2007～2011年《北京财政年鉴》。

　　社会保障支出规模的不断扩大，使北京市政府有能力为全市居民提供更多的社会保障服务，北京市城乡居民享受的基本公共服务范围得到进一步拓宽，服务质量进一步提高。

（二）北京市社会保障支出结构分析

　　在北京市社会保障和就业支出中，最大的支出项目为行政事业单位离退休经费、退役安置、民政管理事务、社会保障和就业管理事务，四项累积约占全部社会保障支出的58.92%（见表11）。

　　虽然在北京市社会保障支出中，各项行政管理经费仍然占据较大比重，但随着支出规模的不断扩大，其支出结构也在不断优化。如表12和图4所示，在北京市的社会保障和就业支出中，增长最快的是财政对社会保险基金的补助，5年间增长了约5.1倍；其次是社会福利支出，增长了约4.7倍；排在第三位的是农村最低社会保障，增长了约4.67倍。增速较低的是残疾人事业支出和农村社会救济。

表 11　2011 年北京市社会保障支出结构

支出项目	金额(亿元)	比重(%)
社会保障和就业支出	354.88	100.00
其中:社会保障和就业管理事务	15.71	4.43
民政管理事务	28.33	7.98
财政对社会保险基金的补助	9.77	2.75
行政事业单位离退休经费	120.08	33.84
企业改革补助	5.72	1.61
就业补助	9.71	2.74
抚　恤	7.69	2.17
退役安置	45.06	12.70
社会福利	11.83	3.33
残疾人事业	2.11	0.59
城市居民最低生活保障	7.29	2.05
城镇社会救济	2.67	0.75
农村最低生活保障	2.38	0.67
农村社会救济	1.20	0.34
其　他	85.33	24.04

资料来源:《北京财政年鉴 2012》。

表 12　北京市社会保障和就业支出变化

单位:亿元,　%

支出项目	2007 年	2011 年	增长情况
社会保障和就业支出	179.28	354.88	97.95
社会保障和就业管理事物	8.52	15.71	84.39
民政管理事务	13.92	28.33	103.52
财政对社会保险基金的补助	1.59	9.77	514.47
行政事业单位离退休经费	73.48	120.08	63.42
就业补助	6.25	9.71	55.36
抚　恤	2.63	7.69	192.40
社会福利	2.06	11.83	474.27
残疾人事业	2.27	2.11	− 0.07
城市居民最低生活保障	4.79	7.29	52.19
城镇社会救济	1.09	2.67	144.95
农村最低生活保障	0.42	2.38	466.67
农村社会救济	1.01	1.20	18.81

资料来源:《北京财政年鉴 2007》《北京财政年鉴 2011》。

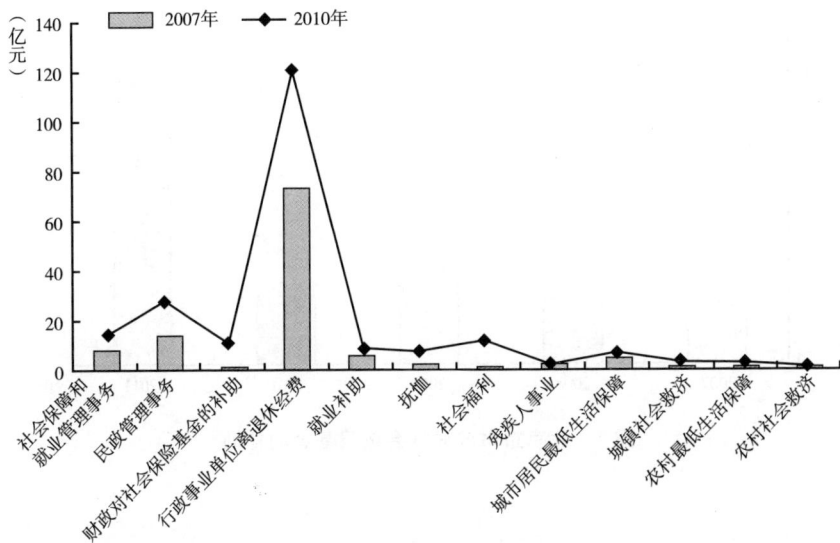

图4　北京市社会保障支出发展趋势

（三）财政对社会保险基金的补助情况

为推动北京市社会保障服务的发展，加快北京市社会保障体系的建设，多年来，北京市政府对各类社会保险基金予以大力扶持，财政对各类社会保险基金的补助规模不断扩大，由 2007 年的 1.59 亿元提高到 2011 年的 9.77 亿元，增长了 514.47%（见表 13 和图 5）。

表 13　北京市财政对社会保障基金的补助

年份	补助金额（亿元）	增长速度（%）	年份	补助金额（亿元）	增长速度（%）
2007	1.59	—	2010	2.37	-12.87
2008	2.23	40.25	2011	9.77	312.24
2009	2.72	21.97			

资料来源：2007~2011 年《北京财政年鉴》。

社会保障基金是根据国家有关法律、法规和政策的规定，为实施社会保障制度而建立起来、专款专用的资金，不断发展壮大的社会保障基金已经成为北京社会保障体系建设的重要组成部分。北京市财政对社会保障基金补助资金的补助规模不断扩大，体现了北京市政府对社会保障服务的高度重视，对促进城乡居民社会保障服务一体化的建设具有极其重要的意义。

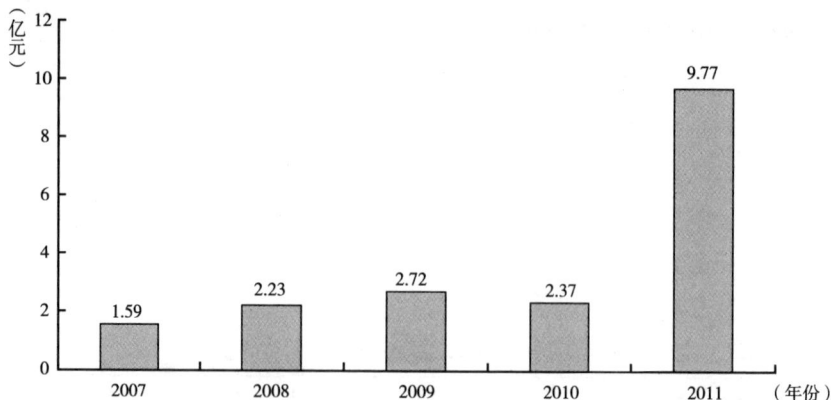

图5 北京市财政对社会保障基金的补助

四 北京市城乡社会保障一体化存在的主要问题

北京市城乡社会保障事业已取得令人瞩目的成就和进展，但也存在许多问题。

（一）城乡社会保障覆盖面仍有待拓宽

从北京市社会保障体系现有的覆盖范围来看，医疗社会保险的适用范围最广，包括企业、机关、事业单位、社会团体、民办非企业单位的职工；而养老、失业、工伤、生育保险的保障对象则依次为城镇企业职工和个体劳动者、城镇企业事业单位职工、各类企业和个体工商户的职工、城镇企业职工。除养老保险涉及个体劳动者外，有的保险项目没有将"非领薪者"，如大量城市自由职业者、非就业人口等纳入相关社会保障体系，而且有一部分"领薪"劳动者也未被涵盖到相关社会保障体系中。此外，大量外地进城农民工没有被纳入完整的社会保障范围内，城乡居民中也还有部分人口没有进入社会保障网络体系。

（二）离退休人员保险福利费支出额较高

在社会保障分项支出中，保险福利费由离退休、退职人员保险福利费构成，保险福利费占社会保障支出总额的绝大部分。近年来，保险福利费在社会保障支出总额中所占的比重逐年提高。2012 年北京市行政事业单位离退休保险福利费支出为 143.8 亿元，约占全部社会保障支出的 45.5%。根据统计分析，虽然我国 2005 年的老年人口赡养率仅为 11%，但到 2020 年后将加速上涨的趋势，2030 年后将超过 30%，与目前的日本相当。人口老龄化的发展趋势将使退休职工迅速增加，用于离休、退休、退职人员的保险福利费支出额会越来越高，在社会保障支出总额中所占的份额也将逐年升高，解决北京市当前社会保险资金缺口的问题也将日益迫切。

（三）社会保障支出水平整体较低

由于国家和北京市的政策导向原因，近十年的社会保障支出总额增速更加明显。但是，北京市社会保障水平总体上仍然处于较低的层次，主要表现为社会保障支出占 GDP 的比重较低，1991～2004 年，北京市社会保障支出占 GDP 的比重为 4%～5%，而且有升有降，未呈现逐年上升的趋势；1991～1995 年期间，北京市社会保障支出占 GDP 的比重甚至出现了逐年下降的趋势。1996 年以后，由于社会保障财政支出投入力度的不断加大，财政社会保障支出占 GDP 的比重也保持了稳中有升的趋势。但与西方发达国家比较，北京市社会保障投入的整体水平依然较低，2012 年北京市社会保障支出占 GDP 的比重还不到 3%。西方发达国家社会保障水平普遍很高。英国是最早建立福利国家型保障制度的国家，20 世纪 60 年代以来，其社会保障水平稳步上升，1995 年社会保障支出占 GDP 的比重达到了 29.8%。瑞典是社会福利保障制度最为完善的国家，瑞典的社会保障支出已经高达 GDP 的 37%。美国的社会保障支出约占 GDP 的 16.8%。

（四）养老保险支出压力巨大

目前，北京市社会养老保险规模庞大，养老金支出在社会保障项目中排名首位，养老保险的资金缺口问题是社会保障资金的最大问题。由于人人都面临年老问题，因此，北京市作为全国最发达的城市之一，人口老龄化问题必定越发突出，养老金的支出压力也必定越来越大。

由于养老保障体制的转换，相当规模的"历史债务"需要由养老保险社会统筹基金支付。实行新养老保险制度以来，社会统筹基金部分日益入不敷出，只能挪用个人账户资金，这使实行积累制的个人账户无法保证足够的基金，只能"空账"运行。从全国范围来看，由于养老金支出没有实施全国统筹，不同省份之间存在一定差异。除了浙江、福建、山东等省份能够做到收支略有结余外，其余省份和地区包括北京市都存在不同程度的收不抵支，社会养老保险的资金缺口惊人。截至 2013 年 10 月末，北京市养老保险基金累计结余 1579.6 亿元，个人账户记账总额为 1861.9 亿元，两者之间的差额为 282.3 亿元。如果做实个人账户，将使隐性债务显性化。因此，面对整个社会保障体系巨大的资金缺口，对其资产进行保值增值，就出现了紧迫的需求。

（五）农村社会保障支出依然偏低

北京市城乡社会保障制度在种类、数量、管理体制和保障模式上存在较大差距。一是种类上的差别。目前，北京城镇社会保障制度已经形成以社会保险（包括城镇职工的养老保险、失业保险、基本医疗保险和工伤保险四项保险制度）为重点，包括社会救助、社会福利和优抚安置在内的较为完备的体系。而农村社会保障制度则主要包括养老保险、新型农村合作医疗和最低生活保障制度；社会福利和优抚安置无论在内容上或水平上与城镇相比都相差甚远。二是筹资模式的差别。城镇职工养老保险和基本医疗保险的筹资模式是"社会统筹与个人账户相结合的部分积累"模式。按照 1997 年发布的《国务院关于建立统一的企业职工基本养老保险制度的决定》的精神，北京城镇职工养老保险的缴费标准为 28%，其中个人缴费 8%，用人单位缴纳 20%。国家对职工养老保险制度的支持表现为：允许企业为职工缴纳的养老保险费在税前列支，列入成本，这就意味着国家减少了这部分费用的所得税。同时，在基本养老保险基金入不敷出时，国家给予补助。而农村养老保险制度的筹资模式为个人账户储蓄积累模式，资金筹集的特点是个人缴费为主、集体补助为辅、国家政策扶持。同样，根据 1998 年发布的《国务院关于建立城镇职工基本医疗保险制度的决定》，2001 年北京市制定了《北京市基本医疗保险规定》。据此，城镇职工基本医疗保险的缴费标准为个人缴纳 2%，用人单位缴纳 9%；大额医疗互助基金的个人缴费标准为个人每年缴纳 36 元，用人单位缴纳 1%。按照 2003 年国务院办公厅转发的卫生部、财政部和农业部《关于建立新型农村合作医疗制度的意见的通知》精神，合作医疗基金应由中央、地方财政和农民共同负担，从北京市的筹资情况看，2013 年，北京市新型农村合作医疗筹资标准为 680 元，其中，个人筹资不低于每人每年 100 元，财政补助标准不低于每人每年 580 元。三是待遇水平的差别。从基本医疗保障的负担水平看，同样是大病费用，城镇职工个人负担 30%，统筹基金报销 70%，超过封顶线部分，再由大额医疗互助基金支付；而农村合作医疗基金报销的比例远远达不到城镇职工的水平。从社会救助制度看，城市居民最低生活保障制度的保障标准目前为每人每月 580 元，如加上每月 40 元的帮困卡，共计 620 元，低保人员还可以得到廉租房和子女教育资助等一系列福利优惠；2013 年农村居民最低生活保障制度的保障标准为每人每月 460 元。四是保险基金的统筹范围不同。城镇职工社会保险基金的统筹范围是全市，而农村基本上是以区县为统筹单位。北京城乡社会保障政策差异如表 14 所示。

表 14　北京城乡社会保障政策差异

项目	城　　镇	农　　村
社会保障种类	养老保险、失业保险、医疗保险和工伤保险、社会救助、社会福利和优抚安置	养老保险、新型农村合作医疗和最低生活保障制度
筹资模式	养老保险缴费标准为 28%，其中个人缴费 8%，用人单位缴纳 20%。同时，允许企业为职工缴纳的养老保险费在税前列支，列入成本，在基本养老保险基金入不敷出时，国家给予补助	个人账户储蓄积累模式。个人缴费为主，集体补助为辅，国家政策扶持
待遇水平	大病医疗费用：城镇职工个人负担 30%，统筹基金报销 70%，超过封顶线部分，再由大额医疗互助基金支付	门诊补偿率为 40%，住院补偿率为 60%，门诊特殊病补偿比例为 70%
统筹范围	城镇职工社会保险基金的统筹范围是全市	农村基本上是以区县为统筹单位

（六）农村社会保障支出负担主要集中于区县和乡镇财政

从目前的管理体制来看，农村社会保障制度的建立主要以区县为主，政府用于农村社会保障制度的资金投入也主要由区县财政（区县、乡镇两级财政）预算安排。这样就产生了一个矛盾：我国 1994 年实行的财政分税制改革，对区县和乡镇两级财政没有划定相应的主体税种和财权，大宗税种几乎全部上划中央和市财政，加之农村税费改革的推进，使得区县和乡镇两级财政一直处于紧张运行的状态。而农村社会保障制度的建立，其资金来源主要依靠区县和乡镇两级财政，显然是与其所具有的财权和财力不相适应的。

以农村最低生活保障制度为例，各区县对保障标准实行动态管理，即随着经济发展水平的提高适时调整保障标准。但在经济发展水平较低、财力困难的区县，就很难保证农村最低生活保障标准合理适度地增长，从而造成需要救助的农民不能得到应有的帮助。同时，部分财政困难的乡镇政府有可能无法落实农村最低生活保障的财政支出，这无疑将极大地影响最低生活保障制度的运行。新型农村合作医疗制度也是如此。在市级财政资金投入的力度和差别不是很大的情况下，必然会造成经济较发达的区县人均筹资水平较高，医疗费用的报销比例也较高；经济较落后的区县人均筹资水平较低，医疗费用的报销比例也较低。事实上，越是经济不发达的地区，农民收入水平越低，越是容易出现"因病致贫、因病返贫"的现象。

五　加快推进北京市城乡社会保障一体化的对策建议

当前，北京已进入全面建设现代化国际大都市的新阶段。在此情势下，北京社会保障建设的基本目标，必须着眼于世界城市这一新的目标定位，立足城乡一体化这一根本要求，加快建立和完善城乡统一的高水平的社会保障体系，力争在"十二五"期间建立有首都特色的普惠型福利社会，使首都市民人人享有健全的社会保障权益，人人都能老有所养、病有所医、住有所居、困有所助、难有所帮，让全体市民生活得更加幸福、更有尊严。围绕上述基本目标，应重点加强以下几个方面的工作。

（一）完善公共支出制度，加大社会保障投入力度

公共财政对社会保障事业的投入可以更有效地助推经济与社会的和谐发展。全民享有社会保障是实现全面小康社会的新要求，城乡社会保障实现保基本、多层次、全覆盖的目标离不开财政投入。正确处理财政投入、经济建设和社会保障事业的关系，是城乡社会保障一体化的前提。经济发展的目的是要让更多人享受发展的成果，提高生活水平和生活质量。为此，政府要加大对社会保障的投入，调整社会保障支出结构，除对城乡低保、特困、重残等特殊群体倾斜外，要扩大对低收入困难就业群体、城乡无收入老年人的保障范围，提高他们的保障水平；要建立社会保障预算长效增长机制，细化到每一个险种、每一个项目，并进行正常化、规范化运作；要科学处理好待遇水平与财政投入的关系，顾及经济发展水平、平均工资、最低工资标准与险种之间的档位差。要明确规定财政用于社会保障支出的比例逐年提高，真正建立起民生导向的公共财政体制。

（二）加快建立完善城乡社会保障一体化的制度体系

在城乡养老保障制度建设上，一要缩小城乡养老保障待遇差距，提高城乡养老保障待遇水平。二要将全部老年人口纳入养老保险体系，实现养老保障人群的全覆盖，使全体市民人人都老有所养。三是要保障外地农民工等外来流动人口平等享有养老保障的权利，实现养老保障体系在城镇全体常住人口的全覆盖。

在医疗保险上，一要加快整合城乡居民医疗保险。二要将外来流动人口全面纳入医疗保险范围，加快建立全民医疗保障制度，实现人人病有所医。三要逐年提高门诊和住院实际报销比例，不断提高医疗保险待遇水平，加快建立全民免费医疗制度。四要消除医疗特权，加大医疗救助力度，从根本上消除"看病难、看病贵"的社会现象。五要加大医疗卫生建设力度，满足社会的医疗服务需求。

在失业保险和生育保险上，特别是要将农民工完全纳入失业保险和生育保险范围，确保人人享有社会保障的基本人权。在城乡低保上，要尽快统一全市城乡低保标准，不断提高低保水平，合理扩大低保覆盖范围，切实保障低收入人群的基本生活水准权利，使人人都能过上体面而有尊严的现代生活。

（三）加强城乡社会保险经办机构系统能力建设

提升城乡社保经办机构能力是实现城乡社会保障一体化的必要条件，也是完善社会保障体系的重要内容。一是要进一步整合社会保障事务管理职能。要进一步加强和完善人力资源和社会保障管理部门的职能，统筹管理社会保障事务，统一建立社会保障信息系统，推进网上服务。二是要延伸社会保障服务机构到村。要建立完善区县、乡（镇）、村（社区）三级社会保障服务网络，加强基层社会保障队伍建设，提高现有劳动保障协理员的待遇。三是要规范社会保险费征缴行为。征收机构负责人应在法定条件下行使裁量权，任何单位、个人无权减免用人单位的各项社会保险应缴额。

（四）进一步规范各级财政分担农村社会保障事权的体制

农村社会保障是各级政府共同承担的责任。对于政府应当承担的农村社会保障职责，应根据实施的层次性和受益范围，在明确各级政府职权与相应责任的基础上，合理界定各级政府收支范围，理顺各级政府间的财政分配关系，使每一级政府所拥有的财权与事权相对称、支出与责任相统一，并加大财政投资力度，调整结构，建立稳定规范的财政支持机制。

从北京市目前的财政管理体制来看，农村社会保障制度的建立主要以区县为主，政府用于农村社会保障制度的资金也主要由区县财政安排。如农村最低生活保障救助资金由区县和乡镇两级财政承担；新型农村合作医疗政府资助资金由市、区县和乡镇三级财政共同负担。但是，即使在北京这样经济发展水平相对较高的地区，各区县之间财政能力依然存在巨大差异。因此，要合理筹集农村社会保障制度资金，主要取决于两个方面：一是合理确定各级财政用于社会保障的分担比例；二是市级财政要加大对财政困难区县的转移支付力度，要强化一般性转移支付，规范专项转移支付。

参考文献

赵鹏：《北京社保覆盖率已超95%　提前达到小康社会标准》，《京华时报》2012年11月9日。

北京市人民政府：《北京市"十二五"时期社会保障发展规划》，北京市政府网站，2011。

《关于统一2013年度各项社会保险缴费工资基数和缴费金额的通知》，http：//www.bjld.gov.cn，2013年6月18日。

张英洪等：《北京市城乡基本公共服务发展研究》，中国政法大学出版社，2013。

执笔：童伟、张英洪

2013年12月8日

·专题报告·

第六篇

北京市城乡养老保险制度一体化研究

自20世纪80年代以来，北京市养老保障制度历经了30多年的改革探索，取得了令人瞩目的巨大成就。特别是近10年来，北京市以"人人享有社会保障"为目标，按照"保基本、广覆盖、多层次、可持续"的原则，坚持统筹城乡，加快制度创新，在全国率先建立了城乡一体化的养老保障制度。覆盖范围不断扩大，待遇水平稳步提高，基金运行安全平稳。

但是，面对经济发展方式转变、老龄化进程加快等一系列变化，养老保险制度的可持续发展问题仍然是全社会关注的焦点。本文拟就北京市养老保障体系的现状、存在问题和发展趋势进行简要探讨。

一　北京市城乡养老保障体系建设的基本情况

（一）现状

在制度建设方面，北京市通过建立职工基本养老保险制度、机关事业单位退休金制度、城乡居民养老保险制度和城乡无保障老年人福利养老金制度（老年保障制度），形成了"城镇职工＋城乡居民"两大养老保障体系，在全国率先实现了"人人享有养老保障"的目标。

在参保范围方面，截至2012年底，北京市养老保障制度已覆盖城乡居民1548.9万人。其中，城镇职工养老保险参保人员达到1206.4万人；城乡居民养老保险参保人员达到177.3万人；享受福利养老金待遇人员为54.4万人（见图1）。

在保障水平方面，北京市落实国务院部署，连续较大幅度提高企业基本养老保险待遇，企业退休人员月平均养老金水平由"十一五"初期的1086元增加到目前的2816元。在基本养老金调整中，北京市在按缴费年限进行普遍调整的基础上，将调整政策向退休时间早、年龄较大、养老金水平偏低人群倾斜，取得了良好的社会反响。2011年，北京市建立了城乡居民养老保险基础养老金和福利养老金待遇调整机制，截至2013年底，基础养老金已由280元提高到390元，福利养老金由200元提高到310元。

在基金管理方面，北京市已经形成了审计、稽核、监察、经办等部门密切配合、整体联动的工作机制，不断加大社保基金征缴力度，扩大基金规模。近年来，养老保险基金收缴率始终保持在97%以上，有效保障了城乡社会保障制度的平稳运行。

机关事业
单位退休金
110.8万人

福利养老金
54.4万人

城乡居民养老保险
177.3万人

城镇职工养老保险
1206.4万人

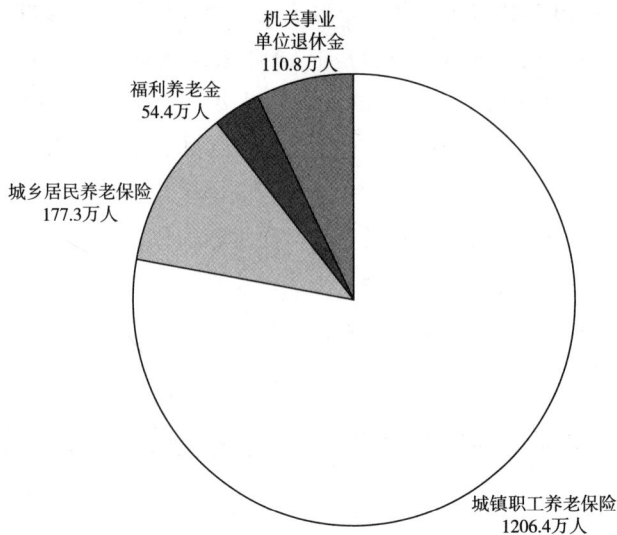

图 1　北京市养老保障覆盖人群

在经办服务方面，北京市已经建立以社保经办机构、社保所为主体，银行及各类定点服务机构为依托的社会保障公共服务体系。社会保障服务网络已经逐步由街道（乡镇）向社区（行政村）延伸，有98％以上的社区（行政村）建立了服务站，为企业退休人员提供医药费报销、待遇领取、政策咨询等方面的社会化管理和服务。2013年，北京市又将养老金代发银行由4家增加到14家，使210多万名退休人员能够就近领取养老金。

（二）发展历程

北京市养老保障制度建立以来，始终以统筹城乡为重要原则，避免制度碎片化倾向。特别是近年来，北京市彻底打破劳动者身份、户籍、地域界限，通过建立"城镇职工"和"城乡居民"两大体系，将各类群体纳入制度覆盖范围，实现了养老保障"制度全覆盖"。

1. 城镇职工养老保障体系的建立和完善

城镇职工养老保障体系，是指包括城镇企业职工基本养老保险制度、机关事业单位退休金制度等形成的制度体系（本文暂不探讨机关事业单位退休金制度）。其中，企业职工基本养老保险制度经过几十年的探索实践，目前已经覆盖企业职工、农民工、城乡灵活就业人员等多类群体，是整个养老保障体系的重要支柱。具体来讲，其发展经历了以下步骤。

为了适应经济体制改革，解决企业职工退休费用负担畸轻畸重等问题，北京市从 1986 年开始，实行了基本养老保险社会统筹。1992 年，确立了社会统筹与个人账户相结合的制度模式。此后，国务院在不断总结全国各省市企业基本养老保险制度改革经验的基础上，于 1997 年、2005 年分别发布了《关于建立统一的企业职工基本养老保险制度的决定》（国发〔1997〕26 号）和《关于完善企业职工基本养老保险制度的决定》（国发〔2005〕38 号）。为贯彻国务院的两个决定精神，北京市于 1998 年出台实施了《北京市企业城镇劳动者养老保险规定》（北京市人民政府第 2 号令）（已废止）；2007 年出台实施了现行的《北京市基本养老保险规定》（北京市人民政府第 183 号令）。2005 年的改革，调整了基本养老金计发办法，将退休待遇与缴费挂钩，形成了职工多缴费多受益的激励约束机制，充分调动了单位和个人的参保积极性，形成了良好的参保缴费局面。

在国家制度框架下，北京市结合自身实际，不断完善职工基本养老保险制度。

（1）针对参保人员不满缴费年限不能按月享受基本养老待遇问题，2008 年，建立了延期缴费制度，通过适当延长缴费时间的办法，妥善解决了此类问题。

（2）针对部分存档人员要求补缴社会保险费的问题，2010 年，北京市实施了基本养老保险补缴政策，解决了他们的历史遗留问题，化解了矛盾，促进了社会和谐稳定。

（3）针对《社会保险法》要求农民工和在京就业外国人的参保问题，2010 年，北京市明确规定北京市行政区域内用人单位和与之形成劳动关系的农民工，应按照《北京市基本养老保险规定》的要求参加基本养老保险，统一城乡职工参加基本养老保险的缴费基数、比例、待遇计发办法等，实现了城乡职工"同保险、同待遇"；2011 年，北京市出台了《关于在本市就业的外国人参加社会保险有关业务操作问题的通知》（京社保发〔2011〕55 号），将在京就业的外国人纳入北京市的社会保障体系，参保人数不断增加。

（4）针对城市化进程中农民的社会保障问题，2004 年，北京市出台了《关于本市建设征地农转工自谋取业人员社会保险有关问题的处理办法》（京劳社养发〔2004〕78 号），统一了被单位安置的征地转工人员和自谋职业征地转工人员参加社会保险的政策。2010 年，为配合城乡接合部 50 个重点村城市化改造，北京市启动了转移就业的农村劳动力个人参加职工社会保险的试点，2013年，又将这一政策推广到全市，进一步完善了农民个人参保缴费的新渠道。此外，由于北京市城市面貌和生态环境的不断改善，一些区县进行撤村、撤队，大量的农民转为城市居民。为了解决他们的社会保障问题，2004年，北京市进一步推进整建制农转居人员参加社会保险试点工作，最大限度地把农转居人员纳入社会保险统筹范围。

（5）针对国家出台的《城镇企业职工基本养老保险关系转移接续暂行办法》（国办发〔2009〕66号）的具体要求，北京市从2010年1月开始，逐步启动了城镇职工养老和医疗保险关系转移接续工作。

此外，按照人力资源和社会保障部的部署，北京市在完善职工基本养老保险制度的基础上，2006年建立实施了企业年金制度，对建立年金制度的企业，单位缴费4%以内的部分给予税前列支，鼓励企业通过年金提高员工养老保障水平、增强自身的凝聚力，从而初步形成了多层次的职工养老保险制度体系。

2. 城乡居民养老保障体系的建立和完善

城乡居民养老保障体系包括城乡居民养老保险制度和老年保障制度。这两项制度建立后，将城乡无社会保障居民全部纳入制度覆盖范围，从根本上解决了城乡居民老有所养的问题。

（1）老年保障制度。2008年，北京市在全国率先建立了城乡一体、标准一致的老年保障制度。由公共财政出资，将60岁以上的无保障老年人全部纳入社会养老保障范围，实行城乡统一的福利养老金补贴标准，每人每月200元，并随经济发展水平提高而调整。2009年，又将城乡55~59岁的女性无保障老年居民也纳入老年保障制度范围。老年保障制度的建立，从制度上解决了全市城乡老年居民的基本生活和养老问题，彻底消除了制度盲点，深受百姓赞誉。

（2）城乡居民养老保险制度。2008年，针对过去实行的农村社会养老保险制度个人缴费标准较高，财政补贴有限，养老金完全靠个人积累，待遇水平低，农民参保积极性不高等问题，北京市建立实施了新型农村养老保险制度（简称"新农保"制度）。新制度确立了个人账户与基础养老金相结合的制度模式。在养老保险待遇上，在过去农村养老保险个人账户养老金的基础上，增加了基础养老金，基础养老金由市、区两级财政进行补贴，每人每月280元。在缴费方式上，实行弹性缴费标准，最低缴费标准为本区县上年农民人均纯收入的 10%，最低缴费标准以上部分由农民根据经济承受能力自愿选择。同时，建立了与城保的衔接机制，农民转为城镇居民参加企业职工基本养老保险时，农保缴费年限可以折算为城保缴费年限。"新农保"制度的实施，极大调动了农民的参保积极性，"新农保"制度仅实施一年，参保率就由 2007 年底的 37% 提高到 2008 年底的 85%，人均养老金水平由 100 元提高到 400 元左右。

"新农保"制度解决了农村劳动年龄内人员参加养老保险的问题，但是城镇劳动年龄内的无业和无固定收入的居民还没有相应的制度保障。为了实现养老保障制度城乡全覆盖和无缝衔接，2009 年，北京市按照统筹城乡的原则，打破户籍界限，在"新农保"制度的基础上，建立了城乡统一的居民养老保险制度，将符合参保条件的北京市居民，无论户籍在城镇还是农村，全部纳入城乡居民养老保险制度中，实现了缴费、待遇等标准上的一致。城乡居民养老保险制度的建立，标志着北京市形成了"职工 + 居民"两大养老保障体系。

二　北京市养老保障制度存在的问题

近年来，随着社会保障在经济社会发展中的地位和作用不断提升，政府和公众对社会保障的重视程度日益加深。一方面，首都经济社会的协调发展以及公共财政投入的持续加大，为养老保障事业提供了难得的发展机遇；另一方面，中国特色世界城市建设、经济发展方式转变、社会结构转型，经济社会城乡一体化发展等新形势，又要求进一步健全统一、开放、包容的养老保障体系，扩大参保范围，搞好制度衔接，提高基金支付能力，不断增强养老保障的公平性、流动性和可持续性。面对这些机遇与挑战，北京市养老保障体系建设还存在一些薄弱环节，不能完全适应客观形势的需要。

1. 人口老龄化给基金造成较大压力

据统计，截至 2012 年底，北京市户籍人口为 1297.5 万人，其中 60 岁以上的老年人口为 262.9 万人，占北京市人口总量的 20.3%。据对目前基本养老保险参保人员年龄结构进行分析，预计 2015 年左右，北京市将进入老龄化的高峰期。目前，北京市统筹范围内的离退休人员已经突破 200 万人，并以每年 10 多万人的速度增长，在未来必将给基本养老保险基金的支付带来压力。

2. 养老保障制度还没有完全实现城乡一体化

北京市在建立城乡居民养老保险制度的过程中，统筹考虑城乡之间、群体之间的利益关系，初步制定了城乡居民养老保险和城镇职工养老保险的衔接暂行办法，打通了相互转换的通道。但是，随着城镇化进程加快、劳动力流动日益频繁，两个制度之间的衔接问题越来越突出，特别是人社部 2012 年底公开向社会征求意见的《城乡养老保险制度衔接暂行办法（征求意见稿）》，对居民养老保险和职工养老保险之间的衔接做出了制度安排，需要我们对现行政策进行调整。

3. 基本养老金正常调整机制还不健全

目前，虽然北京市已经建立了基本养老金正常调整机制，但尚未建立与经济社会发展、在职职工工资增长、物价指数变化、基金承受能力等因素有机衔接的联动机制。以 2011 年为例，基本养老金月人均增加 210 元，增幅达到 10.2%，而同期公布的职工平均工资增长率为 4.07%，养老金增幅比职工平均工资增幅高出 6.13 个百分点。在 2005～2012 年的 8 年间，北京市按照国家要求，为退休人员人均累计增加养老金 1200 元/月，但是，这一增长幅度的科学性还值得进一步探讨。

4. 部分政策需要按照《社会保险法》进行调整

《社会保险法》的出台，对北京市部分现行政策产生了一定影响，其中一些需要国家层面进行协调明确，也有一些需要北京市自身加快调整完善。比如，转移接续办法可能对北京市最低养老金制度产生一定影响；公务员享受工伤保险待遇与原民政优抚政策还存在冲突；农民工参加失业保险的政策没有实现并轨等，都需要加大研究力度，尽快解决。

三 关于北京市城乡养老保障制度发展的思考

当前和今后一段时期，北京市应当围绕落实《社会保险法》，以"统筹城乡、整合制度、完善功能、强化服务"为重点，从扩大人群覆盖范围、提高保障水平、强化基金监管、强化经办服务等方面入手，加快建设与首都经济社会发展水平相适应的养老保障体系，使广大城乡居民共享社会发展成果。

1. 加快制度整合与衔接，实现城乡社会保障制度一体化

按照《社会保险法》的要求，统筹谋划城乡之间、群体之间的社会保障制度，逐步建立城乡统一的社会保障制度。要完善城乡居民养老保险制度，提高基金统筹管理层次；大力推行企业年金，通过积极的政策引导，扩大企业年金覆盖范围；鼓励参加储蓄性养老保险，形成多层次的养老保障体系；在国家政策指导下，稳妥推进机关、事业单位养老保险制度改革，实现机关、事业单位退休金制度与职工基本养老保险制度的并轨。

2. 继续扩大覆盖范围，实现"制度全覆盖"向"人群全覆盖"转移

实现人人享有基本社会保障的目标，不仅要求制度的全覆盖，更要将符合条件的各类人群全部纳入制度体系。当前，要落实好基本养老保险关系转移接续办法，解决好流动人员的社会保障问题；进一步完善政策，解决好进城务工农村居民、在京就业的外国人以及特殊群体参加社会保险问题；解决好北京市稳定就业的农村户籍职工参加基本养老保险问题；推进灵活就业的北京市农村劳动力个人参加基本养老保险工作，解决好城市化进程中的农转居人员参加社会保险的问题；落实已经出台的城镇职工个人补缴基本养老保险费的政策，解决好城镇职工参加社会保险的历史遗留问题，逐步将符合条件的各类人群全部纳入制度体系，实现"应保尽保"。

3. 完善社会保障相关待遇调整机制，稳步提高城乡居民生活水平

国家对社会养老需求的满足程度，是经济发展和社会进步的重要体现。就北京市的养老保险制度来讲，既要满足职工群众的养老需求，又要考虑政府财政的承受能力。当前，应加快健全企业退休人员基本养老金、城乡居民基础养老金和福利养老金调整制度。在待遇调整过程中，更加注重向弱势群体倾斜，逐步缩小城乡、区域、群体之间的待遇差距，努力缓解物价上涨等因素对企业退休人员，特别是基本养老金水平偏低人员，以及城乡居民的基本生活带来的影响。

4. 推进社会保障公共服务体系建设，为实现城乡一体化奠定基础

公共服务供给的可及性是实现社会保障目标的基本途径，也是实现养老保险制度正反馈的重要条件。当前，北京市要以"实现精确管理，提升服务质量"为目标，加快推进经办管理服务体系建设。要加快改进社保经办模式，健全管理制度，规范业务流程，努力提高服务水平。尤其是要大力提高经办效率，加快推进社会保障服务网络化建设，通过建立专门综合服务网站，方便参保人随时随地查询和办理缴费、待遇申领等相关业务。此外，还要加快提升城乡居民养老保险的统筹层次，实现从区县统筹提升到市级统筹。通过建立比较完整、覆盖城乡、可持续的社会保障服务体系，努力为参保群众提供个性化和精细化的公共服务。

5. 大力推进企业年金制度，建立多支柱的社会保障体系

目前，传统的单一形式的社会养老保险制度，已经很难满足广大群众的养老需求。亟须加快推进结构性改革，建立包括社会养老保险、企业年金、商业保险和个人储蓄等在内的多支柱、分层次的养老保障体系。

执笔：周立今、张国锋、齐振家、赵金望

2013 年 12 月 21 日

· 专题报告 ·

第七篇

北京市城乡住房保障一体化研究

住房保障是社会保障的重要组成部分，实现"居者有其屋"是政府改善民生、保障民众居住权的重要内容。建立住房保障制度既是住房自身特性的必然要求，也是解决相关的社会政治问题、增进社会公平、维护社会安定、促进社会经济健康发展的重要手段。改革开放以前，在城镇，政府实行公有住房福利分配制度；在农村，政府为农民提供"宅基地"，由农民自建住房。改革开放以来，城镇逐步取消福利分房制度，积极发展房地产市场，并开始建立住房保障制度。近些年，北京市按照"低端有保障、中端有支持、高端有市场"的住房供应思路，结合城市化加速推进、社会经济持续快速发展以及首都功能布局调整与提升的需要，不断调整和完善住房保障政策管理体系，积极探索构建符合北京市实际的"多层次、多渠道、多方式"的基本住房保障制度。目前，北京市在城镇已基本形成由经济适用房、两限房、廉租房、公共租赁房等构成的住房保障体系；在农村，则主要以危房改造、改善农村困难群众生活条件为重点，推动农村基本住房安全保障制度的建设。从总体上看，推进北京市城乡居民住房保障一体化的目标任重道远。

一　北京市城乡居民的住房现状

1. 城乡居民人均住宅面积不断提高

改革开放以来，特别是 1998 年以后，北京市城乡人均住宅面积不断提高，农村人均住宅面积增长速度高于城镇。1998～2010 年，城镇居民的人均住宅面积从 15.0 平方米增加到 19.5 平方米，增长了 30%，每年人均增加面积为 0.38 平方米。同期农村居民的人均住宅面积从 27.6 平方米增加到 40.6 平方米，增长了 47%，每年人均增加面积为 1.1 平方米（见图 1）。

2. 城镇商品房价格快速上涨

自 2000 年我国取消福利分房制度以来，北京商品房价格一直保持高速增长的势头。住宅每平方米年度销售均价从 2000 年的 4457 元上涨为 2011 年的 18435 元，涨幅达到 313.62%（见图 2）。北京商品住宅销售总额占北京地区 GDP 的比重也从 2000 年的不足 10% 上升到目前的 20%。以 2011 年北京市职工年平均工资（56061 元）来计算，北京市城镇居民一年的收入平均可以购买 3 平方米住房，夫妻至少需要工作 15 年以上才能买得起一

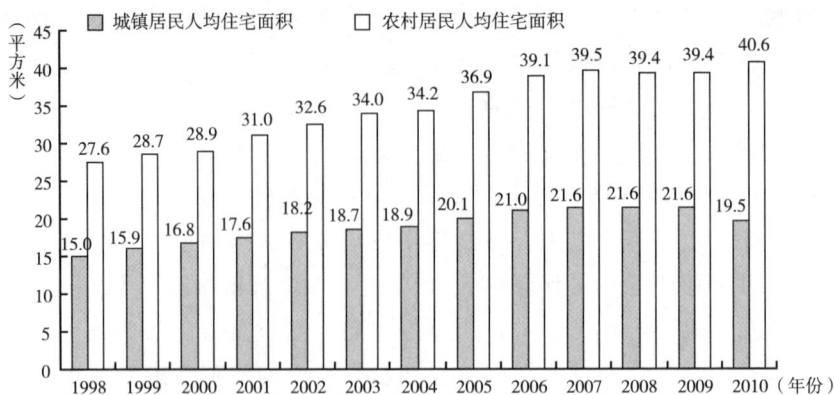

图 1　北京市城乡居民人均住宅面积

资料来源：1999～2011 年《北京统计年鉴》。

套住房。房价的一路攀升也使得越来越多的中低收入居民丧失了购买商品房的能力。

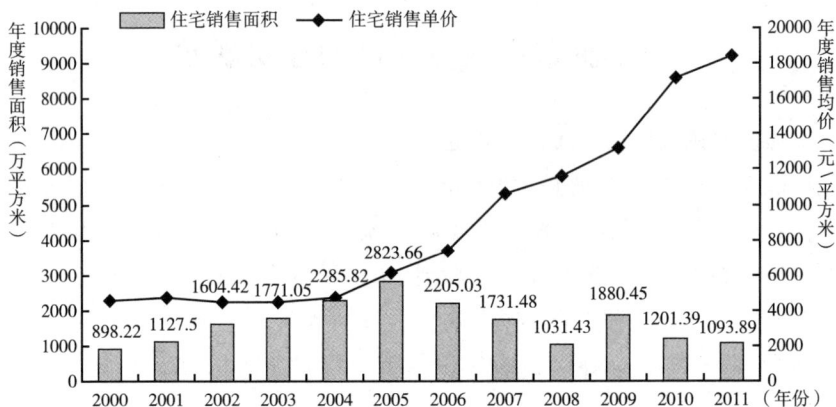

图 2　北京市 2000～2011 年商品住宅销售情况

资料来源：《北京商品住宅市场 2000～2011 年发展趋势分析与研究》，2011。

3. 农村住房条件得到较大改善

近年来，北京市农村居民的居住环境和居住条件都发生了很大的变化。农村居民人均住宅面积从 2001 年的 31.01 平方米增加到 2010 年的 40.62 平方米（见表 1）。

表1　北京市农村居民人均住宅面积（2001~2010年）

单位：平方米

年份	农村居民人均住宅面积	年份	农村居民人均住宅面积
2001	31.01	2006	39.10
2002	32.85	2007	39.54
2003	33.95	2008	39.40
2004	34.21	2009	39.42
2005	36.94	2010	40.62

资料来源：北京市统计局。

特别是从2006年到2010年底，北京市在新农村建设中大力实施"5+3"工程建设（即街坊路硬化、安全饮水、污水处理、垃圾处理、厕所改造的五项基础设施建设和"亮起来、暖起来、循环起来"的"三起来"工程建设任务），农村居民的居住环境和居住条件得到了明显改善。据北京市统计局调查，在北京市农村居民的住房类型中，楼房面积所占比重从2006年的15.9%增加到2011年的19.6%；自来水户所占比重从2006年的64%增加到2011年的99.3%；使用卫生厕所户数占比从2006年的44.5%增加到2011年的74.2%；使用空调户数占比从2006年的5.4%增加到2011年的9.7%；住宅外水泥或柏油路面的户数占比从2006年的87.9%增加到2011年的95.6%（见表2）。

表2　北京市农村居民家庭居住情况（2006~2011年）

项　　目	2006	2007	2008	2009	2010	2011
调查户数（户）	3000	3000	3000	3000	3000	3000
年内建房户占比（%）	2.3	2.3	1.4	2.3	3.1	3.4
户均住房价值（元）	118813	182976	187374	207129	268979	520856
住房类型	100	100	100	100	100	100
楼房面积占比（%）	15.9	17.6	17.8	18.8	22.4	19.6
砖瓦平房面积占比（%）	83.0	81.7	81.2	80.4	76.8	80.1
其他面积占比（%）	1.1	0.7	1.0	0.8	0.8	0.3
饮用水来源情况	100	100	100	100	100	100
自来水户数占比（%）	64.0	94.5	97.0	97.6	96.6	99.3
深井水户数占比（%）	5.7	5.2	2.9	2.4	3.4	0.4
浅井水户数占比（%）	0.3	0.3	0.1	—	—	0.3
住房卫生设备使用情况	100	100	100	100	100	100
无厕所户数占比（%）	4.0	3.0	2.6	1.8	1.6	2.8

续表

项　　　目	2006	2007	2008	2009	2010	2011
使用旱厕户数占比（%）	51.5	42.9	35.2	27.6	21.4	23.0
使用卫生厕所户数占比（%）	44.5	54.1	62.2	70.6	77.0	74.2
取暖设备使用情况	100	100	100	100	100	100
使用火炕户数占比（%）	16.7	13.7	12.6	11.6	10.7	11.2
使用暖气户数占比（%）	76.8	72.5	73.7	75.3	79.4	71.3
使用空调户数占比（%）	5.4	10.3	8.6	8.1	5.5	9.7
使用其他取暖设备户数占比（%）	1.1	3.5	5.1	5.0	4.4	7.8
炊事使用的主要能源	100	100	100	100	100	100
使用液化气户数占比（%）	64.4	76.0	77.8	78.7	80.7	83.8
使用煤炭户数占比（%）	20.4	14.7	11.9	9.7	8.1	3.5
使用柴草户数占比（%）	12.2	7.2	6.5	6.5	5.8	5.9
使用电的户数占比（%）	1.0	2.0	3.3	4.8	5.1	6.4
使用其他燃料户数占比（%）	1.9	—	0.5	0.3	0.3	0.4
住宅外道路路面状况	100	100	100	100	100	100
水泥或柏油路面户数占比（%）	87.9	91.7	94.2	96.6	97.0	95.6
沙石或石板等硬质路面户数占比（%）	5.9	5.9	4.6	3.1	2.8	4.2
其他路面户数占比（%）	6.2	2.4	1.2	0.3	0.2	0.2

资料来源：北京市统计局。

二　北京市城镇居民住房保障政策

20世纪90年代，我国开始推进城镇住房制度改革，推进住房制度的市场化改革。这虽然打破了计划经济体制下的福利分房制度，但住房制度的过度市场化改革，也造成了新的严重的居住问题。之后，政府将保障性住房建设作为与市场商品房建设并行的公共政策。当前北京市的保障性住房（政策性住房）主要由经济适用住房、廉租住房和公共租赁住房等构成。2006年11月3日，北京市规划委员会公布《北京住房建设规划（2006～2010年）》，提出扩大保障性住房建设规模和保障范围，"十一五"期间，用于实物配租的廉租住房建设规模为47万～69万平方米，约1万套，通过租金补贴的形式，解决约6.7万户"双困"家庭的住房问题；经济适用住房建设规模约1500万平方米，约21万套，按照租售并举原则，健全和规范更加科学合理的经济适用住房建设、流转和管理机制。通过租赁型经济适用住房、存量住房和公有住房资源的整合，积极探索建立政策性租赁住房体系，用于解决"夹心层"、引进人才、处于婚育阶段的年轻人等人群的住房问题。《北京市"十二五"时期住房保障规划》提出，"十二五"时期将建设、收购各类保障性住房100万套，其中公开配租配售50万套，首都功能核心区人口疏解、棚户区改造等定向安置住房50万套；发放租金补贴家庭10万户；竣工各类保障性住房70万套。对符合保障条件的申请家庭努力做到"应保尽保"。

1. 公共租赁住房

公共租赁住房是指政府提供政策支持，限定户型面积、供应对象和租金水平，面向本市中低收入、住房困难家庭等群体出租的住房。

2009年，北京市住房和城乡建设委员会等部门联合印发《北京市公共租赁住房管理办法（试行）》（京建住〔2009〕525号），指出公共租赁住房的供应对象为本市中低收入住房困难家庭，包括已通过廉租住房、经济适用住房、限价商品住房资格审核尚在轮候的家庭以及其他住房困难家庭（见表3）。

表3 北京市公共租赁住房政策一览

年份	文件	内容
2009	《北京市公共租赁住房管理办法（试行）》（京建住〔2009〕525号）	规定公共租赁住房的供应对象为本市中低收入住房困难家庭
2010	《关于支持公共租赁住房建设和运营有关税收优惠政策的通知》（财税〔2010〕88号）	规定了对公共租赁住房建设和运营的相关税收政策
2011	《关于加强本市公共租赁住房建设和管理的通知》（京政发〔2011〕61号）	明确提出要加快公共租赁住房建设
2011	《北京市公共租赁住房申请、审核及配租管理办法》（京建法〔2011〕25号附件）	规定符合下列条件之一的，可以申请公共租赁住房：(1)廉租住房、经济适用住房、限价商品住房的轮候家庭；(2)申请人具有本市城镇户籍，家庭人均住房使用面积15平方米（含）以下，3口及以下家庭年收入10万元（含）以下，4口及以上家庭年收入13万元（含）以下；(3)外省市来京连续稳定工作一定年限，具有完全民事行为能力，家庭收入符合上款规定标准，能够提供同期暂住证明、缴纳住房公积金证明或社会保险证明，本人及家庭成员在本市均无住房的人员
2013	《关于进一步完善我市保障性住房申请、审核、分配政策有关问题的通知》（京建法〔2013〕5号）	将在全市范围内实行保障性住房统一申请、审核，并在保持现有住房保障体系基本不变的前提下，在保障房分配上实行"租售并举，以租为主"

2010 年，财政部、国家税务总局联合下发《关于支持公共租赁住房建设和运营有关税收优惠政策的通知》（财税〔2010〕88 号），规定了对公共租赁住房（公租房）建设和运营的相关税收政策，包括对公租房建设期间用地及公租房建成后占地免征城镇土地使用税；对公租房经营管理单位建造公租房涉及的印花税予以免征；对公租房经营管理单位购买住房作为公租房，免征契税、印花税；对公租房租赁双方签订租赁协议涉及的印花税予以免征；对企事业单位、社会团体以及其他组织转让旧房作为公租房房源，且增值额未超过扣除项目金额的 20% 的，免征土地增值税；企事业单位、社会团体以及其他组织捐赠住房作为公租房，符合税收法律法规规定的，捐赠支出在年度利润总额的 12% 以内的部分，准予在计算应纳税所得额时扣除等。

2011 年 10 月，北京市政府下发《关于加强本市公共租赁住房建设和管理的通知》（京政发〔2011〕61 号），明确提出要加快公共租赁住房建设，市、区县人民政府应当按照住房保障发展规划和年度建设计划加快推进公共租赁住房建设。产业园区管理机构应当组织建设、筹集公共租赁住房，鼓励社会单位利用存量建设用地建设公共租赁住房，鼓励投资机构和房地产开发企业建设、持有、运营公共租赁住房。落实优惠政策和保障措施，包括公共租赁住房建设用地可依据本市公共租赁住房建设年度计划以及发展规划要求，纳入年度土地供应计划并单独列出；完善公共租赁住房项目托幼、小学、社区医疗卫生等设施建设，适当增加配套商业服务设施，统一管理经营，以实现资金平衡；公共租赁住房实行"谁投资、谁所有"，由房屋登记部门在投资者房屋所有权证上注明"公共租赁住房"字样及用地性质；除加大政府投入外，支持公共租赁住房建设运营单位通过公积金贷款、商业银行贷款、信托资金和发行债券等多种方式融资，拓宽融资渠道；公共租赁住房项目免收建设和经营中的行政事业性收费和政府基金，政府所属机构持有的公共租赁住房规划红线外市政基础设施投资，通过市、区县人民政府、市政专业公司等单位多渠道筹措解决；等等。

2011 年 11 月，北京市住房和城乡建设委员会制定的《北京市公共租赁住房申请、审核及配租管理办法》（京建法〔2011〕25 号附件）规定，符合下列条件之一的，可以申请公共租赁住房：（1）廉租住房、经济适用住房、限价商品住房的轮候家庭；（2）申请人具有本市城镇户籍，家庭人均住房使用面积 15 平方米（含）以下；3 口及以下家庭年收入 10 万元（含）以下，4 口及以上家庭年收入 13 万元（含）以下；（3）外省市来京连续稳定工作一定年限，具有完全民事行为能力，家庭收入符合上款规定标准，能够提供同期暂住证明、缴纳住房公积金证明或社会保险证明，本人及家庭成员在本市均无住房的人员。另外，该办法还规定了优先配租对象：廉租住房、经济适用住房和限价商品住房轮候家庭优先配租；申请家庭成员中有 60 周岁（含）以上老人、患大病或做过大手术人员、重度残疾人员、优抚对象及退役军人、省部级以上劳动模范、成年孤儿优先配租。

2013 年 4 月，北京市住房和城乡建设委员会出台了《关于进一步完善我市保障性住房申请、审核、分配政策有关问题的通知》（京建法〔2013〕5号），规定在全市范围内实行保障性住房统一申请、审核，并在保持现有住房保障体系基本不变的前提下，在保障房分配上实行"租售并举，以租为主"。按照统一申请审核政策备案的家庭，可先通过配租公共租赁住房予以保障。待有可配售的保障房房源时，将按照届时北京市出售型保障房政策，对申请家庭进行配售资格核定后，组织符合条件的申请家庭进行摇号配售。

2010 年，北京市副市长陈刚在北京市第十三届人大常委会第二十一次会议做报告时表示，北京市编制的"在集体土地上建设租赁房"试点方案，经市政府批准后，已正式向国土资源部申报试点。2012 年 11 月 29 日，北京市集体土地建设租赁住房试点工程——朝阳区平房乡平房村集体土地租赁住房项目举行奠基仪式，此项目位于东五环平房桥东北角，由平房村经济合作社开发建设，总建筑面积约 50 万平方米，可提供租赁住房 9000 余套，项目交通便利，医疗、教育等配套设施齐全。项目建成后，由朝阳区政府相关部门整体趸租，[①] 并纳入全区保障性住房统一使用管理。[②]

"十二五"期间，北京市力争实现"两个 60%"的目标，即保障性住房占整个住房供应的 60%，公共租赁住房占保障性住房供应的 60%。以公共租赁住房为主的保障房建设明显加快。

2. 廉租住房

廉租住房是指政府在住房领域履行社会保障职能，向具有本市非农业常住户口的最低收入家庭提供租金补贴，或者以低廉租金配租具有社会保障性质的普通住宅。廉租住房解决的是城镇最低收入家庭（贫困家庭）的住房问题。

---

① 趸租指通过长久租赁从农民手中租赁充裕的定向安置房，并将这些房源纳入公租房中。
② 《朝阳区平房乡平房村集体土地租赁住房试点项目奠基》，北京市住房和城乡建设委员会网站，http://www.bjjs.gov.cn/publish/portal0/tab662/info75308.html。

2001 年，北京市政府办公厅转发北京市国土资源和房屋管理局制定的《北京市城镇廉租住房管理试行办法》（京政办发〔2001〕62 号），明确城镇廉租住房管理是政府（单位）在住房领域履行社会保障职能，符合最低收入标准和住房困难标准的城镇居民可以申请配租廉租住房（见表 4）。2001 年，北京市国土资源和房屋管理局、北京市财政局、北京市民政局印发《北京市城镇廉租住房管理试行办法实施意见》，规定本市城八区（东城区、西城区、崇文区、宣武区、朝阳区、海淀区、丰台区、石景山区）向廉租住房管理部门申请廉租住房配租的家庭，必须是具有本市非农业常住户口的最低收入家庭和其

表 4 北京市廉租住房政策一览

年份	文件	内　　容
2001	《北京市城镇廉租住房管理试行办法》（京政办发〔2001〕62 号）	明确城镇廉租住房管理是政府（单位）在住房领域履行社会保障职能
2001	《北京市城镇廉租住房管理试行办法实施意见》（京政办发〔2001〕62 号）	规定本市城八区向廉租住房管理部门申请廉租住房配租的家庭，必须是具有本市非农业常住户口的最低收入家庭和其他需要保障的特殊家庭，且家庭人均住房使用面积 7.5（含）平方米以下；远郊十区县可根据本地区实际制定本辖区实施意见
2005	《关于扩大北京市廉租住房覆盖面有关问题的通知》（京建〔2005〕966 号）	提出扩大廉租住房申请对象的范围，将具有本市城镇常住户口、家庭人均月收入高于本市城镇最低生活保障标准（连续一年低于 580 元），且人均住房使用面积低于 7.5 平方米（含）的家庭纳入廉租房的解困范围
2007	《关于贯彻落实〈国务院关于解决城市低收入家庭住房困难的若干意见〉的实施意见》（京发〔2007〕22 号）	2007 年底前，所有区县必须实施廉租住房制度，2008 年起逐年提高廉租住房保障对象的家庭收入标准，扩大廉租住房保障的覆盖面
2007	《北京市城市廉租住房管理办法》（京政发〔2007〕26 号）	规定廉租住房保障水平应当以保障低收入家庭基本住房需求为原则，城市低收入家庭廉租住房保障方式以发放租赁住房补贴为主，实物配租为辅
2007	《关于调整北京市廉租住房租房补贴标准有关问题的通知》（京建住〔2007〕1213 号）	规定北京市城八区廉租住房租房补贴标准，统一调整为每平方米使用面积每月 40 元，城八区廉租家庭月租房补贴最低限额调整为 550 元，月租房补贴最高限额为 1500 元，远郊区（县）可结合各自实际制定本区（县）补贴标准
2012	《北京市人民政府关于加强保障性住房使用监督管理的意见（试行）》（京政发〔2012〕13 号）	廉租住房、公共租赁住房按照"谁持有、谁管理"的原则，通过租赁合同约定方式，由房屋产权单位负责日常监管

他需要保障的特殊家庭，且家庭人均住房使用面积 7.5（含）平方米以下；远郊十区县可根据《北京市城镇廉租住房管理试行办法》，结合本地区实际，制定本辖区廉租住房的实施意见。

2005 年，北京市建设委员会、北京市民政局、北京市财政局、北京住房公积金管理中心联合下发《关于扩大北京市廉租住房覆盖面有关问题的通知》，提出要扩大廉租住房申请对象的范围，将具有本市城镇常住户口、家庭人均月收入高于本市城镇最低生活保障标准（连续一年低于 580 元），且人均住房使用面积低于 7.5 平方米（含）的家庭纳入廉租房的解困范围。

2007 年，中共北京市委、北京市人民政府印发《关于贯彻落实〈国务院关于解决城市低收入家庭住房困难的若干意见〉的实施意见》（京发〔2007〕22 号），提出逐步扩大廉租住房制度的保障范围。2007 年底前，所有区县必须实施廉租住房制度，2008 年起逐年提高廉租住房保障对象的家庭收入标准，扩大廉租住房保障的覆盖面；经济适用房供应对象调整为低收入住房困难家庭；逐步改善农民工居住条件，用工单位要向农民工提供符合基本卫生和安全条件的居住场所，对农民工集中地区，在集约用地前提下，可集中建设向农民工出租的集体宿舍，但不得按商品住房出售。

2007 年，北京市政府印发《北京市城市廉租住房管理办法》（京政发〔2007〕26 号），规定廉租住房保障水平应当以保障低收入家庭基本住房需求为原则，城市低收入家庭廉租住房保障方式以发放租赁住房补贴为主，实物配租为辅。2007 年 11 月，北京市住房和城乡建设委员会、北京市财政局、北京住房公积金管理中心联合发布《关于调整北京市廉租住房租房补贴标准有关问题的通知》（京建住〔2007〕1213 号），规定自通知下发之日起，北京市城八区廉租住房租房补贴标准，统一调整为每平方米使用面积每月 40 元，城八区廉租家庭月租房补贴最低限额调整为 550 元，月租房补贴最高限额为 1500元，远郊区（县）可结合各自实际，制定本区（县）廉租住房租房补贴标准及最低和最高限额标准，并报市建委备案。

2012 年，北京市人民政府出台的《北京市人民政府关于加强保障性住房使用监督管理的意见（试行）》规定，廉租住房、公共租赁住房按照"谁持有、谁管理"的原则，通过租赁合同约定方式，由房屋产权单位负责日常监管。

3. 经济适用房

经济适用房是指政府提供优惠政策，限定建设标准、供应对象和销售价格，向城镇中低收入住房困难家庭出售的具有保障性质的政策性住房。主要通过政府财政补贴来提高购买者的支付能力，从而解决城镇中低收入家庭的住房问题。

1994 年，国务院发布《关于深化城镇住房制度改革的决定》（国发〔1994〕43 号），正式提出建设经济适用住房（见表 5）。1994 年，建设部、国

表 5　北京市经济适用住房政策一览

年份	文件	内　容
1994	《关于深化城镇住房制度改革的决定》（国发〔1994〕43 号）	正式提出建设经济适用住房
1994	《城镇经济适用住房建设管理办法》（建房〔1994〕761 号）	经济适用住房是以中低收入家庭住房困难户为供应对象
1998	《关于加快经济适用住房建设的若干规定（试行）》（京政办发〔1998〕54 号）	经济适用住房是面向中低收入家庭的普通住宅，经济适用住房销售对象为具有本市城镇常住户口的中低收入家庭的居民，重点是公务员、教师、科技人员和国有企事业单位职工
2000	《北京市城镇居民购买经济适用住房有关问题的暂行规定》（京政办发〔2000〕131 号）	在 2001 年底前，本市近郊区城镇居民家庭年收入在 6 万元（含）以下的，可购买经济适用房。2002 年（含以后年份），本市城镇居民购买经济适用房的家庭收入标准由市政府有关部门公布，远郊区县政府可结合实际情况自行规定本区县收入标准
2003	《关于经济适用房优先向拆迁居民销售的通知》（京建开〔2003〕130 号）	经济适用房优先向历史文化保护区的外迁居民、"十五"期危改外迁居民、市政建设和环境整治拆迁居民、奥运场馆建设拆迁居民以及市政府确定的其他重点工程拆迁居民销售
2006	《北京住房建设规划（2006～2010 年）》	要规范发展经济适用房，科学确立经济适用住房的政策目标，界定并严格审查经济适用住房的供应对象，合理确定经济适用住房的建设规模，严格执行经济适用住房建设标准，探索建立经济适用住房实行"内循环"的流转模式。
2007	《北京市经济适用住房管理办法（试行）》（京政发〔2007〕27 号）	规定购买经济适用住房的申请人须取得本市城镇户籍时间满 3 年，且年满 18 周岁，并且申请家庭人均住房面积、家庭收入、家庭资产符合规定的标准。实行"三级审核、两级公示"制度
2012	《北京市人民政府关于加强保障性住房使用监督管理的意见（试行）》（京政发〔2012〕13 号）	经济适用住房和限价商品住房出售型保障性住房，按照"谁分配、谁管理"的原则，由购买家庭原申请所在地区县住房保障部门负责房屋使用监督管理
2013	《关于规范已购限价商品住房和经济适用住房等保障性住房管理工作的通知》（京建法〔2013〕10 号）	规定对于 2007 年以后建设收购的经济适用房，已购房屋未满五年需要处置的，由区县住房保障管理部门指定符合条件家庭购买或按原购房价格回购，不得按市场价格上市出售

务院住房制度改革领导小组、财政部发布《城镇经济适用住房建设管理办法》，指出经济适用住房是以中低收入家庭住房困难户为供应对象。1998年，北京市政府办公厅印发《关于加快经济适用住房建设的若干规定（试行）》（京政办发〔1998〕54号），提出经济适用住房是面向中低收入家庭的普通住宅，经济适用住房销售对象为具有本市城镇常住户口的中低收入家庭的居民，重点是公务员、教师、科技人员和国有企事业单位职工。

2000年，北京市政府办公厅转发市建设委员会、市国土资源和房屋管理局发布的《北京市城镇居民购买经济适用住房有关问题的暂行规定》，提出在2001年底前，本市近郊区城镇居民家庭年收入在6万元（含）以下的，可购买经济适用住房。2002年（含以后年份），本市城镇居民购买经济适用住房的家庭收入标准由市政府有关部门公布。远郊区县政府可结合实际情况，自行规定本区县居民购房的收入标准，并报市政府备案。

2003年，北京市建设委员会发布《关于经济适用房优先向拆迁居民销售的通知》（京建开〔2003〕130号），提出经济适用房优先向历史文化保护区的外迁居民、"十五"期危改外迁居民、市政建设和环境整治拆迁居民、奥运场馆建设拆迁居民以及市政府确定的其他重点工程拆迁居民销售。

2006年，《北京住房建设规划（2006～2010年）》提出要规范发展经济适用住房，科学确立经济适用住房的政策目标，界定并严格审查经济适用住房的供应对象，合理确定经济适用住房的建设规模，严格执行经济适用住房建设标准，转变供应模式，由销售为主过渡到租售并举，将经济适用住房的租售比提高到1:4左右，探索建立经济适用住房实行"内循环"的流转模式。

2007年，北京市政府印发《北京市经济适用住房管理办法（试行）》（京政发〔2007〕27号），规定购买经济适用住房的申请人须取得本市城镇户籍时间满3年，且年满18周岁，并且申请家庭人均住房面积、家庭收入、家庭资产符合规定的标准，同时规定对申请购买经济适用住房的家庭实行"三级审核、两级公示"制度。

2012年，北京市政府出台《北京市人民政府关于加强保障性住房使用监督管理的意见（试行）》（京政发〔2012〕13号），规定经济适用住房和限价商品住房出售型保障性住房，按照"谁分配、谁管理"的原则，由购买家庭原申请所在地区县住房保障部门负责房屋使用监督管理，通过购买服务的方式委托物业服务机构进行日常检查。

2013年，北京市住房和建设委员会发布《关于规范已购限价商品住房和经济适用住房等保障性住房管理工作的通知》（京建法〔2013〕10号），规定对于2007年以后建设收购的经济适用住房，已购房屋未满五年需要处置的，由区县住房保障管理部门指定符合条件家庭购买或按原购房价格回购，不得按市场价格上市出售。同时，在保障性住房入住前，区县住房保障管理部门将对办理入住的家庭成员住房情况再次复核。

4. 限价商品住房和自住型商品住房

（1）限价商品住房。限价商品住房俗称"两限房"，指政府采取招标、拍卖、挂牌方式出让商品住房用地时，提出限制销售价格、住房套型面积和销售对象等要求，由建设单位通过公开竞争方式取得土地，进而开发建设和定向销售的普通商品住房。限价商品住房是一种政策性商品住房，只限于供应给本地住房比较困难的城镇居民，不属于保障性住房范围，但它对于解决城镇居民中住房比较困难的家庭的住房问题有一定保障作用。

2008年3月26日，北京市政府印发《北京市限价商品住房管理办法（试行）》（京政发〔2008〕8号），规定限价商品住房的供应对象为本市中等收入住房困难的城镇居民家庭、征地拆迁过程中涉及的农民家庭及市政府规定的其他家庭（见表6）。

表6 北京市限价商品住房和自住型商品住房政策

年份	文件	内 容
2008	《北京市限价商品住房管理办法（试行）》（京政发〔2008〕8号）	规定限价商品住房的供应对象为本市中等收入住房困难的城镇居民家庭、征地拆迁过程中涉及的农民家庭及市政府规定的其他家庭
2013	《关于加快中低价位自住型改善型商品住房建设的意见》（京建发〔2013〕510号）	规定自住型商品住房套型建筑面积，以90平方米以下为主，最大套型建筑面积不得超过140平方米；销售均价，原则上按照比同地段、同品质的商品住房价格低30%左右的水平确定；销售对象为按照限购政策规定在本市具有购房资格的家庭。其中，符合下列条件的家庭可以优先购买：(1)本市户籍无房家庭（含夫妻双方及未成年子女），其中单身人士须年满25周岁，(2)经济适用住房、限价商品住房轮候家庭。且符合条件的家庭只能购买一套自住型商品住房

（2）自住型商品住房。2013年10月，北京市出台《关于加快中低价位自住型改善型商品住房建设的意见》（京建发〔2013〕510号），旨在完善住房

供应结构，支持居民自住性、改善性住房需求，稳定房价、促进房地产市场平稳健康发展。该意见规定自住型商品住房套型建筑面积，以 90 平方米以下为主，最大套型建筑面积不得超过 140 平方米；销售均价，原则上按照比同地段、同品质的商品住房价格低 30% 左右的水平确定；销售对象为按照限购政策规定在本市具有购房资格的家庭。其中，符合下列条件的家庭可以优先购买：一是本市户籍无房家庭（含夫妻双方及未成年子女），其中单身人士须年满 25 周岁；二是经济适用住房、限价商品住房轮候家庭。且符合条件的家庭只能购买一套自住型商品住房。

三　北京市农村住房相关政策

从目前情况来看，北京市还没有建起农村住房保障的政策体系，从近年来加强新农村建设等相关政策中可以发现，改善农民居住条件是北京市推进新农村建设的一项重要工作。

2003 年，北京市政府办公厅转发市农委《关于山区采空区泥石流易发区农户实施搬迁的意见》（京政办发〔2003〕56 号），对山区采空区、泥石流易发区农户实施搬迁，解决目前生产生活面临的困难和危险（见表 7）。实施搬迁的范围为山区采空区和强破坏泥石流易发区的险村、险户，涉及 47 个山区乡镇、215 个行政村中的 452 个自然村、片，共 9916 户 28450 人。其中，采空区 1263 户 3874 人，强破坏泥石流易发区 8653 户 24576 人。计划用 4 年时间（2004 ~ 2007 年）完成搬迁任务。市级按搬迁每人 1 万元标准补助到区县，由区县根据搬迁实际情况统筹安排。市、区县两级扶持资金 80% 用于农户搬迁安置，20% 用于农民技术培训及发展致富产业项目。

表 7　北京市农村住房政策一览

年份	文件	内　容
2003	《关于山区采空区泥石流易发区农户实施搬迁的意见》（京政办发〔2003〕56 号）	对山区采空区、泥石流易发区农户实施搬迁，解决目前生产生活面临的困难和危险。实施搬迁的范围为山区采空区和强破坏泥石流易发区的险村、险户，涉及 47 个山区乡镇、215 个行政村中的 452 个自然村、片，共 9916 户 28450 人。其中，采空区 1263 户 3874 人，强破坏泥石流易发区 8653 户 24576 人。计划用 4 年时间(2004 ~ 2007 年)完成搬迁任务。市级按搬迁每人 1 万元标准补助到区县，由区县根据搬迁实际情况统筹安排。市、区县两级扶持资金 80% 用于农户搬迁安置，20% 用于农民技术培训及发展致富产业项目

年份	文件	内　　容
2004	《北京市山区采空区泥石流易发区农户搬迁工程管理办法》（京政农发〔2004〕10号）	对山区农民搬迁工作做了具体规定
2008	《关于实施新一轮山区泥石流易发区及生存条件恶劣地区农民搬迁工程意见》（京政办发〔2008〕5号）	确定搬迁范围为本市山区泥石流易发区和生存条件恶劣的地区，涉及密云、怀柔、延庆、昌平、平谷、门头沟、房山7个山区县59个乡镇、283个行政村，共8557户20972人，提出5年（2008～2012年）内完成搬迁任务。市和区县均设立搬迁帮扶资金，列入同级财政预算。2008年补助标准，市级按每人1.3万元补助到各区县，作为对农民搬迁的直接补贴；区县政府根据本地区实际情况制定配套资金政策。2008年以后，将根据物价指数变动等因素，在每人1.3万元的基础上逐年进行调整。市级还按每个搬迁户3万元的标准补助到各区县，区县政府根据实际情况进行统筹安排。补助资金重点用于新建村占地与农民密切相关的生产、生活基础设施建设。2010年北京市完成山区2535户6617人的搬迁任务；2011年北京市计划搬迁3410户，涉及7957人
2007	《关于实施2007～2010年北京市农村优抚社救对象危房翻修工作四年规划的通知》（京民救发〔2007〕17号）	规定农村优抚对象翻建住房以烈属、残疾军人、复员军人为主，并适当向优抚对象较多、经济条件较为困难的山区倾斜。每年计划翻建300户，每户原则上翻建3间，每间补助1万元，每户补助3万元，补助经费由市、区县、乡镇各负担三分之一。同时，各区县可根据实际需要为优抚对象维修住房，维修户数、维修补助标准由各区县自定，所需经费由区县财政负担。农村社救对象的危旧房翻修工作以农村低保困难户为主。计划每年翻建维修1000户，每户原则上翻修3间，翻建房屋每间补助7000元，每户补助2.1万元；维修房屋每间补助3000元，每户补助9000元。补助经费由市、区县、乡镇各负担三分之一
2012	《北京市"十二五"时期住房保障规划》	提出要加大农村抗震节能住宅新建和改造力度，保障农村困难群体住房安全。建立市、区、镇、村四级管理机制，成立专门的抗震安居工程领导机构和工作机构，按职能分工负责，落实房屋抗震加固规划、年度计划、实施方案、资金安排、验收、统计工作。依据对全市保留村庄的农宅房屋安全鉴定结果，确定全市农宅加固和节能综合改造方案，推动实现在2020年前全市既有农宅基本具备抗震措施的目标

2004年，北京市农委、北京市财政局印发《北京市山区采空区泥石流易发区农户搬迁工程管理办法》（京政农发〔2004〕10号），对山区农民搬迁工作做了具体规定。

2008年，北京市政府办公厅转发市农委《关于实施新一轮山区泥石流易发区及生存条件恶劣地区农民搬迁工程意见》（京政办发〔2008〕5号），确定搬迁范围为本市山区泥石流易发区和生存条件恶劣的地区，涉及密云、怀柔、延庆、昌平、平谷、门头沟、房山7个山区县59个乡镇283个行政村，共8557户20972人，提出5年（2008~2012年）内完成搬迁任务。市和区县均设立搬迁帮扶资金，列入同级财政预算。2008年补助标准，市级按每人1.3万元补助到各区县，作为对农民搬迁的直接补贴；区县政府根据本地区实际情况制定配套资金政策。2008年以后，将根据物价指数变动等因素，在每人1.3万元的基础上逐年进行调整。市级还按每个搬迁户3万元的标准补助到各区县，区县政府根据实际情况进行统筹安排。补助资金重点用于新建村占地与农民密切相关的生产、生活基础设施建设。2010年北京市完成山区2535户6617人的搬迁任务；2011年北京市计划搬迁3410户，涉及7957人。

2007年，北京市民政局印发《关于实施2007~2010年北京市农村优抚社救对象危房翻修工作四年规划的通知》（京民救发〔2007〕17号），规定农村优抚对象翻建住房以烈属、残疾军人、复员军人为主，并适当向优抚对象较多、经济条件较为困难的山区倾斜。每年计划翻建300户，每户原则上翻建3间，每间补助1万元，每户补助3万元，补助经费由市、区县、乡镇各负担三分之一。同时，各区县可根据实际需要为优抚对象维修住房，维修户数、维修补助标准由各区县自定，所需经费由区县财政负担。农村社救对象的危旧房翻修工作以农村低保困难户为主。计划每年翻建维修1000户，每户原则上翻修3间，翻建房屋每间补助7000元，每户补助2.1万元；维修房屋每间补助3000元，每户补助9000元。补助经费由市、区县、乡镇各负担三分之一。

2012年，北京市住房和城乡建设委员会、北京市发展和改革委员会联合发布《北京市"十二五"时期住房保障规划》，提出要加大农村抗震节能住宅新建和改造力度，保障农村困难群体住房安全。建立市、区、镇、村四级管理机制，成立专门的抗震安居工程领导机构和工作机构，按职能分工负责，落实房屋抗震加固规划、年度计划、实施方案、资金安排、验收、统计工作。依据对全市保留村庄的农宅房屋安全鉴定结果，确定全市农宅加固和节能综合改造方案，推动实现在2020年前全市既有农宅基本具备抗震措施的目标。

四　北京市城乡住房保障面临的问题

当前，北京市城乡住房保障问题还比较突出，实现住有所居的目标还很艰巨。

1. 农村住房保障制度建设远远滞后于城镇

北京城镇住房制度包括市场化的商品房制度以及保障性的经济适用住房、公共租赁住房、廉租住房等。高收入和中高收入人群通过市场解决住房问题，中低收入、低收入人群和贫困人群借助于住房保障体系解决住房问题。而农村的住宅制度是以户为单位向村集体申请宅基地，农户在宅基地上进行自我住房建设。农民的住宅属于个人所有，宅基地为集体所有。农民住宅只能在本村集体组织内部流转，不得进入市场进行交易，国家禁止城镇居民到农村购买农民住宅。农民对自己的房屋只拥有部分产权。可以说，农民是在免费借用的集体土地上盖了自己的私人房产，只能自给，不能买卖。

宅基地使用权一直是农民住房保障的重要部分，有了宅基地，农民虽然看似不会存在"住无所居"的情况，但伴随工业化和城镇化的发展，现行的宅基地使用权制度不仅不能适应社会经济发展的客观需要，而且其固有的保障农民居住权的功能也面临难以持续的现实困境。一是北京市的农村大量人口外出务工，使农村的许多房屋和宅基地长期闲置，甚至形成了规模不等的"空心村"；二是一些农村贫困人口（家庭），特别是农村"低保户"和"五保户"等住房困难家庭，因无力改善住房条件而"久居危房"，房屋破旧，面积狭小，外观简陋，质量低劣；三是北京市作为我国特大城市和主要人口流入地，外来人口住房问题突出，但农村的房地分离使得城乡间住房市场缺失，土地和住房资源在城乡之间分配失衡。

2. 中低收入阶层住房困难问题仍然突出

近年来，伴随城市房价的过快增长，国务院连续发布文件，要求控制房价，并加大保障性住房建设力度。2010 年 1 月 7 日，国务院办公厅印发《关于促进房地产市场平稳健康发展的通知》（国办发〔2010〕4 号），提出增加保障性住房和普通商品住房有效供给，适当加大经济适用住房建设的力度，扩大经济适用住房供应范围，商品住房价格过高、上涨过快的城市，要切实增加限价商品住房、经济适用住房、公共租赁住房供应。要加快推进保障性安居工程建设，力争到 2012 年末，基本解决 1540 万户低收入住房困难家庭的住房问题。

2010 年 4 月 17 日，国务院发布《关于坚决遏制部分城市房价过快上涨的通知》（国发〔2010〕10 号），提出坚决遏制部分城市房价过快上涨，切实解决城镇居民的住房问题，对房价过高、上涨过快的地区，要大幅度增加公共租赁住房、经济适用住房和限价商品住房的供应，加快保障性安居工程建设，确保完成2010 年建设保障性住房 300 万套，各类棚户区改造住房 280 万套的工作任务。

近年来，北京市按照"低端有保障、中端有支持、高端有市场"的总体思路，加快实施保障性安居工程。2010 年 1 月 25 日，郭金龙市长在北京市第十三届人民代表大会第三次会议上所做的《政府工作报告》中提出"两个50%"的目标任务，即加快廉租住房、经济适用住房、限价商品住房、公共租赁住房建设，确保政策性住房建设用地占全市住宅面积的 50% 以上，新开工建设各类政策性住房套数占全市住宅新开工套数的 50% 以上。根据北京市住房和城乡建设委员会统计，"十一五"期间，建设收购各类保障性住房 48.5 万套，保障性住房在全市住房供应中所占比重从 2006 年的 5.8% 提高到 2010 年的 61.5%。通过公开配租配售保障性住房、发放廉租租金补贴，以及实施城市和国有工矿棚户区改造、首都功能核心区保护性修缮、城乡接合部整治等保障性安居工程，累计解决了 40 多万户中低收入家庭的住房困难问题。《"十二五"时期住房保障规划》提出，北京市将进一步加大保障性安居工程建设力度，建设、收购各类保障性住房 100 万套，其中公开配租配售 50 万套，首都功能核心区人口疏解、棚户区改造等定向安置住房 50 万套，竣工各类保障性住房 70 万套。对符合保障条件的申请家庭努力做到"应保尽保"。2013 年北京市保障房建设和收购计划为：保障性安居工程和中小套型普通商品住房用地供应不低于住宅用地供应的 70%。全市计划建设筹集各类保障性住房 16 万套，其中公共租赁住房 3 万套，其他经济适用住房、限价商品住房及用于旧城区人口疏解、棚户区改造等安置用房 13 万套；全年竣工交用各类保障房 7 万套。[①]

尽管如此，北京市城镇居民住房保障问题仍然相当突出，一是现有的保障性住房建设不能满足中低收入家庭的住房需求。根据北京市住房和城乡建设委员会网站公示的全市城镇中低收入家庭申请保障性住房且通过资格审核的数据，截至 2013 年 11 月 17 日，申请经济适用住房备案通过 94339 户，申请限价商品住房备案通过 204207 户，申请廉租住房备案通过 27821 户，申请公共租赁住房备案通过 41219 户。也就是说，目前，全市申请保障性住房并通过审核的城镇中低收入家庭尚有 367586 户。二是保障对象不合理现象仍然存在。有调查显示，北京市天通苑的经济适用房出租率约为 55%，回龙观的经济适用住房出租率为 40% ~ 50%，这远远高于普通住房 20.5% 的出租率。[②]"应保

---

① 北京市住房和城乡建设委员会，http：//www.bjjs.gov.cn/tabid/3565/Default.aspx。
② 裴媛：《北京市低收入居民住房保障问题研究》，山西财经大学博士学位论文，2011。

未保，保不应保"，却使得政府原本用于解决低收入人群住房问题的经济适用房成了富人借以增加收入的工具。其他还有保障性住房施工质量和设计问题突出；公共交通和配套设施不完善；公共租赁房定价较高，对中低收入群体缺乏吸引力；等等。

3. 农民工等流动人口基本没有纳入北京市住房保障体系中

根据北京市统计局、国家统计局北京调查总队联合发布的数据，到2012年末，北京常住人口达到2069.3万，其中，在京居住半年以上的外来人口达到773.8万，占常住人口总量的37.4%。但除石景山区出台外地人申请公租房细则外，其余地区均未将流动人口纳入住房保障体系中。而石景山区可以申请公租房的流动人口条件限制也非常多，包括主申请人在石景山行政区域内原则上连续稳定工作5年以上，或相关部门引进的专业人才，能够提供同期暂住证明、缴纳公积金证明、社会保险证明和纳税证明；家庭年可支配收入方面，3口及以下家庭年收入10万元（含）以下，4口及以上家庭年收入13万元（含）以下；流动人口不享受本市公共租赁住房补贴政策；等等。

作为流动人口主要构成群体的农民工更是缺乏居住权益的保障。2012年共青团北京市委研究室联合北京市青英研究中心开展的北京新生代农民工专题调查显示，农民工目前仍以集体宿舍和自己租房为主，由于目前住房租赁市场的不健全以及农民工的省钱心理，他们往往选择租住最便宜的房子，包括地下室、工棚、隔断间等，居住条件差、环境恶劣，不安全性强。调查中，他们回答在住房上最期望获得的帮助是"提供廉租房"，占48.4%；其次是期望"稳定房租"，占27.7%。

总结来看，当前流动人口的居住问题，主要体现在以下几方面：一是流动人口基本没有身份资格申请城镇各类保障性住房；二是流动人口基本没有经济能力购买商品房；三是流动人口一般租住城乡接合部农民的住房，居住环境和安全面临诸多隐患；四是城乡接合部改造没有充分考虑到流动人口的居住权益，原租住在城乡接合部的外来人口在改造建设中呈波浪式向外迁移，以寻求新的租住地。

五 加快推进北京市城乡住房保障一体化的政策建议

实现城乡住房保障一体化既是城乡一体化的重要内容，也是改善和保障民生的重大任务，必须将之提到更加突出的公共政策议程上来。

1. 建立多元化、多层次的农村住房保障体系

在统筹城乡发展的新形势下，北京市应进一步强化各级政府加强农村住房保障的责任，提高农村住房保障的层次和水平，科学合理规划农村宅基地的分配和使用，建立起与现代住房保障理念相适应，针对农村村民家庭不同情况的，包括宅基地保障、福利性住房保障和货币补贴等各种方式相结合的多元化、多层次的农村住房保障体系，加快实现北京市住房保障的城乡一体化。

一是进一步加强村庄规划的科学性与有效性，逐步改变目前存在的宅基地粗放利用现状，引导和支持农民通过集资合作建房，市区和乡镇政府给予相应补贴的方式，变宅基地分配为住房分配。由此促进农村住宅的适度集中，便于改善农民居住环境，提高农民居住质量。二是为农村贫困人口（家庭），特别是农村"低保户"和"五保户"等住房困难家庭直接提供福利性住房保障或货币补贴。如房屋破旧，修缮后可居住的，可由政府直接提供现金补贴，自行修缮；属于危旧房，无法修缮的或不愿修缮的，可由政府负责拆迁，统一给予安置（可参照广西五保村的做法）；对由于自然灾害等偶然因素而出现经济或居住困难的家庭，政府可帮助其向金融机构贷款建房，并提供临时的福利性住房。三是将农村居民平等纳入住房保障体系，将现行的城镇住房保障政策拓展为城乡居民住房保障政策。四是进一步加强农村宅基地使用权的保护，改革和创新农村宅基地制度，规范和扩大农村宅基地的流转，在城镇化进程中切实保障农民的宅基地财产权利。

2. 加快城镇保障性住房体系建设，切实发挥住房保障作用

北京市应继续加快城镇保障性住房体系建设，借助于社会力量，多渠道筹建保障性住房，加大财政支持，同时充分考虑保障房结构、地址选择、建设质量等突出问题，完善准入和退出机制，健全法律法规，加强廉政风险防控。面对保障性住房供不应求的主要矛盾，应采取切实有效的政策措施加以解决。

首先，北京市住宅产业发展迅速，商品房数量迅速增加，政府可以将部分商品住房转化为廉租住房与经济适用住房。可由北京市住房保障主管部门制定住房的价格或租金标准，住房保障的主管部门选择地理位置与户型面积合适的住房，与房地产开发商进行协商，履行正常的手续之后，购买开发商所提供的商品住房，将其纳入住房保障的房源中。住房保障主管部门将购置的商品房进行资源整合，根据需要分配给低收入家庭。与利用空置商品住房相似，政府还可以通过收购或改建旧房作为保障性住房的房源。

其次，北京市可在清理解决城郊小产权房市场过程中，将违规建设或不愿补齐税费的小产权房收回物权，纳入城市保障性住房供应体系中。

再次，北京市可在商品住宅小区中配建保障性住房。一方面在商品住宅小区配建保障性住房可以大大增加公共住房的供给量，另一方面可以避免因为集中兴建公共住房而带来的社会问题。政府通过对开发商提供税费减免以及资金补贴，要求开发商在开发商品住房时捆绑建设保障性住房。北京市还应对开发超过规定比例公共住房的开发商提供政策优惠，确保其开发的公共住房越多，开发成本越低。配建的保障性住房由住房保障部门统一管理与分配。目前北京已有北京城建集团等多家房地产开发商参与配建项目。

最后，北京市应杜绝保障性住房的不合理分配现象，完善保障性住房的准入和退出机制。一是在对申请人进行资格核查，确定是否符合承租条件或政府给予的租金补助等级时，应做到有关管理部门间的互相配合、信息共享、相互监督，建立起高效的协查机制，以严格把好准入关。二是应建立严格的司法裁决和强制执行机制，针对违反相关法律法规，擅自改变公租房用途、房屋结构等行为，应立即处理并严厉惩罚。

3. 将农民工等外来流动人口纳入城镇住房保障体系

农民工等外来流动人口大部分属于城市中低收入者，为北京市的发展做出了巨大贡献，却没有被纳入住房保障制度体系之中。为流动人口提供基本而有体面的住房保障，是政府保障流动人口居住权和发展权的重要职责。因此，要实现城镇基本公共服务常住人口全覆盖，必须将为农民工等外来流动人口提供住房保障作为城镇住房政策的重中之重。

首先，要将农民工等外来流动人口全面纳入公租房保障范围。要从根本上转变公租房建设的指导思想，明确将流动人口作为公租房保障的主要对象。对于无住房的流动人口，只要签订正式劳动就业合同，就可以申请公租房，给予其市民同等待遇。

鉴于流动人口的主要构成群体——农民工的聚居区以城乡接合部为主，应当加大利用农村集体建设用地和收购小产权房发展租赁住房的试点和推广，进一步改革土地制度，创新集体建设用地利用方式，规范集体建设用地建设租赁住房政策，加强和完善相关管理制度。在投资形式上可借鉴浙江省公租房建设经验，鼓励和引导民间资本参与，尤其是引导用工单位、村集体等各类投资主体参与建设，出台鼓励公共租赁住房建设和运营的相关优惠政策，统一纳入北京市公共租赁住房管理，优先向出资用工单位中符合条件的职工出租。同时要在农民工聚居的公租房区域按照实际需求和健康标准建设生活服务配套设施，使公租房建设达到改善农民工居住环境、提高生活质量的目的。

其次，应扩大住房公积金制度覆盖面，将农民工等外来流动人口全面纳入其中。充分发挥住房公积金制度的住房保障属性，所有正式用人单位，都必须将符合条件的农民工等外来流动人口纳入住房公积金制度范围内。

最后，规范农民工等外来流动人口住房租赁市场，为流动人口平等提供住房补贴。公租房等保障性住房起的是托底作用，对于北京市 700 多万外来流动人口来说，绝大部分人的住房问题通过租赁市场解决。有关部门应大力规范房屋租赁市场，积极落实《北京市人民政府办公厅关于进一步规范房屋租赁市场稳定房屋租金工作的意见》（京政办发〔2012〕20 号）的有关规定，各区县成立国有房屋租赁经营机构，业务对象限定为流动人口群体，业务内容以农村富余房屋集体出租、单位闲置房屋低价出租为主。要将农民工等外来流动人口全面纳入城镇住房补贴政策体系，使流动人口与其他城镇职工一样公平享受各项住房政策补贴。

执笔：张英洪、刘妮娜、童伟

2013 年 11 月 14 日

·专题报告·

第八篇

北京市城乡社会管理一体化研究

在中国历史上，城市和乡村一直是相互分离的两个世界。在社会管理上也是一样，体制性的政治权力一般只到县一级，而县以下的乡村主要依靠乡绅、家族长老、部族头领和地方强人来共同统治，主要依靠宗法制度和乡风习俗来维持社会秩序，形成了"县官治县、乡绅治乡"的二元模式，这就是中国特色的城乡分治的社会管理模式，简称"王权不下县"。

新中国成立后，相当长的时间内还是保留了城乡分立的二元社会结构，这主要是由当时相对比较落后的生产力发展水平决定的。进入 21 世纪之后，随着我国综合国力的增强，随着城市化的推进，目前中国已经进入"城市反哺农村、工业反哺农业"的新的历史发展阶段。党中央提出了全面建设小康社会、构建和谐社会、落实科学发展观等一系列重要战略决策，都需要从更大范围内、更高层次上统筹城乡发展。因为中国传统上是一个农业大国，人口的大多数都和农村、农业有密切的联系，农村发展已经成为制约实现全面小康的关键环节，解决不好农村、农民的问题，全面建设小康社会和民族的伟大复兴就是一句空话。2005 年 10 月，党的十六届五中全会通过的《中共中央关于制定国民经济和社会发展第十一个五年规划的建议》明确提出了建设社会主义新农村的重大历史任务。

根据现代化发展的一般规律，城乡统筹发展是分层次的，包含经济发展一体化、社会管理一体化、社会保障一体化、公共服务一体化等多方面的内容，在目前的新农村建设中，相对重视经济建设等有形的一体化，而对于社会管理和公共服务等无形的"一体化"相对薄弱。农村社会管理的相对滞后已经成为制约和限制城乡统筹发展的关键所在，值得引起我们的高度重视。北京作为全国的政治中心、科技文化中心，在统筹城乡发展上已经奠定了雄厚基础、具备了良好条件，理应在推进城乡社会管理一体化上在全国率先开展探索、积累经验、有所突破。

一 推进社会管理城乡一体化建设是推动
北京建设世界城市的关键

当前，北京市大力推进城乡社会管理一体化建设，主要是基于以下几个方面考虑。

首先，这是北京建设世界城市的关键。在承办奥运的拉动放大效应下，北京选择了"建设世界城市"这一奋斗目标。而要实现这一目标，经济社会就必须均衡发展，不能"一条腿长、一条腿短"，否则社会建设和社会管理就会成为城市发展的"短板"，影响社会的整体发展水平和可持续发展能力。而北京有极其广大的城乡接合部和农村地区，人口基数庞大、流动人口规模庞大。2005年初通过国务院批复的《北京城市总体规划（2004~2020）》明确指出，2020年北京的总人口规模要控制在1800万。但据北京市人大常委会的一项报告显示，截至2009年底，北京市实际常住人口为1972万人，提前10年突破了北京市最新的"总体规划"。在全市常住人口中，外省市来京人员为704.5万人，形象地说，就是每3个北京人中就有1个外地人。要推进社会管理，就必须站在全市统筹一盘棋的高度，对于城乡社会管理进行一体化设计、一体化推进、一体化评估，只有这样，才能不留死角，实现社会管理地域和人群的全覆盖，为提升世界城市的建设水平奠定良好的基础。

其次，这是北京城市自身发展阶段的内在要求。如果说统筹城乡社会管理一体化建设在全国来说为时尚早，但对北京来说已经是现实发展的内在要求。当前，北京经济社会发展速度和水平明显领先于全国整体发展水平，正向以知识化、信息化、国际化为特征的后现代社会迈进。2009年北京第一产业、第二产业、第三产业的比重分别为1.0%、23.5%、75.5%，已经达到美国1995年的发展水平。从城乡结构看，2009年，全国的城镇化水平达到46.6%，北京的城镇化水平则达到85.0%，2010年达到86%，已经达到中上等发达国家的水平。这些都标志着北京城市发展已经达到或超过发达国家的一般水平，进入内涵式发展的历史阶段，迫切需要通过推进城乡社会管理一体化建设，提升城市发展的软实力。

最后，北京已经初步具备推进城乡社会管理一体化的基础。社会管理需要大量的经费和人力资本投入，统筹城乡社会管理必须有强大的地方财力和较高的人口素质作为后盾。2012年，按常住人口计算，北京人均地区生产总值为87091元，折合13797美元。全市实现地区生产总值17801亿元，已经达到中上等发达国家的水平。这就为开展社会管理和社会建设提供了雄厚的物质基础。此外，从人口平均受教育年限来看，当前，世界许多发达国家的人均受教育年限都超过了12年，例如，美国为13.4年，英国为14年，法国为13.1年。2009年，北京为11.1年，超过全国水平近3年，基本接近发达国家的水平。北京作为科学技术创新的集散地、悠久文化积淀的历史名城、众多高校科研院所云集的教育之都，是全国的政治中心、文化中心和国际交往中心，这些为北京加强社会建设和社会管理提供了取之不竭的人力资源。

二　北京城乡社会管理一体化建设的现状

党的十七大以来，北京市委、市政府从建设和谐社会"首善之区"的高度，从建设世界城市的角度，高度重视首都的城乡社会管理一体化建设。2007年，北京市在全国率先成立了市委社会工作委员会、市社会办，统筹推进全市的社会管理和社会建设事业。2011年，《北京市"十二五"时期城乡经济社会一体化发展规划》列举了六项"十二五"时期北京实施城乡一体化发展的重点任务，其中的重点内容之一就是"推进城乡社会管理一体化"，此外还包括城乡规划一体化、产业一体化、基础设施建设一体化、推进城乡公共服务一体化、推进城乡劳动和社会保障一体化，体现了把社会管理城乡一体化建立在坚实的公共服务和改善民生的基础上的战略思维。目前，北京的城乡社会管理一体化建设已经初见成效，主要体现在以下几方面。

（一）社区规范化建设全面铺开，农村社会管理服务中心建设初见成效

社区是社会管理和社会建设的基础，加强社会管理，就必须首先夯实社区这一基础和前沿阵地。从1998年开始，北京先后召开了五次城市管理工作会议及推进和谐社区建设座谈会等会议，专题研究和部署城乡社区建设问题。按照试点先行、逐步推开的原则，北京市先后选择了50余个街道开展社区管理和社区服务体制改革的试点。北京市委社会工作委员会成立后，在广泛调研、充分征求意见的基础上，提出了社区规范化建设的工作目标。主要内容就是理顺社区党组织、居委会和社区服务站三者的关系，在理顺社区管理体制的基础上，大力推进社区办公用房和活动场地建设，推进各类社区草根组织和志愿服务活动，以更好地发挥社区服务居民的基本功能，进一步激发社区的活力和凝聚力。基本思路是"一分三定两目标"。"一分"就是促进居委会和社区服务中心职能分开，协作治理；"三定"就是定事、定人、定钱，明确社区居委会和社区服务站的人员、经费、任务，确保人员到位、经费到位、工作到位；"两目标"：一是把北京的社区建设成为社会主义新型社区；二是培养一支专业化、高素质的社区工作队伍。通过努力，使社区工作基地更加稳固，管理组织体系更加健全，治理水平得到稳步提高。

在城区社区建设初见成效的基础上，北京市注重总结提炼，不断完善做

法，大力向农村和城乡接合部推广。2011 年出台的《关于加强城乡结合部社区建设工作的意见》明确规定，要通过加强社区建设，逐步形成城乡社区建设一体化新格局，使城乡居民都能够享受到均等的基本公共服务。力争到2013 年底，城乡接合部 50 个重点村基本实现城市社区服务管理模式或村庄社区化管理模式；到 2015 年，目前的城乡接合部地区所有社区（村）基本实现城市社区服务管理模式。

各郊区区县也纷纷大力推进农村社区管理服务中心建设。顺义区自 2009 年以来，通过"试点先行、逐步推进"的方式，先后共开展四批农村社区服务站建设，全区已建设农村社区服务站 385 个，基本实现了农村社区服务站全覆盖，并顺利通过"全国农村社区建设实验全覆盖"示范单位的评估。服务站建设通过梳理服务项目，规范服务流程，实现了形象标识、服务项目、运行流程、服务规范、资源调配五个统一，并与镇一站式服务大厅进行了有效衔接，设置了代理代办失业、求职、独生子女、低保等手续，代开居住证、流动证、残疾证等证明，组织志愿者开展服务等 100 多项服务，方便了居民生活。

怀柔区大力推进村级社会管理服务中心规范化建设，创造了农村社会管理创新的"怀柔模式"。在全市率先搭建了由区、镇（乡）、村三级农村社会管理服务中心组成的农村社会服务管理平台。2008 年，怀柔区率先成立镇（乡）社会管理服务中心，主要将分散于各个部门的社会服务管理职能统一起来，实行"一站式办公"，对农村群众的需求进行"统一受理、归口办理、部门落实、中心督办、限期办结"，通过"直办、转办、协办、催办、督办"五种方式为群众服务。而在村级社会管理服务中心则成立了产业发展服务组、促进民生服务组、环境建设服务组、乡风文明服务组和民主管理服务组，主要办好一家一户办不了的事以及弱势群体急需办的事。由此，建立起由区、镇（乡）、村三级农村社会管理服务中心组成的"纵向到底、横向到边、上下联动、逐层负责"的农村社会管理服务体系。近年来，怀柔区又在原有基础上，进一步推进村级社会管理服务中心规范化建设，在行政村设立"一心六站一点"（即一个村级社会管理服务中心，下设六个工作站，自然村设立便民服务代办点），搭建起集人、地、物、事、组织为一体的综合性社会服务管理平台，并通过一门式、上门式、定期式、代办式等六种服务方式为村民提供高效便捷的服务，初步形成统筹镇乡资源、打破条块分割的"融合式"农村社会管理服务新模式，目前，全区 14 个镇（乡）下辖的 284 个行政村都建立了村级社会管理服务中心，基本全部达到了规范化建设标准，使村民足不出户就能享受到高效便捷的服务，有效地减少了因服务缺位、越位、不到位而引发社会矛盾的问题。

在一些流动人口较多、社会管理任务较重的农村，也开始尝试开展"村庄社区化管理"实验。北京市大兴区西红门镇大生庄村就是"第一个吃螃蟹"的村。该村有2400多名流动人口，与常住人口的比例为7∶1，人口倒挂现象十分严重，这就给传统只管农村户籍人口的村居管理体制造成了极大的隐患。大兴区公安分局于2006年在该村进行了村庄社区化管理试点。具体措施包括村庄建围墙、安街门，封闭不常用的路口，在村庄主要出入口处设立岗亭，人员和车辆持证出入。同时，该村还成立了包含警务站、巡防站、流管站、调解室等多个部门的综治中心，设立了一套包含全村每一户每个人基本信息的电子台账，村民必须与流管站签订安全协议后，才可出租房屋。此后，全村连续三年实现刑事案件零发案，村内治安秩序良好。这种创新尽管还有进一步完善的地方，但利用先进的技防手段和加强村庄规范化管理相结合，不仅使村容村貌、环境秩序、群众安全感满意度在短时期内都有了进一步的提高，同时也提高了对流动人口的管理服务水平，是一个切实可行的社会管理创新。

（二）加快推进农村基本公共服务体系建设，有序推进社会保障城乡一体化建设

2011年12月20日，国务院办公厅印发《社区服务体系建设规划（2011～2015年）》（以下简称《规划》），《规划》提出，到2015年初步建立起较为完善的社区服务设施、服务内容、服务队伍、服务网络和运行机制，农村社区服务试点工作有序推进，具体内容包括以下几方面。

——推进乡镇社区服务中心和农村社区服务站建设。城市社区管理模式向农村延伸，按照3000人左右规模或"一刻钟"服务圈的原则，以乡镇社区服务中心和新型社区服务站为依托，创新符合农村特点的现代化社区管理体制，"十二五"期间实现农村乡镇社区服务中心和新型农村社区服务站全覆盖。

——构建城乡一体的新型社区服务体系。通过整合部门资源，推动政府公共服务职能下移，依托乡镇（街道）社区服务中心、农村社区服务站，实现劳动就业、社会保障、社会救助、卫生防疫、综治维稳等基本公共服务一站式管理，推进社区管理标准化。加强社区志愿者登记管理，完善市、区县、乡镇、村四级社区志愿者服务组织体系，鼓励和支持群众开展志愿者互助服务。加强农村社区商业、金融、科技、农资供应等网点建设，提供适合农民需求的

代办代理、便利缴费、商品配送等公益性便民利民服务。引导和鼓励社会机构、企业参与农村基本公共服务的建设与管理。建立农村社情民意表达渠道，及时化解基层社会矛盾，加强和谐社区建设。

北京近几年的实践表明，社会管理一体化的前提和基础是公共服务、社会保障的一体化，没有这些坚实的后盾，就不可能真正满足农村群众对于生活的多层次需要，就不可能真正调动起群众参与社会管理的积极性。由此，城乡一体化实施的首要任务在于有效整合城乡资源，把社会公共事业建设的重点转移到农村，让公共服务覆盖整个农村，从而最终形成城乡经济社会发展一体化的崭新格局。

近年来，北京市一直在加大公共财政的投入力度，积极推进社会保障城乡一体化建设。2012 年，北京积极推进城乡一体化的社会保障体系建设，将稳定就业的 150 万名农民工纳入社会保险覆盖范围，加快实现"人群全覆盖"。大力推进医疗保障体系建设，重点抓好医保"并轨、减负、控费"工作，继续推进公费医疗与职工基本医疗保险制度并轨，实现农民工医保制度与城镇职工基本医保制度并轨。这就意味着与北京市行政区域内用人单位建立劳动关系的本市及外地农民工，都将按照城镇职工标准参保缴费，享受本市职工基本医疗保险待遇。完善农民参加养老保险政策，出台农村户籍职工参保新老办法平稳衔接的相关政策，并明确农村户籍职工的养老金计发办法，与城镇职工保持统一。扩大灵活就业的本市农村劳动力参加职工基本养老保险试点范围，促进稳定就业的本市和外地农村户籍职工参保。完善职工养老保险制度，继续完善社会保险关系转移接续办法，抓紧研究机关、事业单位劳动合同制工人与企业职工基本养老保险政策统一问题。落实工伤和生育保险"制度全覆盖"的各项政策措施，从 2012 年 1 月 1 日起，与北京市用人单位建立劳动关系的外地城镇职工都可纳入本市的生育保险范畴。北京还出台相关政策，将城镇居民、灵活就业人员以及外地农民工的生育费用纳入基本医疗保险报销范围。2012年重阳节前夕，61 岁的顺义区南彩镇道仙庄村的苏自贵老人，幸运地成为北京首位成功办理社会化养老手续的农村劳动力。

目前，北京市已经在全国率先实现城乡社会保障全覆盖，长期滞后的农村社会事业得到显著改观：建立城乡一体的就业失业管理制度，35 万名农村劳动力实现转移就业；新型农村合作医疗制度全面建立，农民参合率达到96.7%；城乡居民养老保险制度实现并轨并全面覆盖，农村养老保险覆盖率达到92%；远郊农村低保标准从 2005 年的年人均 1580 元调整为 2010 年的 2520

元，近郊实现城乡统一；居民丧葬补贴标准实现城乡一体化；农村免费义务教育全面落实，农村教育设施明显改善；三级卫生服务网络逐步健全，农村医疗卫生人才队伍建设显著加强；"村村通邮""村村通公交""村村配置全民健身设施""广播电视村村通"基本实现；"文化信息共享工程"基层服务网点实现全覆盖。

以社区为基础的城乡基层社会管理和公共服务平台建设也稳步推进。北京市在城市社区和有条件的郊区和农村社区大力推进"一刻钟服务圈"建设，规范社区服务，以更好地满足居民需求。北京市制定了《关于实施〈北京市社区基本公共服务指导目录（试行）〉的意见》，共梳理出社区就业服务、社区社会保障服务等 10 大类 60 项社区基本公共服务。按照集成政策、集中资金、集聚资源、集合力量和"缺什么、补什么"的原则，统筹协调相关部门，力争用 3~5 年的时间，基本实现社区基本公共服务的全覆盖。

（三）城乡社区社会组织发展欣欣向荣，为农村社会管理增添新鲜血液

社会组织是推进社会管理的重要支撑和抓手。对于社会管理基础比较薄弱的农村地区和城乡接合部来说，更是如此。尽管目前从整体上看，农村社会组织的发育和城市相比，还比较薄弱，社会组织在生产生活中发挥的作用也比较有限，但是有政府的政策引导，有群众的民主要求，有农村社会管理和公共服务的火热需求，社会组织在农村社会管理中发挥的作用越来越明显，政府的支持和引导是关键。在中央精神的指引下，北京市在个别领域试点突破原有的双重管理体制，尤其是对城乡社区社会组织实行备案制。2009 年 12 月，北京市民政局印发《北京市城乡社区社会组织备案工作规则（试行）》，并利用 96156 工作平台，实现备案工作的计算机管理，充分发挥区、街道、居委会三级组织在城乡社区社会组织备案工作中的作用，形成备案工作管理体系。目前，北京已有近 2000 个社区社会组织开展了备案登记。

同时，为鼓励和引导社会组织健康发展，北京市建立了政府购买服务制度，鼓励社会组织积极开展服务民生活动，创新社会服务供给机制。2009 年政府部门购买社会组织服务 5385 项，全市给予社会组织各种项目补贴达 5.79 亿元；2010 年，北京市政府将购买 300 项社会组织公益服务项目列入为民办实事工程，市、区两级共投入 1 亿元资金购买社会组织公益服务。为强化社会组织服务社会功能，北京市在全市范围开展了"社会组织服务民生行动"，主

要围绕扶贫救助、扶老助残、医疗卫生、文体科普、妇幼保护、服务"三农"、法律援助、支教助学、生态环境等关系民生的十大领域开展服务活动，采取政府引导扶持和社会化运作相结合的方式，整合社会组织公益资源，树立社会组织公益品牌。2011 年共有 1865 个社会组织申报了 2732 个项目，筹集社会资金约 22.98 亿元，动员社会组织工作人员、会员和志愿者近 50 万人，服务范围覆盖扶贫救助、扶老助残、服务"三农"、促进就业等十大领域，涵盖社区服务的各个方面。服务民生行动改变了政府单一主导供给社区服务模式，发挥了社会组织在社区服务中动员、参与、自我管理、社会互助等组织优势，搭建社会组织资源的配置平台，开创了社会组织参与社会建设的新模式。

一些远郊区县也十分重视发挥社会组织的作用。比如在怀柔区农村，事务顾问组、"三老"协会等民间社会组织已成为化解农村社会矛盾、促进农村产业发展、提高村民自治水平的重要力量。截至目前，怀柔已先后在全区 284 个行政村成立了此类"草根型"社会组织。这些"草根型"顾问组织，都是由农村党内外干部群众共同参加、自发组织的参与村级工作以及经济社会发展的社会团体。在成员构成上，充分考虑村内实情、家族派系、能力威望等综合因素，慎重推选村内政治素养、能力水平较高的人员加入组织。在农村发展改革的实践中，这些社会组织往往能帮助政府做好群众工作、协调群众之间的利益冲突，推进农村基层民主建设，把农村各类矛盾消灭在萌芽状态。在怀柔区渤海镇北沟村，由于要大力推进村庄建设，修路、打井、修坝等各种工程纷纷上马，免不了会占用村民的地和树，补偿数额的确定便成了问题。这个时候，村里的村级事务顾问组派上了大用场。由顾问组集体对赔偿事宜进行第三方认定，一般都能得到干部和群众的认可，对于保障工程顺利进行发挥了积极作用。此外，民间"草根型"顾问组织还可以列席村党员大会和村民代表大会，了解村里各项工作开展情况，并可以就村级重大投资项目和重大事项进行评议，提出改进建议，在推进基层民主方面发挥了重要作用。

（四）城乡接合部改造取得成效

北京的城乡接合部地域广阔，情况复杂，流动人口多，是城乡社会管理的接口处、"老大难"。近年来，北京市各级政府把推进城乡一体化的工作重点放在推进城乡接合部改造上。一方面，改善重点村群众的生活，建设宜居环境，优化重点村的经济模式，消除"城市病灶"，让农民带着资产上楼，成为有资产的新市民。另一方面，对农村集中建设后腾出来的宝贵土地资源进行集约运用，承接城市需要的新型产业形态，推动产业优化升级"腾笼换鸟"，使城市获得发展新空间，实现了城乡双赢的目标。如，海淀区将农村规划与城市规划全面衔接，与三大功能区规划高度融合，抓住成为全国国土综合整治试点区的有利契机，推进了土地整理、村庄规划设计和城市功能完善。同时，2012年海淀区还通过"打非治违"专项行动拆除违法建设 129 万平方米；完成了唐家岭等城乡接合部 8 个重点村城市化改造，共拆除建筑面积 166 万平方米，新增绿化面积约 140 公顷，建设了北坞公园、中关村森林公园等重点生态设施；完成了南部地区 10 个"城中村"改造。推动了一产与二产、三产融合发展，2012 年都市型现代农业收入增长 25%；形成了以中关村玉渊潭科技商务区、四季青玉泉慧谷、东升科技园为代表的利用集体土地发展高端产业园的新模式。类似的巨变在大兴区旧宫镇、西红门镇等地都比较明显。

尽管伴随着世界城市的建设进程，北京市的城乡一体化取得了重要成绩，但随着城乡一体化发展进入深化阶段，统筹任务更加艰巨，改革逐渐进入深水区，情况更为复杂、利益协调更加困难。总体上看，存在以下一些问题。

一是村级社会管理主体缺位。当前，随着农业税费的免除，在减轻群众负担的同时，也使得许多村级集体经济衰微，村级组织无钱办事。而基层干部在村民自治的大背景下，一是没有管事的动力，二是自身收益没有保证，所以大都是兼职的，很难把主要精力放在村庄的建设管理上。许多公共事务无人出头、无人管理。而基层政府的农村公共服务依然沿袭着传统的条块分割、各自为战的工作方式和行政性的资源配置方式。

二是农村的公共服务资源相对匮乏。目前北京市的公共服务和社会保障资源还是向城市倾斜，导致农村公共服务的相对滞后。农村公共基础设施落后，农民占有的教育、卫生、文化等资源仍然比较少。与城市居民相比，农民在劳动就业、劳动条件、子女教育、福利待遇、社会保障等方面也有不小的差距，最低生活保障、养老保险处于起步阶段，合作医疗、救助制度还不够完善，一些农民看病难，贫困农民孩子上学难，农民因病致贫、因病返贫等问题还比较突出。加上一些地方对农民群众的教育关怀、心理疏导、舆论引导等跟不上，使部分农民容易产生心理失衡，给农村基层社会管理带来新的挑战。

三是农村社会管理的难度加大。随着农村社会由传统社会向现代社会加速转型，农村社会各种要素也在重新集结，对传统的管理模式造成较大冲击，加大了农村社会管理的复杂程度。比如，随着农业生产经营方式的深刻变化，农业生产要素流动加快、生产资源整合加速，特别是一些工商企业进入农业领域，各种专业大户、协会、合作社等大量涌现，使得农村社会管理对象不断增多。除了从事加工、仓储、服务的第二产业、第三产业不断涌现，除了原有的集体经济组织外，私营企业、个体工商户也越来越多，使得农村社会管理的范围和领域大大拓宽。农村的人口结构也发生了巨大的变化，纯农户、亦工亦农的兼业户、常年外出务工经商的打工者、自主创业的企业主等多种成分并存的情况越来越突出，一些农村的外来人口也不断增多、人员结构更加复杂，大大增加了农村社会管理的难度。随着人口结构的变化，群众的思想结构也发生变化，一方面群众的民主意识、权利意识、法治意识、监督意识不断增强；另一方面，有的地方也出现了传统道德滑坡、社会风气弱化，农民集体观念淡薄、脱离组织管理、个人利益至上等现象。农村群众的利益分化现象比较严重，因为利益冲突很容易引发群体性事件和社会矛盾。许多矛盾的性质也越来越复杂，往往容易引发冲突，矛盾的对抗性、暴力性都很强，尤其是在有拆迁和重大项目建设的村庄。

四是农村的治安防范相对薄弱。安全是社会管理的前提和基础，当前，随着农村人口流动性的加强，一些农村地区青壮劳动力大都到城市打工，"两抢一盗"等侵财类案件依然比较多，社会治安状况不容乐观。甚至有些地方还存在村霸、市霸、菜霸、渔霸等黑恶势力，强占一方，欺压百姓，操控农村基层组织，霸占农村集体经济，破坏农村安定，加大了社会管理的难度。有些地方，由于缺乏日常的文化生活，一些非法宗教势力乘虚而入，将发展对象瞄准文化水平低、识别能力差的农民，打着强身健体、积德行善等各种幌子，宣讲歪理邪说，影响社会和谐稳定。

出现上述问题的主要原因有两个方面。

首先，城乡一体化总体水平还不高。2012年出版的《中国城乡一体化发展报告·北京卷（2011～2012）》构建了经济发展、居民生活和基础设施公共服务三个方面共7个指标，对北京市以及13个尚有农村地区的区县分别进行了评价。评价结果显示，北京市以及各个区县的城乡一体化总体水平较低，北京市城乡一体化指数仅有0.410。其中，居民生活一体化指数最高，平均为0.498；基础设施与公共服务一体化指数次之，为0.443；经济一体化指数最低，仅为0.131。

其次，亟待加强顶层设计，实现制度突破。许多社会管理问题的背后的深层次问题都是制度问题。制度不突破，就不可能在短时期内真正化解矛盾。如"人口分管"的社会管理模式需要改进。"人口分管"是指在基层街乡、社区

（村）实施的城乡户籍人口、户籍人口与流动人口分口管理的工作体制，即街道、居委会管理服务北京户籍市民，乡镇、村委会管理服务北京户籍农民，独立于地方政府和社区组织系列之外的流管办、流管站管理服务非北京户籍的流动人口。由于街居、乡村、流管办（站）在社会资源占有、公共服务配置、社会管理经费人员配备上呈现严重的"梯度递减"差距，使得城乡接合部和农村地区的社会管理和公共服务资源相对薄弱，而多种管理体制之间的间距和空隙，又很容易造成重复管理和疏于管理的盲区。

三　进一步推进北京城乡社会管理一体化建设的基本思路

当前，社会管理的相对滞后已经成为制约城乡一体化建设的"短板"，全国各地都围绕这一主题开展了形式多样的实践，先后涌现出诸如"苏南模式""珠江三角洲模式""上海模式""苏州模式""昆山模式""成都模式""浙江模式"等先进典型。在学习借鉴这些地方先进经验的基础上，结合北京的自身特点，对于进一步推进北京城乡社会管理一体化建设有如下几点建议。

（一）党建是核心，发展为前提

目前，农村社会管理的核心还是基层党组织，有没有坚强有力的基层党组织，有没有务实能干的领头人，是农村社会管理能否取得实效的关键所在。根据北京的发展实践，我们认为，要推进农村社会管理，首先要创新社会领域党建管理体系，就是要通过健全组织体系，建立乡镇、村庄、农村社会组织这样的三级管理体系，扎实推进党建工作，实现农村社会领域党建的全覆盖。一些地方尝试组建了社会组织党组织、非公有制经济组织党组织、镇乡（街道）社会工作党委三个党组织，调动和凝聚各方的力量。一是要创立社会领域党群工作服务平台，搭建起区、镇乡（街道）、村（居）三级社会领域党群服务体系。二是要积极开展党建活动，如一些地方深入开展的社会领域党建"晋位升级"和社区党建"三级联创"活动。三是要把好农村党员的发展关口，真正把能力强、作风硬，能带领大家致富发展、德才兼备的优秀人才吸纳到党内，这是增强农村基层组织凝聚力和战斗力的关键所在。如密云县推行发展农村党员党委预审制，即村党支部在讨论接收预备党员之前，要将发展对象入党的相关材料上报镇党委，由镇党委对其是否具备党员条件、发展党员程序是否符合规定等内容进行审查和把关，同时还要征求镇纪检、计生办、派出所、综治办等有关部门和科室的意见。通过严把发展党员入口关，有效提高新党员的质量。

社会管理的前提是经济发展，有了雄厚的经济实力，开展社会管理和公共服务就有了充足的资源。从全国的经验来看，一般农村社会管理比较好的地方，也大都是经济发展水平比较高、城乡生活水平差距比较小的地方。北京也是这样，农村社会管理比较好的地区，要么是海淀、朝阳、昌平这样的城乡接合部面积比较大的地区，借助于城市的产业升级，实现经济的跨越式发展。要么是怀柔、延庆这样的远郊区县，通过保护生态，选择适宜产业，也实现了农村经济的较快增长。如2012年，怀柔区农民人均纯收入为14585元，同比增长12.3%。其中怀柔区农民人均工资性纯收入为8982元，同比增长7.1%，拉动纯收入增长4.6个百分点。2012年，延庆县农民人均纯收入实现13368元，同比增长9.4%。有144个行政村的农民人均收入水平超过全县平均水平，占38.3%。收入最高的是八达岭镇的石佛寺村，达到42252元。收入的主要来源：一是劳动力稳定就业与劳务工资上涨，促进了工资性收入的持续增加；二是民俗旅游助推农户实现多业生产，促进了经营性收入的稳步提升；三是平原造林工程加快土地流转步伐，促进了财产性收入的大幅攀升。

目前，要推动农村的经济发展，除了各地因地制宜、艰苦奋斗之外，最直接、最便捷的方法就是靠先发展起来的城市带动农村发展，实现良性循环，良好对接。苏州、昆山等先发地区的实践证明，以工促农、以城带乡不但不会牺牲经济发展的速度，不会拖累城市，而会让城乡两种资源实现更好地整合、让城乡两个市场主体的活力得到更好地释放，对经济的全面协调可持续发展大有裨益。北京市也在房山区、延庆县、密云县选择了4个试点，开展农村社区建设。一方面让农民集中上楼，另一方面，把节省下来的土地和农村宝贵的环境资源，用来发展旅游、科研等高端产业，实现农民就地市民化转化。例如，密云县华润希望小镇新型农村社区包括阁老峪等6个行政村，一期在阁老峪村庄原址建设新民居，发展都市型现代农业和民俗旅游业，二期在南穆家峪等5个村集中建设新民居和新社区，发展特色产业。再如，昌平区利用近郊的优势，大力发展休闲农业和观光农业的新型业态，做好农业深加工、增值服务的大文章，也收到了明显的效果。昌平区发挥世界草莓大会的带动效应，在发展农业旅游的同时，不断提高农业的产业化、标准化、集约化水平。

（二）以投入为基础，服务为抓手

农村公共服务和社会管理的相对滞后，很大一个原因是现有的公共财政体制向城市的习惯性倾斜。城乡一体化建设走在前面的"成都模式"表明，以加大财政投入的方式推动村级公共服务和社会管理，客观上具有充分的可行性，其成功的关键不是来自经济增长的推动或者土地财政的激励，而在于执政理念的转变和政府职能的转变。《中国城乡一体化发展报告·北京卷（2011～2012）》的研究也表明，当前农村社会管理政府主导作用不可或缺。建议建立健全公共财政机制，理顺中央与地方的财政关系，加大中央政府对农村社会公益事业的投入力度，改善农村社会建设状况。在国际上，服务型政府的一个基本标志就是60%以上的财政预算要用于社会发展。从我国的国情出发，不可能一步到位，但也要不断靠近。要破解这个难题，不仅中央和各省市要加大财政投入，各区县政府也应加大投入力度。同时，还应多渠道筹集资金，吸引外资和民间闲散资金投入社会管理和公共服务之中。税费改革之后，农村公共产品陷入困境。推进城乡基本公共服务均等化，推进城乡社会管理一体化，需要确立重点向农村倾斜的原则，加大政府对农村公共产品的转移支付力度。成都市明确了政府投入的主体地位，构建公共财政保障机制，要求各级政府将村级基本公共服务和社会管理经费纳入本级财政预算，设立村级公共服务和社会管理专项资金，根据本地实际情况制定村级公共服务和社会管理投入的最低标准。在此基础上，成都市要求各级政府对村级公共服务和社会管理投入的增长幅度必须高于同期财政经常性收入的增长幅度，这就为做好社会管理工作奠定了坚实的基础。

解决了投入的问题，就要建立农村公共服务的有效供给机制。公共服务是社会管理的基础，尤其对于今天的农村来说，脱离了公共服务单纯讲社会管理是没有意义的。在当前国情下，政府的主导作用还是十分明显的。要在加强农村基础设施建设的基础上，大力健全农村基础教育、公共卫生、社会保障、就业等公共服务体系，按照"政府主导、市场参与、社会协同、公众参与、法治保障"的原则，适当区分政府、市场、社会在公共服务和社会管理供给中的责任，按照循序渐进的原则逐步解决农村公共服务的供给问题。

首先，要逐步推进基本公共服务全覆盖。要参照《北京市社区基本公共服务指导目录（试行）》的要求，梳理现状，制订计划，按照"缺什么、补什么"的原则，推动社会保障、劳动就业、医疗卫生、计划生育、社区安全、文化教育等公共服务覆盖到社区，尤其是要将公共服务体系建设延伸到城乡接合部地区和偏远山区。要结合"城中村"改造的周边地区、尚未纳入城市化改造地区、城乡接合部外缘地区的不同需求特点，研究公共服务体系建设的重点、组织途径、资金来源、提供方式和效果评估。根据政策规定，尽快研究落实城乡社会保障制度衔接、流动人口"新农合"、基本医疗保障关系跨制度、跨地区转移接续办法，以及农民工养老保险关系转移和权益累计等政策，逐步缩小不同社会身份居民之间享有公共服务的差距。

其次，要结合实际逐步提升农村公共服务的水平。提升农村公共服务水平，既要积极引导，又要量力而行。例如，大兴区通过强化"新农合"基金对参合农民"小病不出村、大病不出区"的政策引导和支持，积极引导参合农民在基层医疗机构就医，以提高参合农民的受益水平，缓解参合农民"看病贵"的问题。针对十五类重大疾病患者在定点医疗机构住院治疗（包括符合"新农合"转诊制度到市级定点医疗机构住院治疗）的费用，"新农合"政策范围内补偿比例提高到75%。其中，区内一级定点医疗机构补偿比例不变，按80%执行，区内二级定点医疗机构补偿比例按就高原则执行，市级定点医疗机构补偿比例由40%提高到75%。通过进一步扩大"新农合"制度受益面和保障范围，提高保障水平，让参合农民得到更多实惠。

再次，要进一步完善农民参加养老保险的政策，出台农村户籍职工参保新老办法平稳衔接的相关政策，并明确农村户籍职工的养老金计发办法，与城镇职工保持统一。扩大灵活就业的本市农村劳动力参加职工基本养老保险试点范围，促进稳定就业的本市和外地农村户籍职工参保。

最后，可以适当引入市场机制和慈善机制。这样做可以有效提高公共服务的提供质量。比如，在养老服务上，除了政府主动创办公立养老机构外，还要积极开发养老市场，实施养老服务提供商准入制度，努力建立社会化养老服务体系。可以对通过老人服务热线和老人服务中心提供服务的企业实行准入制度，适当提高其服务标准。符合准入制度的企业可以列入服务热线和服务中心的服务商列表，供老人选择。每年度（或半年）对服务商进行评估，服务争议多、服务质量差的服务商将从列表中剔除。对于符合养老服务准入制度的企业，可以考虑进行一定程度的税收减免，提高企业从事养老社会服务业的积极性。同时，对于评估合格的服务商，可以考虑根据其服务量给予一定的财政补贴，鼓励其保持养老服务相对优势的性价比。对于农村的实际困难，可以实行城乡打捆，要求服务商为城乡老年人提供无差别服务，也可以在费用上给予相应的补贴。实践证明，通过市场化竞争和政府监管双管齐下，可以在最大程度上兼顾效率和公平。

（三）网格化管理、组团式服务

"网格化管理、组团式服务"是浙江省舟山市 2007 年以来开始实施构建的一种以"协同服务"为主要特征的农村基层社会管理新模式。以浙江省舟山市岱西镇为例，其主要做法是，在现有的社区（村）区划不变的前提下，以家庭为基本单位，根据空间特征、人数、居住集散程度、群众生产生活习惯以及工作人员数量等情况进行网格化分区。一般以 100～150 户为一个管理和服务网格。镇下辖 10 个村，在原社区和村级组织不变的前提下，岱西镇将 5 个社区、10 个村的 191 个小组、6218 户渔民划分为 41 个网格，并整合多方力量，为每一个网格配备了一个专门的网格服务团队。网格服务团以镇机关干部、社区干部和村干部为主，吸收民警、医生、信贷员、盐技员、工商管理员等参与。这种由乡镇党政社区和村组织以及各类社会组织成员共同组成的服务团队及其所提供的协同服务，实现了村基层社会管理的多种资源和力量的合作。这种独特的以乡（镇）政府为主导、多方参与的农村基层社会协同服务机制实现了协同服务与村民自我服务的有机结合。同时，采用网格化管理服务信息管理系统，使舟山市实现了村基层社会管理信息资源的共享，不仅打破了各部门之间的信息壁垒，还可以把群众的建议和呼声第一时间通过网格服务团队成员直接传递到市、县（区）部门，有助于提高管理服务的针对性和实效性。

尽管浙江舟山的经验不能完全复制，但是总的来看，这种管理和服务方式能够在现有条件下，最大限度地调动和整合农村各方面的资源，起到提升农村社会管理和公共服务水平的作用。它既尊重和符合农村社会传统，又能较好地利用当前各种社会资源促进农村的社会发展。

一是，结合"智慧城市"的建设，将城市、农村的所有社区纳入网格化服务管理体系，实现社会服务管理信息化、智能化、精细化。

在现有的社区（村）区划不变的前提下，以家庭为基本单位，根据空间特征、人数、居住集散程度、群众生产生活习惯以及工作人员数量等情况进行网格化分区。在健全基础数据、提升硬件环境、明确系统功能、强化人员培训的基础上，将来有望建立集应急指挥、社会维稳、城市管理、基本公共服务、重点工程推进等职能为一身的融合式网格化社会服务管理体系。目前，不少农村和城乡接合部地区已经开始这方面的尝试。

例如，昌平区东小口镇通过网格化管理，不断完善流动人口管理模式。一方面，开展实有人口基础信息大调查"百日攻坚战"。加强出租房屋隐患专项排查整治，集中检查出租房屋、出租大院、地下空间以及生产、销售、居住一体的小企业，既查清了流动人口的底数，又清除了消防、治安等隐患，对维护当地的稳定安全发挥了重要作用。另一方面，网格化管理也可以为区域内的实有人口提供各种公共服务。东小口镇就通过网格化管理大力推进本镇的劳动力就业和劳动监察工作，将本地区企业划分为 28 个网格，明确责任，加强监督，实施精细化、全动态的网格化管理。这样既方便企业定点定向招聘员工，也方便本地的劳动力优先就业。

又如，密云县在地面推行网格化管理的同时，还通过加强视频监控系统建设，更好地维护本地城乡居民的生产生活安全。按照地理类别，全县共划分社区、村庄、山场等 5204 个基础网格，整合基层党员、居民代表、"六护"人员、部门协管员、志愿者、机关干部及县直机关人员资源，1.8 万名社会管理员"组团式"融入网格，公、检、法、司各警种全部沉入网格，到群众身边开展安全稳定工作。同时，密云县积极推进信息化技防进社区、进院落、进农村、进网格，整合机关事业单位、商户的视频监控资源，实现监控视频联网调用。目前，密云全县联网的监控摄像头达到 4945 个，这些监控资源按照信息化规划分别接入 20 个镇街派出所，形成三级平台。此外，还把 20 个二级视频监控平台接入县公安局并共享到县网格化社会服务管理指挥中心，通过县指挥平台统一调度、指挥，形成县网格指挥中心、县公安局指挥中心、各镇街派出所互通共联的三级指挥工作平台。2012 年，密云县通过视频巡检发现线索 210 余条，协助抓获违法犯罪人员 85 名，直接破案 200 余起。近三年来，密云县群众安全感满意度测评始终位居全市前列，"平安密云"建设加快推进，群众安居乐业。

二是，通过乡镇或村庄的社会管理中心，将各类公共服务打包提供。如，怀柔区怀柔镇芦庄村完善设立了"一心六站"的组织框架，开展社会管理服务中心规范化建设试点，实际上就是对公共服务进行整合打包。一方面把社会管理和行政管理的功能"集中化"，将原有涉农服务站点全部整合后设为 6 个站，即农村社区服务站、产业发展工作站、社会综治维稳工作站、党群工作站、法律服务站、驻村工作站，再根据这 6 个站办理事项的多少、事项之间的相关性和群众出入的便利性，分置于两间屋内，这样农民只要来一次，就可以办妥几乎所有的公家事，大大提高了办事效率。另一方面，打包社区服务。通过系统梳理，将 34 项服务内容归为可以当场办结的即办事项、需要转交上级部门办理并承诺办理时限的承办事项两大类，同时在村委会门口两侧设置公开栏，将社会管理中心的组织机构图、受理事项、相关工作人员联系方式、工作流程图、村域服务网点示意图以及村级党务、村务、财务等各项事宜予以实时公开，为村民详细了解中心职能、有针对性地寻求帮助及接受服务提供便利。

（四）在农村推行社区化管理，社会组织添活力

由于农村地域广阔、居住分散，加上现在农村青壮劳力外出务工增多，真正在自然村中生活的农民人数并不多，而且大都是老弱病残，这就加大了社会管理的成本。所以，一些地方开始尝试将城市的社区管理模式引入农村，按照地域相近、产业相关、人缘相亲等原则，在农村建设区域性中心社区，以集中资源、提高效率、发挥作用。

山东诸城就是这方面的典型。自 2007 年 7 月起，诸城市按地域相邻、规模适度的原则，率先整建制集中连片推行农村社区化服务，208 个农村社区覆盖全市 1249 个村庄。2008 年 6 月，70 万名农民全部进入"2 公里社区服务圈"，就近享受跟城里一样的政府公共服务。此后，诸城市引导农民向社区中心村聚集融合，打造配套完善、环境优美的新型农村居住区，许多农民过上了跟城里人一样的生活。通过设立社区服务中心，镇街层面的民政、劳动保障、医疗卫生、公安、综治等管理服务资源都整合下沉到农村最基层，108 项原来由市里审批或管理的权限下放到社区。诸城市还集约利用政府对农村社会管理和公共服务的投入，在 208 个农村社区全部建起了标准化卫生室、警务室、幼儿园和文体活动场所等公共服务设施。通过多渠道筹集资金 1.3 亿元，在全市 332 个村（社区）全面建成每村不少于 300 平方米的村级公共服务中心和 100 米的核心商业服务圈。2010 年 6 月，诸城依法撤销社区内各村民委员会，组建社区党组织和自治组织，行政村变为自然村，社区成为农村基本组织单元。从实际效果看，这种做法不仅强化了农村社区的管理和服务功能，也对促进农村的经济社会发展起到了不可替代的重要作用。

北京市社会建设工作领导小组于 2012 年下发了《关于加强城乡结合部社区建设工作的意见》（京社领办发〔2011〕10 号），提出"科学规划、有序推进"的建设方针，并提出了"到 2013 年底，城乡结合部 50 个重点村基本实现城市社区服务管理模式或村庄社区化管理模式；力争到 2015 年，目前的城乡接合部地区所有社区（村）基本实现城市社区服务管理模式"的奋斗目标。

最终让城乡居民都能够享受到均等的基本公共服务和社会管理。

从总体上看，和城市相比，农村在社会管理和公共服务上可能得到的资源相对较少，农村的官方社会管理力量也相对薄弱。要想真正搞好农村社会管理，还得充分调动各方面的积极性，尤其是要发挥社会组织的作用。目前，北京市各区县纷纷从自己的实际出发，创新农村社区管理体制机制。理顺乡镇政府与社区服务中心之间、村委会与社区服务站之间的关系，构建以农村社区党组织领导为核心、农村基层群众自治组织为基础、农村社区服务站为工作平台、社区社会组织和居民广泛参与的农村现代多元治理体系，积极培育和发展民间中介组织、行业协会、各类专业经济组织和社区志愿者组织，为农村居民的生产生活提供更加优质的服务。

受长期计划经济体制的影响，当前农村的社会管理仍然是大包大揽式的集权型管理，解决社会矛盾仍然主要是依靠自上而下的行政性管理。一方面，往往是政府管得太宽、事无巨细、一一过问，基层政府疲惫不堪，实际上降低了工作效率和应急反应的速度，整天疲于应付，尽管政府工作人员很累，但是并没有得到群众的认可。另一方面，农村居民和流动人口参与社会管理的积极性始终没有被完全调动起来，成为社会管理的旁观者，甚至游离者和抗拒者，调动不了他们自身的积极性，许多社会管理事务往往开展起来事倍功半。实际上，与城市相比，农村一直是一个"熟人"社会，土生土长的"草根型"社会组织对农民有很大的影响力和号召力，利用其扎根民间、贴近民生的特点，把它们作为协助政府开展社会管理、解决民生问题的一个有效载体，成为解决社会矛盾的"稀释剂"和维护稳定的"减压阀"，是十分有意义的。反过来也可以帮助基层政府提高运行效率，降低管理成本。

"成都模式"就改变了以往社会管理、社会建设专项资金的投放模式，努力挖掘项目的杠杆效应和辐射效应，尝试将加大政府对农村的投入与推进村级公共治理相捆绑，把专项资金管理使用与基层民主政治建设挂钩，从而确立了公共服务与社会管理相互促进的格局。成都市村级公共服务的分类供给机制规定，由村自治组织提供的服务和管理项目，按照村民自治的原则，由村民大会、村民代表大会或村民议事会自主决定服务的内容和方式，村委会负责具体组织实施。项目由村级自治组织具体实施，依据民主决策、自主建设、严格监督的原则，村民（代表）会议决定专项资金的使用、管理和监督。在实践中，民主管理机制主要包括三个步骤：首先，民主议定项目。通过走访摸底、问卷调查、投票记分等方法，由村民集体决定项目内容和实施顺序，最大限度地实现公平与效率的平衡。其次，民主监督项目。村民选举产生的村民议事会或监事会，定期对项目的实施和经费的使用进行监督和管理。最后，民主评议项目。完成项目都要经过"三评"：一评是否达到合同要求，二评村民是否满意，三评如何改进提高。这样，既可以调动广大群众参与管理自身事务的积极性，又可以加强监管，提升专项资金的使用效率。

当前尤其要重点发展三类社会组织：一是农村经济合作组织。比如，农村专业合作社，以提高农业生产市场化水平。在怀柔区芦庄村，新设立的产业发展工作站将村内的致富能人和农业技术员全部纳入其中，并以红螺民俗旅游协会和工艺葫芦协会为依托，以成人学校实用技术培训为辅助，以葫芦文化长廊和工艺葫芦展厅为窗口，以红螺寺景区外小商品摊位、团体客户及礼品定制为渠道，把葫芦条、葫芦干、葫芦籽、葫芦摆件等葫芦系列产品与民俗旅游接待相结合，形成一条完整的工艺葫芦种植、繁育、加工、展示、销售产业链，让村民利益最大化的同时，也提升了芦庄村在民俗旅游市场的竞争力。二是农村社区文化社会组织。比如广场舞协会、宗亲会、寺庙管理委员会、红白喜事会、用水协会、志愿者协会等，解决农民的实际困难。三是恢复重建传统的民间组织，如村妇代会、老年会、团委等。如今，在怀柔农村，事务顾问组、"三老"协会等民间社会组织正在成为化解农村社会矛盾、促进农村产业发展、提高村民自治水平的新生力量。截至目前，怀柔已先后在全区284个行政村成立了此类"草根型"社会组织。

为此，要在加强监管的同时，大力推进社会组织管理体制改革。除了政治性、宗教性的社会组织之外，要允许社区社会组织实行备案制度，既有序敞开"大门"，又规范准入"门槛"，为社会组织的健康成长开辟广阔空间。通过制定并兑现各项扶持政策，为增强社会组织自我发展能力提供良好环境，同时，改变"重审核轻监管"的传统模式弊端，坚持寓管理监督于优良服务之中，加强对社会组织的日常考核和内部运行机制、管理机制、监督机制的建设，把社会组织引入规范、健康发展的轨道。

（五）特色是基础，创新增活力

北京城乡情况复杂，城乡接合部地域广、人口多、街乡界域不清、社会管理水平差异很大，这就为城乡社会管理一体化带来了很大的难题。以丰台区为例，全区265个城市社区中，1/3的社区与村交界，68个行政村中80%以上的村与社区交叉。城乡接合部社区（村）流动人口数量超过户籍人口的情况十分普遍，其中流动人口在万人以上规模的社区（村）就有 81 个。这就告诉我们，尽管中心城区社会管理基础比较扎实，但远郊区县和城乡接合部的社会管理任务繁重，不容小视。所以，推进北京城乡社会管理的一体化，不能单兵突进，必须结合社会管理、公共服务、社会保障等方面，形成合力，循序渐进，步步提高。要鼓励各地结合自己实际，探索行之有效的管理办法。

首先，要敢于在制度上创新。户籍制度是城乡二元结构的主要标志，消除城乡二元结构就必须逐步推进户籍制度改革。目前，小城镇户籍制度改革正在全面推开，但是像北京这样一个政治地位特殊、流动人口数量庞大的城市，如何坚定有序地推进户籍制度改革，方便农民工逐步靠自己的努力实现自己的梦想，是当前面临的一个重大的现实课题。要改革城乡社会管理体制，本着街乡行政管理边界清晰，管理主体单一，区域规模适中等原则，重新调整街乡行政区划。赋予乡镇政府与街道办事处同样的统筹辖区发展、监督专业管理、组织公共服务、指导社区建设的社会管理职能，将目前独立于街乡行政管理体系之外的流动人口与出租房屋管理办公室纳入其中，按照辖区实有人口调整行政编制和管理经费。同时，改变目前以农业和非农业人口划分城乡社区的做法，将行政村或自然村作为一个整体社区，按照城市社区的功能定位，重新组建社区党组织、社区居委会、社区服务站及其他各类社区社会组织。将原来的社会管理和服务功能转让给新建的社区居委会。经民主选举产生的社区居委会负责社区日常公共事务和公益事业管理，配合政府做好辖区社会治安综合治理工作。当前北京市的社会管理采取的是分类管理的模式，即街道、居委会管理服务北京户籍市民，乡镇、村委会管理服务北京户籍农民，独立于地方政府和社区组织系列之外的流管办、流管站管理服务非北京户籍的流动人口。新建的社区党支部和居委会由户籍居民、户籍村民、流动人口代表构成，这样更有代表性、也更有号召力。

其次，要敢于科技创新。如昌平区回龙观社区针对青年人多、素质较高，基本上都有网络使用习惯等特点，积极引导社区网络媒体健康发展，充分发挥其在收集网络舆情、发布公共信息、沟通社情民意等方面的作用。截至目前，回龙观社区网注册用户已超过 50 万人，日均点击量达 100 多万次，有近 20 万名回龙观社区居民常年在线。宣传、纪检监察、公安、消防、税务、交通等部门采取联合共建的方式，在网站上设置社情民意搜索引擎和便民服务栏目，使其成为政府、居民、媒体、社会多方沟通的平台。社区群众通过这样一个平台自我管理、自我服务、互相帮助，一些社区群众的呼声，也通过这个平台第一时间被基层政府了解，加强了政府和群众之间的信息沟通，赢得了群众的支持和信任。

最后，要加强政策创新。比如采取政府购买服务、资助公益活动等方式，引导公益性社区组织健康发展，支持其面向居民组织开展积极向上的各种活动。如，回龙观地区目前已有备案的社区组织356个，每年举办活动700多场次，参与居民达40多万人次，形成了"回龙观足球超级联赛""超级回声歌唱比赛""回龙观春晚"等一批特色活动品牌，在丰富居民业余生活、促进社区和谐稳定等方面发挥了重要作用，这些活动都得到了区乡政府的大力支持。

总之，社会管理的模式没有最好，只有最适合。当前，随着国内经济增长速度的放缓，各级政府用于社会管理和公共服务的决心也面临很大的考验。但我们无路可退，要借鉴全国的先进做法，借鉴发达国家和地区社会建设的成功经验，充分调动政府、市场、社会等各层面的力量，对不同类型的农村和城乡接合部的社会管理工作实行分类指导、协调推进。

执笔：万　军
2013 年 5 月 31 日

图书在版编目（CIP）数据

北京市城乡发展一体化进程研究/张英洪等著. —北京：社会
科学文献出版社，2015.5
（新型城市化和城乡一体化丛书）
ISBN 978 - 7 - 5097 - 6747 - 4

Ⅰ.①北…　Ⅱ.①张…　Ⅲ.①城乡一体化 - 研究 - 北京市
Ⅳ.①F299.271

中国版本图书馆 CIP 数据核字（2014）第 262205 号

新型城市化和城乡一体化丛书
北京市城乡发展一体化进程研究

著　　者／张英洪 等

出 版 人／谢寿光
项目统筹／周　琼
责任编辑／刘铭真　周　琼

出　　版／社会科学文献出版社·社会政法分社（010）59367156
　　　　　　地址：北京市北三环中路甲29号院华龙大厦　邮编：100029
　　　　　　网址：www. ssap. com. cn
发　　行／市场营销中心（010）59367081　59367090
　　　　　　读者服务中心（010）59367028
印　　装／三河市东方印刷有限公司

规　　格／开 本：787mm × 1092mm　1/16
　　　　　　印 张：19.75　字 数：337 千字
版　　次／2015 年 5 月第 1 版　2015 年 5 月第 1 次印刷
书　　号／ISBN 978 - 7 - 5097 - 6747 - 4
定　　价／79.00 元